# 第二届安徽省高校图书馆服务创新案例大赛汇编

主 编 储节旺
副主编 田乐胜 吴文革

中国科学技术大学出版社

## 内 容 简 介

本书收集了 2016 年第二届安徽省高校图书馆服务创新案例大赛的 30 个决赛案例，其中资源推广类 6 项、读者活动类 11 项、基础服务类 12 项、空间修饰类 1 项。这些案例集中展示了安徽省高校图书馆近些年服务创新的成就，凝聚了安徽省高校图书馆人的创新智慧和成功经验，因此，本书可以作为国内外高校图书馆推进服务创新的操作指南，也可作为高校图书情报档案和信息管理等相关专业本科生及研究生的理论和实践教学参考用书，还可作为相关专业研究人员的重要参考资料。

**图书在版编目(CIP)数据**

第二届安徽省高校图书馆服务创新案例大赛汇编/储节旺主编. —合肥:中国科学技术大学出版社,2018.10
ISBN 978-7-312-04529-5

Ⅰ.第⋯ Ⅱ.储⋯ Ⅲ.院校图书馆—图书馆服务—案例—安徽 Ⅳ.G258.6

中国版本图书馆 CIP 数据核字(2018)第 182971 号

| | |
|---|---|
| 出版 | 中国科学技术大学出版社 |
| | 安徽省合肥市金寨路 96 号,230026 |
| | http://press.ustc.edu.cn |
| | https://zgkxjsdxcbs.tmall.com |
| 印刷 | 安徽国文彩印有限公司 |
| 发行 | 中国科学技术大学出版社 |
| 经销 | 全国新华书店 |
| 开本 | 710 mm×1000 mm 1/16 |
| 印张 | 23 |
| 字数 | 490 千 |
| 版次 | 2018 年 10 月第 1 版 |
| 印次 | 2018 年 10 月第 1 次印刷 |
| 定价 | 89.00 元 |

# 前　言

图书馆服务案例是图书馆运行管理过程中所经历的典型的富有多种意义的事件陈述,它包含对图书馆管理特定情境的描述、典型问题以及针对这些问题的解决方案。我国高校图书馆事业的发展有赖于数千座高校图书馆不懈地创新和探索,总结实践经验,提炼典型服务案例,是图书馆界展示自我、传播经验、推动图书馆事业又好又快发展的一个重要途径。因而,开发、学习、研究这些案例理应成为图书馆管理者、研究者、学习者发现问题、借鉴经验的重要活动形式。

继全国图书馆工作委员会(简称"图工委")举办服务案例比赛之后,各省纷纷开展类似的比赛活动。安徽省高校图工委在成功举办第一届全省高校图书馆服务创新案例大赛并将作品结集出版后,于2016年11月再次成功举办全省高校图书馆服务创新案例大赛,本书就是这次大赛成果的汇编。全省32所高校共有43个案例参与,最终30个案例进入决赛。这些案例主要反映了近些年来安徽省高校图书馆在服务创新方面的鲜活经验,是安徽省高校图书馆最新的一些实践成果,内容涵盖了空间建设、信息素养教育、学科服务、纸质资源数字化、新生入馆教育、志愿者服务、自助服务、特色文化资源开发、网站建设、MOOC学习、读书会读书活动、经典阅览室建设等等。

我们汇编这些成果,不外乎这几个目的:一是让这些实践创新经验得以保存,以飨后者,并推动图书馆进一步创新服务;二是方便安徽省高校图书馆对外交流经验;三是从一定程度上增强安徽省高校图书馆馆员的学术能力;四是期望将服务案例比赛发展成为推进安徽省高校图书馆事业发展的一个抓手。

本书的出版得到全省高校图书馆的大力支持,特别是得到中国科学技术大学图书馆和安徽农业大学图书馆的大力支持,中国科学技术大学图书馆副馆长宁劲为本书的出版花费了大量精力,安徽农业大学图书馆的同仁为书稿的整理付出了艰辛的劳动,在此一并致谢。最后要特别感谢安徽省高校数字图书馆项目对本书出版给予的经费支持!

目前,服务创新案例比赛已经融入到图书馆的业务工作当中,成为员工展示工作成绩以及图书馆向学校展示发展面貌的重要形式,其中表现尤为突出的是安徽大学图书馆和安徽农业大学图书馆,前者已成功举办两届服务创新案例比赛,后者成功举办三届,活动的开展大大激励了员工工作的热情和创造性。我们相信,服务创新案例比赛单馆化的星星之火定会在江淮大地上渐成燎原之势!而这样的单馆活动又将进一步丰富下一届全省高校图书馆的服务创新案例大赛的内容。

储节旺

2018 年 6 月 21 日

# 目　　录

前言 ………………………………………………………………………（ⅰ）

服务推动转型　创新驱动发展——第二届安徽省高校图书馆服务
　　创新案例大赛获奖案例述评 ………………………………………（ 1 ）

搭建图书馆与读者互动的文化之桥——安徽农业大学图书馆实体空间、
　　虚拟空间文化品牌的构建 …………………………………………（ 9 ）

"4＋3＋2"：分层次、立体化、全方位入馆教育 …………………………（ 23 ）

将服务创新案例大赛机制引入单一图书馆的探索与实践
　　——安徽农业大学图书馆、现代教育信息中心服务创新案例大赛 …（ 33 ）

数据驱动下的图书馆新生教育新模式 …………………………………（ 54 ）

服务是根本，创新是未来——合肥工业大学图书馆O2O服务 ………（ 64 ）

疯狂图书馆 ………………………………………………………………（ 72 ）

基于ESI和InCites数据库的高校图书馆知识服务 ……………………（ 80 ）

基于企业培训模式的高校新生入馆教育的创新实践 …………………（ 96 ）

信息平台上的阅读推广 …………………………………………………（111）

开放视野下高校图书馆参与社区文化公益事业建设的实践与探索 …（122）

构建检索词库，助力科研服务 …………………………………………（126）

"易读、宜学、亦交流"——多维立体迎新系列活动 ……………………（137）

MOOC宣传推广见成效 …………………………………………………（146）

纽带——图书馆志愿者的嵌入式服务 …………………………………（159）

移动互联、时时掌控、全程无忧——图书馆自动化设备智能管理方案 …（176）

安徽大学图书馆"阅读经典"系列活动网站建设 ………………………（182）

安徽建筑大学图书馆馆藏纸质图书数字化服务案例 …………………（191）

读者教育系统——一种提升读者教育质量的有效路径 ………………（201）

合肥幼儿师范高等专科学校图书馆管理模式创新实践 ………………（209）

RFID 智能管理系统在高校图书馆的应用研究
　　——以安徽水利水电职业技术学院图书馆为例 ………………………（215）

"心影相随,共赏经典"悦读活动……………………………………………（225）

书香漂流书库——创新服务新途径 ………………………………………（236）

亳州学院图书馆助推亳文化"三进" ………………………………………（247）

以书会友,开卷有益——皖南医学院朝荷读书社 ………………………（265）

桐乡论语读书会——基于大学生社会主义核心价值观培育的经典诵读实践 …（278）

借力 MOOC 提升大学生学习能力——图书馆嵌入学习过程、服务读者
　　的新探索 …………………………………………………………………（295）

自主研发考试系统　提升读者信息素养 …………………………………（317）

阅读历史,传承文化——黄山学院图书馆徽州文化特色馆藏服务纪实 ………（332）

典藏云集,走近图书——民办高校图书馆经典阅览室建设 ……………（341）

依托学生社团,开拓图书馆信息素养教育新途径 ………………………（347）

附录　第二届安徽省高校图书馆服务创新案例大赛获奖名单 …………（360）

# 服务推动转型 创新驱动发展
## ——第二届安徽省高校图书馆服务创新案例大赛获奖案例述评

顾浩 吴兰婷 龚健

（安徽农业大学图书馆）

图书馆是现代大学的重要组成部分，服务是图书馆工作的永恒主题，创新是图书馆事业发展的鲜活灵魂，转型是时代赋予图书馆的鲜明主题，发展是图书馆应对挑战的第一要务。在目前转型、再造、超越的语境下，现代大学图书馆迫切需要一种新的服务创新模式来推动其发展，图书馆服务创新案例大赛应运而生。

继首届安徽省高校图书馆服务创新案例大赛在淮北师范大学成功举办之后，由安徽省高等学校图书情报工作委员会主办，安徽农业大学（以下简称"安农大"）图书馆承办的第二届安徽省高校图书馆服务创新案例大赛暨服务创新学术报告会于2016年11月24日在安徽农业大学正式拉开帷幕。本次大赛旨在汇集服务创新的优秀案例，交流、推广服务创新理念与经验，提升高校图书馆的整体创新服务能力与水平；推进服务创新案例的落地与推广，优化高校图书馆的服务形式与内容，营造图书馆开拓创新的良好氛围；同时以大赛的形式激发馆员的创新潜能，为馆员提供施展才华的空间和舞台。

## 1 大赛的筹备与组织

### 1.1 案例征集概况

本次大赛分为案例征集、案例初评、案例决赛三个阶段。大赛于2016年9月19日启动，全省32所高校共呈交案例43个；经过初评（网络评审）环节，最终有30个案例进入决赛，其中资源推广类6个、读者活动类11个、基础服务类12个、空间修饰类1个。由此可知，2016年安徽省高校图书馆服务创新案例类型的主力军是读者活动和基础服务建设，但服务创新案例并不仅仅局限于上述2类，资源推广以及图书馆空间修饰也发挥了重要的作用。

## 1.2 大赛概况

本次大赛秉持"公平、公正、公开"的原则,通过网络评审,最终有 30 个案例入围决赛,其中合肥高校图书馆参与的案例共有 16 个(详见表 1)。决赛采用案例主持人 PPT 陈述(8 分钟)、专家现场提问(2 分钟)、专家现场打分、现场公布得分情况的模式。经过 22 名评委的现场评审,本次大赛共评出一等奖 6 个,二等奖 9 个,三等奖 15 个,优秀奖 13 个以及单项奖 5 个。

表 1　第二届安徽省高校图书馆服务创新案例大赛获奖项目分布情况

| 所在地区 | 参赛总项目数 | 所获奖项 |
| --- | --- | --- |
| 合肥 | 16 | 5 个一等奖、4 个二等奖、7 个三等奖 |
| 芜湖 | 4 | 1 个一等奖、1 个二等奖、2 个三等奖 |
| 马鞍山 | 1 | 1 个二等奖 |
| 阜阳 | 2 | 1 个二等奖、1 个三等奖 |
| 铜陵 | 1 | 1 个二等奖 |
| 安庆 | 2 | 1 个二等奖、1 个三等奖 |
| 淮南 | 1 | 1 个三等奖 |
| 亳州 | 1 | 1 个三等奖 |
| 黄山 | 1 | 1 个三等奖 |
| 滁州 | 1 | 1 个三等奖 |

从表 1 可以看出,合肥地区高校图书馆在参赛项目数量以及获奖名次方面都占有绝对优势。这说明安徽省高校图书馆服务创新能力和效果在地域上有一定的差异,合肥高校图书馆服务创新水平普遍高于其他地市。而且从表 1 可以看出,芜湖地区的高校图书馆服务创新水平紧随合肥,发展潜力不容小觑。

## 1.3 与首届服务创新案例大赛比较

本届安徽省高校服务创新案例大赛与首届服务创新案例大赛在案例申报数、进入决赛数、初评方式、奖项设置情况等方面均有不同(详见表 2)。

表 2  首届大赛与第二届大赛相关情况比较

| 比较内容 | 首届(2015) | 第二届(2016) |
|---|---|---|
| 参与高校图书馆数量(所) | 27 | 32 |
| 初选提交案例个数 | 38 | 43 |
| 进入决赛案例个数 | 38 | 30 |
| 初赛方式 | 专家评审 | 网络评审 |
| 决赛方式 | 分场次、分评委同时进行PPT汇报＋专家打分 | 所有参赛选手在同一场地逐一做PPT现场汇报＋专家打分 |
| 奖项设置 | 一等奖8个、二等奖13个、三等奖17个 | 一等奖6个、二等奖9个、三等奖15个、优秀奖13个、单项奖5个 |

# 2  精彩案例回顾

## 2.1  资源推广类:图书馆永恒的主题

本届大赛资源推广类共有6个案例进入决赛,其中有2个获得一等奖,2个获得二等奖,2个获得三等奖,综合得分最高的是安徽农业大学的"将服务创新案例大赛机制引入单一图书馆的探索与实践——安徽农业大学图书馆、现代教育信息中心服务创新案例大赛"(详见表3)。

表 3  第二届安徽省高校图书馆服务创新案例大赛资源推广类获奖情况

| 序号 | 学校 | 案例名称 | 所获奖项 |
|---|---|---|---|
| 1 | 安徽农业大学 | 将服务创新案例大赛机制引入单一图书馆的探索与实践——安徽农业大学图书馆、现代教育信息中心服务创新案例大赛 | 一等奖 |
| 2 | 安徽医科大学 | 疯狂图书馆 | 一等奖 |
| 3 | 安徽工业大学 | 开放视野下高校图书馆参与社区文化公益事业建设的实践与探索 | 二等奖 |
| 4 | 阜阳师范学院 | MOOC宣传推广见成效 | 二等奖 |
| 5 | 黄山学院 | 阅读历史,传承文化——黄山学院图书馆徽州文化特色馆藏服务纪实 | 三等奖 |
| 6 | 滁州学院 | 依托学生社团,开拓图书馆信息素养教育新途径 | 三等奖 |

### 2.1.1 安徽农业大学:"将服务创新案例大赛机制引入单一图书馆的探索与实践——安徽农业大学图书馆、现代教育信息中心服务创新案例大赛"

受首届全国高校图书馆服务创新案例大赛以及首届安徽省高校图书馆服务创新案例大赛启发,2015年3月首届安徽农业大学图书馆、现代教育信息中心服务创新案例大赛正式启动。这次大赛首次将服务创新案例大赛这一机制引入单一的图书馆,并以此作为推动全年工作的一个契机,与年终评优进行了有机结合,这一创新举措具有很强的借鉴意义。同时,本次大赛更是首次在图书馆服务创新案例大赛中引入信息技术类项目,首次在图书馆服务创新案例大赛中引入学生创新创业服务类项目。馆员年初申报与年终总结汇报相结合,理论与实践相结合,前期计划与后期实施成果相结合。这一创新型举措,不仅激发了全体馆员的创新潜能、工作热情和服务意识,优化了图书馆的服务形式与内容,营造了开拓创新的良好氛围,更在实践中提升了图书馆的创新服务意识及业务水平。

### 2.1.2 安徽医科大学:"疯狂图书馆"

为了更好地推广图书馆既有的馆藏资源和电子资源,安徽医科大学图书馆分别于2015年和2016年借世界读书日系列活动的契机举办"爱上图书馆"和"疯狂图书馆"大型图书馆互动活动。"疯狂图书馆"等系列游戏活动旨在通过体验式游戏,改变读者对图书馆的传统印象;宣传图书馆的使用指南、馆藏分布、文检教学等资源和服务;营造轻松愉悦的资源推广环境,提高资源推广的效果;增强读者体验感,培养用户忠诚度并吸引了更多的潜在读者。

## 2.2 读者活动类:图书馆服务创新的后起之秀

本届大赛读者活动类项目共有11个案例进入决赛,其中有1个获得一等奖,3个获得二等奖,7个获得三等奖,其中综合得分最高的是中国科学技术大学的"'4+3+2':分层次、立体化、全方位入馆教育"(详见表4)。

表4 第二届安徽省高校图书馆服务创新案例大赛读者活动类获奖情况

| 序号 | 学 校 | 案例名称 | 所获奖项 |
| --- | --- | --- | --- |
| 1 | 中国科技大学 | "4+3+2":分层次、立体化、全方位入馆教育 | 一等奖 |
| 2 | 中国科技大学 | 信息平台上的阅读推广 | 二等奖 |
| 3 | 安徽工程大学 | "易读、宜学、亦交流"——多维立体迎新系列活动 | 二等奖 |
| 4 | 铜陵学院 | 纽带——图书馆志愿者的嵌入式服务 | 二等奖 |
| 5 | 安徽大学 | "阅读经典"系列活动网站建设 | 三等奖 |

续表

| 序号 | 学　校 | 案例名称 | 所获奖项 |
|---|---|---|---|
| 6 | 安徽师范大学 | "心影相随,共赏经典"悦读活动 | 三等奖 |
| 7 | 亳州学院 | 亳州学院图书馆助推亳文化"三进" | 三等奖 |
| 8 | 皖南医学院 | 以书会友,开卷有益——皖南医学院朝荷读书社 | 三等奖 |
| 9 | 桐城师范高等专科学校 | 桐乡论语读书——基于大学生社会主义核心价值观培育的经典诵读实践 | 三等奖 |
| 10 | 合肥师范学院 | 借力MOOC提升大学生学习能力——图书馆嵌入学习过程、服务读者的新探索 | 三等奖 |
| 11 | 安徽新华学院 | 典藏云集,走近图书——民办高校图书馆经典阅览室建设 | 三等奖 |

### 2.2.1　中国科学技术大学:"'4+3+2':分层次、立体化、全方位入馆教育"和"信息平台上的阅读推广"

中国科学技术大学图书馆引入"线上"结合"线下"的半自主学习方式,对每年秋季学期新入学的本科生、研究生、留学生、访问学者这4类不同的培训对象,采取自主学习、预约参观和现场讲解3种不同的教育方式,同时通过"线上"与"线下"两种途径推出系列读者活动,逐步形成了"4+3+2"分层次、立体化、全方位的新生入馆教育模式,更好地满足了不同新生群体的多元化需求,在提高图书馆工作效率的基础上改善了培训的效果,增强了培训的影响力,得到了学校、学院和读者三方的一致认可。中国科学技术大学图书馆以微信为基础,辅以微博和QQ的新媒体信息平台,通过"线上"与"线下"相结合开展丰富多彩的交流互动活动,吸引并留住读者,逐步成为读者最喜欢的校园新媒体平台之一。

### 2.2.2　安徽工程大学:"'易读、宜学、亦交流'——多维立体迎新系列活动"

安徽工程大学图书馆在新生入学之初,开展形式多样的多维立体迎新活动,颇受新生欢迎。整个活动由"初识图书馆""解读图书馆""熟知图书馆"和"恋上图书馆"四部曲组成。多维度的活动构建,推广图书馆资源的同时开展知识交流活动;"线上"与"线下"相结合,拓展资源与服务宣传渠道;以赛促学,创新新生入馆教育模式;通过"读书品阅会"开展系列活动,充分利用资源,实现信息素养与人文素养"齐步走"。

## 2.3　基础服务类:图书馆创新服务的主力军

本届大赛基础服务类项目共有12个案例进入决赛,是本次大赛的主角,占总数的

40%。12个案例中有2个获得一等奖,4个获得二等奖,6个获得三等奖,其中综合得分最高的是安徽师范大学的"数据驱动下的图书馆新生教育新模式"(详见表5)。

表5 第二届安徽省高校图书馆服务创新案例大赛基础服务类获奖情况

| 序号 | 学校 | 案例名称 | 所获奖项 |
| --- | --- | --- | --- |
| 1 | 安徽师范大学 | 数据驱动下的图书馆新生教育新模式 | 一等奖 |
| 2 | 合肥工业大学 | 服务是根本,创新是未来——合肥工业大学图书馆O2O服务 | 一等奖 |
| 3 | 合肥工业大学 | 基于ESI和InCites数据库的高校图书馆知识服务 | 二等奖 |
| 4 | 安徽大学 | 基于企业培训模式的高校新生入馆教育的创新实践 | 二等奖 |
| 5 | 安徽医科大学 | 构建检索词库,助力科研服务 | 二等奖 |
| 6 | 安庆师范大学 | 移动互联、时时掌控、全程无忧——图书馆自动化设备智能管理方案 | 二等奖 |
| 7 | 安徽建筑大学 | 安徽建筑大学图书馆馆藏纸质图书数字化服务案例 | 三等奖 |
| 8 | 阜阳师范学院 | 读者教育系统——一种提升读者教育质量的有效途径 | 三等奖 |
| 9 | 合肥幼儿师范高等专科学校 | 合肥幼儿师范高等专科学校图书馆管理模式创新实践 | 三等奖 |
| 10 | 安徽水利水电职业技术学院 | RFID智能管理系统在高校图书馆的应用研究——以安徽水利水电职业技术学院图书馆为例 | 三等奖 |
| 11 | 淮南师范学院 | 书香漂流书库——创新服务新途径 | 三等奖 |
| 12 | 安徽建筑大学 | 自主研发考试系统 提升读者信息素养 | 三等奖 |

### 2.3.1 安徽师范大学:"数据驱动下的图书馆新生教育新模式"

安徽师范大学图书馆创新新生入馆教育,结合新生入馆网上学习测试平台与新生入馆教育数据仓库平台,共同辅助新生入馆教育。该平台总体架构设计采用先进的基于.NET的B/S的三层体系结构,整个系统设计依托校园网,以Internet和Intranet作为网络平台;实现无IP地址限制、随机抽题和测试信息完整保存,有利于后期采用3DM数据挖掘分析,为后期智慧化入馆教育奠定数据基础。

### 2.3.2 合肥工业大学:"基于ESI和InCites数据库的高校图书馆知识服务"

合肥工业大学图书馆基于Web of Sciences平台ESI和InCites数据库,统计合肥工业大学SCIE(Science Citation Index Expanded)论文发表和引用情况,分析ESI中22个学科高被引论文(1%,3%)发表情况,调研其进入全球前1%的优势学科及待进

# 搭建图书馆与读者互动的文化之桥
## ——安徽农业大学图书馆实体空间、虚拟空间文化品牌的构建

龚健　朱建军　林晖　秦秀　金梅　应新杰

（安徽农业大学图书馆）

## 1　案例研究的背景

### 1.1　时代呼唤——图书馆服务亟待创新

长期以来,图书馆受藏书楼思维模式的影响,忽视了自身形象和功能的宣传,缺少有效的推广手段,读者流失现象严重。① 围绕着"馆藏"开展工作,相对较封闭,致使读者对图书馆不了解。② 尽管在服务方式、服务项目等诸多方面上有很大改革,但许多人并不了解这些改变。特别是平时不太爱到图书馆的人,他们对图书馆的印象仍停留在借还书和阅览的认识层面。③ 互联网以及搜索引擎等技术的快速发展,使图书馆不再是广泛获取知识信息的唯一场所。新兴的事务或者服务机构,对用户有很大的吸引力,图书馆的人气和地位都发生了变化。

因此,过去那种坐等用户上门的传统服务方式,已经行不通了。在互联网时代,图书馆需要用户,用户也需要及时了解图书馆发生的改变。创新是图书馆发展的持续动力,图书馆作为文化服务和传承的机构,其精神实质是文化的传播。而传统服务方式中的文化传播是被动的。新时期,文化传播的方式需要更加主动。创新该如何着手呢？既然"文化符号"始终是图书馆的象征,那么,创新也必然要围绕着"文化"来展开。

### 1.2　行业规划——为图书馆发展指引了方向

2015年12月31日,教育部以教高〔2015〕14号文印发《普通高等学校图书馆规程》(以下简称《规程》),这是针对图书馆工作的最高层级的部级规范性文件。《规程》第二条用4个"是"界定了高校图书馆的性质,《规程》第二条规定:高等学校图书馆(以

下简称"图书馆")是学校的文献信息资源中心,是为人才培养和科学研究服务的学术性机构,是学校信息化建设的重要组成部分,是校园文化和社会文化建设的重要基地。《规程》第三条规定了高校图书馆的两大职能和四大作用,《规程》第三条规定:图书馆的主要职能是教育职能和信息服务职能。图书馆应充分发挥在学校人才培养、科学研究、社会服务和文化传承创新中的作用。《规程》第四条规定了图书馆的4项主要任务,其中第3项任务是"不断拓展和深化服务,积极参与学校人才培养、信息化建设和校园文化建设"。

同时,国际图联在《国际图联2016~2021战略计划》中提出,2016~2021年将从社会中的图书馆、信息与知识、文化遗产、能力建设等4个战略方向上着力,加强图书馆在社会中作为信息中心、教育中心、研究中心和文化中心的作用。

无论是国内教育部印发的《普通高等学校图书馆规程》,还是国际图联的《国际图联2016~2021战略计划》中,都把文化建设提到了重要的位置。这些行业组织制定的有关图书馆的章程和发展规划,也为图书馆的未来发展指明了方向。

## 2　文化内涵建设是图书馆的历史选择

图书馆总是紧跟时代的脚步,不断地发展变化,从传统图书馆到数字化、信息化、网络化的现代图书馆。在整个发展过程中,图书馆作为"文化符号"的属性始终没有变,文化是图书馆的最本质的属性。因此,在建设图书馆的过程中,在满足读者多元化需求的过程中,在转变思路、探索新的服务模式的过程中,不能忽视图书馆文化的建设,从人才立馆、科技兴馆,到文化强馆。

文化建设要怎么做,才能达到理想中的效果。从广告学的角度来说,要让读者对广告产生兴趣,进而产生对广告中的图书、信息和某一方面服务的兴趣。这种方式要比直接向人们宣布"我馆藏书多么丰富,藏书质量多么高"等口号更有吸引力,更能引起读者的兴趣。总之,图书馆要发展,就必须改变过去那种"坐待闺中,孤芳自赏"的旧观念,跟上时代前进的步伐,勇于推销自己,利用各种媒体来宣传图书馆的文化,让文化成为一座桥梁,扩大影响、壮大声势,让更多的读者走进图书馆的大门。

## 3　案例实施的具体举措——构建四大文化品牌

在加强文化建设的过程中,通过构建四个文化品牌来搭建图书馆与读者互动的文化之桥(图1)。网络技术的发展,把人类世界分成了现实世界和虚拟世界两个空间,入的潜力发展学科。合肥工业大学图书馆通过开展此项图书馆知识服务,分析合肥工业大学每年的科研产出与影响力,考察高校优势学科以及潜力学科发展预测,实现目标数据的及时、高效获取,为高校学科建设和科研发展提供情报支撑,助力图书馆参考咨询服务走进"智库时代"。

### 2.3.3 安徽大学"基于企业培训模式的高校新生入馆教育的创新实践"

安徽大学磬苑校区图书馆精心设计"分析""设计""开发""实施"等几个环节搭建企业培训模式下的新生入馆教育体系,首创以企业培训的模式开展新生入馆教育。安徽大学馨苑校区图书馆通过分析新生需求,设计入馆教育形式,开发课程PPT和视频资料,实施培训,辅助电子问卷当场评估培训效果,同时通过微信群、QQ群和微信公众号等新媒体平台进行培训跟踪辅导。2016年安徽大学馨苑校区总计开展新生入馆教育讲座25场,其中借鉴企业培训模式的入馆教育讲座17场,占总数的68%,得到新生的广泛认可。

## 2.4 空间修饰类:图书馆空间与文化、服务创新的融合

本届大赛空间修饰类案例虽然参赛数目最少,但却一枝独秀,在决赛环节以绝对的优势荣获本次大赛综合排名第一名,它就是安徽农业大学的《搭建图书馆与读者互动的文化之桥——安徽农业大学图书馆实体空间、虚拟空间文化品牌的构建》。

安徽农业大学图书馆通过搭建图书馆与读者之间互动之桥,成功构建安农大图书馆实体空间、虚拟空间的"青禾书店""青禾讲坛""洛洛""图图"这4个文化品牌,形成了6个与读者充分互动的文化圈;通过实体空间与虚拟空间的紧密配合,共存互助,在满足读者多元化需求的同时,在时空上延伸了图书馆的服务。

# 3 对安徽省高校图书馆服务创新实践的启示

## 3.1 吸引读者深入介入图书馆实践已成为服务创新的重要手段

更好地服务读者是图书馆的灵魂与宗旨。而如何提供优质的服务,一方面"互联网+"时代资源组织方式和用户信息行为均已产生革命性变化,人们可以远程使用图书馆的资源与服务;此时图书馆员应积极化"被动服务"为"主动服务",主动"走出去"宣传推广服务,帮助用户更好地利用资源开展学习、教学和研究。另一方面,图书馆应积极开展各种互动活动,吸引读者在真正意义上"走进图书馆"。通过互动活动吸纳学

生馆员,使其深层介入图书馆服务实践,积极打造"标杆型"学生馆员,构建一种良好的共赢关系,这也是目前提升服务质量的又一制胜法宝。

从上述案例中我们都可以看到这样的实践:打造"标杆型"学生馆员服务团队,构建虚拟文化品牌,基于用户阅读素养、信息素养等方面的培育,创新新生入馆教育的方式方法等一系列图书馆服务转型创新举措。通过互动激发学生对图书馆的兴趣,将其"请进来"培养"标杆型"学生读者,同时又借助互动活动"走出去"宣传图书馆资源;在拉近图书馆与读者间距离的同时,大大提高图书馆资源利用率。

## 3.2 图书馆馆员核心业务素质的提升是服务创新的基础

图书馆目前的宗旨已经从"读者第一、服务第一"转变为"读者第一、馆员第一、服务至上"。创新是整个图书馆界的创新,需要所有图书馆员的参与。从这一届服务创新案例大赛的案例中我们可以看出,许多图书馆在提高读者服务质量的同时,也在加强对馆员的培养。比如:通过鼓励馆员自我提升服务创新意识,从制定创新目标和计划,再到日常的工作中去进行创新目标的实践,经过一段时间的实践,形成一套完整的创新实践理论,最后通过内部服务创新案例大赛的形式展示出来,从而实现了"实践—理论—实践"的素质提升。

嵌入式学科服务的深入开展,一种模式是馆员直接参与专业课教学,定期面向全校师生开展各种信息素养培训,这样既加强了图书馆与师生之间的交流合作,又拓展了图书馆服务领域,并且重塑了图书馆的形象;另一种模式为嵌入式学科服务,倡导与实践"融入一线,嵌入过程"的信息服务理念,除了在科研的全过程中提供信息服务外,还直接参与科研过程,加入课题组。学科馆员直接参与科研过程,能更好地了解用户的需求,提供具有针对性的个性化信息服务,同时也有助于自身的发展和进步。

## 3.3 MOOC 环境下图书馆自身的调整

MOOC 的到来改变了高等教育的模式,也加速了信息服务方式的转变步伐。高校图书馆如何应对新形势下的新需求,最终实现图书馆服务教学、科研的核心宗旨,是现阶段高校图书馆界关注的热门话题。在当前 MOOC 环境下,提高 MOOC 服务质量的重要途径主要是:培养具有专业技能的图书馆员;加大 MOOC 的宣传与推广;提供良好的 MOOC 学习环境,倡导教育资源的开放和共享;多方合作探索馆藏利用。

综上所述,高校图书馆的服务创新不是一项单一的工作,它涉及理念革新、模式变革、内容创新等多方面内容。高校图书馆是一座桥,这座桥连通着"书"与"读者"。高校图书馆的使命是:让这座桥更加畅通。这就要引入新的思想、新的方法,把一种从来没有的,包括对各类资源(信息、人员、设施)、服务方式和技术手段在内的"新组合"引进图书馆,在创新中谋发展。

人类的活动空间从现实空间向虚拟空间延伸,因此,文化建设不能隔绝现实和虚拟两个社区。

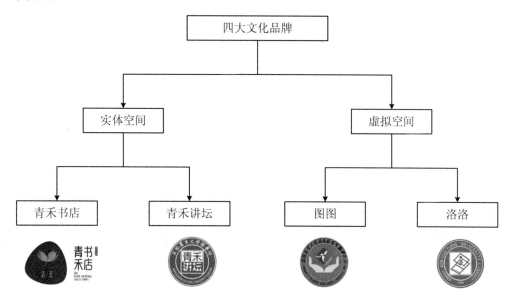

**图 1　在实体空间和虚拟空间上构建四大文化品牌**

安徽农业大学图书馆在文化建设方面,充分挖掘一切可以利用的资源,在实体和虚拟空间的文化建设方面不断摸索总结,逐渐凝练出了四个特色鲜明的文化品牌,在实体空间上逐步构建两大文化品牌,诞生了一对孪生兄弟:"青禾书店"和"青禾讲坛";在虚拟空间上逐步形成两大文化品牌,孵化了一个双黄蛋:"洛洛"和"图图"。

## 3.1　青禾书店

2016 年 4 月 20 日,由学生全程参与设计的"时代书苑·青禾书店"正式开业了(图 2)。

"时代书苑·青禾书店"里包含三大文化元素,"时代书苑"是安徽时代出版发行有限公司的品牌文化元素;"青禾"是安徽农业大学的校园文化元素;"青禾书店"则是安徽农业大学大学生创新创业文化元素。

"青禾书店"制定了 3 个目标:其一,完善图书馆的功能,弥补图书馆馆藏的不足,让读者第一时间看到新书;其二,为具有优秀创业思路和实践能力的在校大学生提供学习、实践和创业的平台;其三,开创"馆企团学"合作、互惠共赢的图书馆事业发展新机制。

图 2

"青禾书店"的开业,受到了多家新闻媒体的关注,《安徽日报》以《青禾书店"安家"安农大图书馆》为题予以报道。随后,香港凤凰网、网易新闻、光明网等多家新闻媒体进行了全文转载(图3)。

图 3 "青禾书店"掠影

"青禾书店"的创新点,首先是机制的创新,这体现在以下几个方面:首先,我们通过校园书店运营创意大赛这一机制,在全校范围内遴选具有优秀创新创业思路的学生来经营校园书店。其次,让学生来经营校园书店,也使得我们每年节省了近 20 万元的人员工资的费用。再次,将大学生的创新创业与书香校园结合在了一起。

安徽农业大学"时代书苑杯"校园书店运营创意大赛,有 80 个学生团队报名参加,我们从中挑出了 8 个优秀策划书进入最后的复赛,最终组建了现在的青禾书店运营团队(图4、图5)。

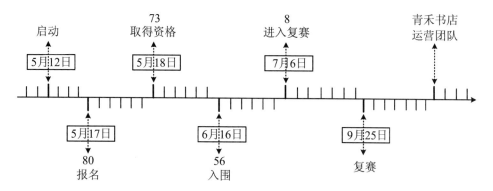

**图 4　安徽农业大学"时代书苑杯"校园书店运营创意大赛活动流程**

**图 5　安徽农业大学"时代书苑杯"校园书店运营创意大赛现场照片**

## 3.2　青禾讲坛

为了让学生在读书的同时,聆听大师们的智慧,在"青禾书店"的基础上我们开设了"青禾讲坛"(图 6)。

"青禾讲坛"的三大目标是:在微观层面,让大学生"多读书""爱读书"和"会读书";在中观层面,让读书成为一种习惯,让读书成为大学生日常生活中不可或缺的部分;在宏观层面,联手作者、编辑、出版发行企业、图书馆、读者,推广全民阅读,打造"书香安农""人文安农""优雅安农"。

2016 年,青禾讲坛一共举办了四期讲座,分别请来了院士、著名学者、知名青年作家主讲。第一期,秦伯益院士谈了读万卷书和行万里路;第二期是南京大学的徐雁教授的读物选择与幸福追求;第三期,由青年作家许多余与读者面对面,谈诗和远方——这些还不够;第四期,由郑永飞院士围绕着"钱学森之问"和科技创新进行了展开。"青禾

图 6

讲坛"的创新点在于,实现了学者、作者、编辑、出版社、图书馆与读者之间的互动(图7)。

图 7  2016 年度"青禾讲坛"举办的 4 期讲座

青禾讲坛产生的影响,从以下 3 个方面可以看出:

(1) 现场效果:现场学生们踊跃发言,积极与学者们进行互动(图8)。

图 8  "青禾讲坛"的现场互动环节

(2) 学校层面:青禾讲坛的第一期,被学校办公室编印的《一周快报》第 13 期以头条予以报道(图9)。

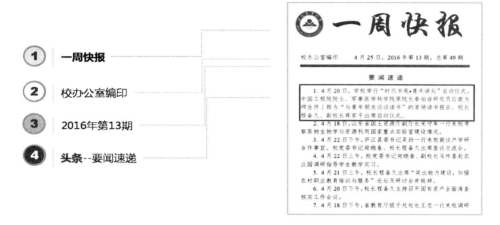

图9 "青禾讲坛"被学校的《一周快报》的头条予以报道

（3）社会影响：在省市等社会媒体层面，安徽日报、新安晚报、安徽青年报、凤凰网、网易新闻、光明网等多家媒体分别从不同角度对此进行了报道、转载（图10）。

图10 "青禾讲坛"被省、市多家媒体予以报道、转载

## 3.3 "洛洛"和"图图"

图书馆还在虚拟空间上逐步形成两大文化品牌，孵化了一个双黄蛋："洛洛"和"图图"。"河图"和"洛书"是华夏文化传说的源头，据说伏羲氏时，有龙马从黄河出现，背负"河图"；有神龟从洛水出现，背负"洛书"。河图与洛书是中国古代流传下来的两幅神秘图案，历来被认为是河洛文化的滥觞。"洛洛""图图"这两个很有创意的名称，便缘起于"河图洛书"这一极具文化气息的形象。洛洛以图书馆新媒体团队为代表；图图以图书馆学生服务中心团队为代表。他们通过微信、微博和QQ，宣传和推广图书馆的资源和服务，用学生自己的方式，积极与读者互动。虚拟空间的文化活动是图书馆服务在时间和空间上的延伸。

### 3.3.1 洛洛

"洛洛",以图书馆新媒体学生团队为代表(图11)。团队的目标就是让更多的人了解图书馆,喜欢图书馆,爱上图书馆,让广大同学能够得到更多更丰富的共享资源;做图书馆资源与服务的传播者和践行者;分享对世界的知识和见解。新媒体运营团队是图书馆新媒体官方平台的运营者,是图书馆资源与服务的推介者。

图 11

自"洛洛"成立以来,除了建设运营平台之外,还开展了多项活动,创新了活动的形式。比如,移动图书馆校园推广"三进"(进办公室、进教室和进宿舍)活动、万圣节知识奇妙夜、图书馆独立建馆 60 周年庆、读书分享会、MOOC 校园推广活动、第一届图书馆主题辩论赛等(图12~图16)。

图 12 万圣节知识奇妙夜

图 13 移动图书馆校园推广"三进"活动

图 14 读书分享会

图 15 第一届图书馆主题辩论赛活动现场

图 16 MOOC 校园推广活动

### 3.3.2 图图

"图图",以图书馆学生服务中心学生团队为代表(图17)。图书馆学生服务中心承担着配合图书馆宣传文献信息资源、定期清理书架、面向全校举办各种文化活动等职责。其目的是增进图书馆与安农大师生之间的联系,协助图书馆老师开展工作,反馈读者信息,开展校园文化活动。在2015年安徽农业大学官方微信平台举办的"首届最受欢迎的学生组织校园活动"评比中,图书馆学生服务中心以"世界读书日海报展暨好书推荐活动"获得一等奖。

图17

"图图"承办了许多富有创意的文化活动。比如,第一届图书馆文化节(征文活动、募书活动、还书回架、图书海报展、摄影大赛、好书推荐、清理书架等),连续三届的"万方杯"数据库检索大赛等(图18~图20)。

图18 "迎新"参观解说

图 19 "万方杯"数据库检索大赛活动现场

图 20 第一届图书馆"文化节"活动掠影

"图图"学生团队还承办了首届安徽农业大学图书馆、现代教育信息中心表彰大会暨"Happy 图 you"新年联欢晚会(图 21)。

图 21 "Happy 图 you"新年联欢晚会

# 4 本案例的意义

本案例的创新点主要体现在三个方面。

## 4.1 对校园书店运营的机制进行了创新

### 4.1.1 遴选模式创新

通过书店运营创意大赛这一创新机制,在全校范围内遴选学生创新创业团队。

### 4.1.2 运营模式创新

通过让学生经营书店,我们一年节省近 20 万元的人员工资的费用,同时弥补了馆藏资源的不足。

### 4.1.3 大众创业与书香校园相结合的创新

为在校大学生提供了学习、实践和创业的平台。

## 4.2 形成了多个与读者互动的文化圈

这 4 个文化品牌,从 4 个不同的角度满足了读者个性化的需要,形成了多个与读者互动的文化圈。同时,达到了推广全民阅读,打造"书香安农"的目的。

## 4.3 搭建了与读者互动的文化之桥

通过对文化品牌的构建,不仅在图书馆与读者之间搭建了一座桥梁,而且搭建了学者、作家、编辑、出版社与读者之间的桥梁,架起了沟通实体空间和虚拟空间的桥梁。

无论是基于实体空间的文化品牌,还是基于虚拟空间的文化品牌,其目的都是传播图书馆的文化理念和服务理念。四个特色鲜明的文化品牌,它们之间互相配合,实体空间和虚拟空间的共存和互动,满足了多元化的服务需求,在时空上延伸了图书馆的服务。

# "4+3+2":分层次、立体化、全方位入馆教育

樊亚芳　张素芳　郭磊　宋虎　刘艳民　赵光林
（中国科学技术大学图书馆）

## 1　引　言

新生入馆教育是图书馆读者培训中最为重要的部分，通过入馆教育，新生不仅可以全面地了解图书馆，熟悉图书馆各类信息资源和空间设施，还有利于提高图书馆的管理效率和服务水平。在大多数情况下，高校图书馆的新生入馆教育只关注了本科生群体的需求，而忽略了新入校的研究生和国际学生群体的需求。此外，从入馆教育的模式和宣传手段上来看，也存在模式单一、形式不丰富、对新生吸引力不足等缺陷。为了满足不同类型、不同文化、不同学科读者的差异化需求，我们在传统新生入馆教育模式的基础上不断推陈出新，引入线上结合线下的半自主学习方式，逐步形成了"4+3+2"的分层次、立体化、全方位的新生入馆教育模式，取得了良好的培训效果和热烈反响。

## 2　案例实施背景

中国科学技术大学是一所典型的研究型大学，每年新入校的本科生人数在1 800人左右，研究生（含硕士生和博士生）则超过2 500人，还有接近200名的国际学生以及来自国内其他高校的访问学者。与其他高校相比，中国科学技术大学的本科生入学人数相对较少，而研究生入学人数较多，加上来自超过40个国家的国际学生以及国内其他高校的访问学者，形成了培训对象情况复杂、需求多元化的客观情况。"4+3+2"分层次、立体化、全方位的新生入馆教育模式，通过对读者群体进行细分，深入挖掘不同读者群体的个性化需求，制定出分层次的培训计划。根据培训计划及目的的不同，借助现代化的信息技术手段，辅助培训计划的实施，最终达到加强培训影响力的效果。

## 3 案例实施过程

### 3.1 "4+3+2"的含义

"4"对应于分层次,指每年秋季学期新入校的4类培训对象,分别为:本科生、研究生、留学生、访问学者。图书馆根据每种培训对象的不同需求,制定分层次的培训方案。

"3"对应于立体化,指3种教育方式,分别为自主学习、预约参观和现场讲授。为了取得良好的培训效果,教育方式要根据培训对象及内容进行调整,保持多元化和立体化。

"2"对应于全方位,指线上结合线下的两种推广模式。为了配合入馆教育,图书馆还推出了系列读者活动,这些活动会在线上和线下交互开展,达到全方位的宣传推广效果。

### 3.2 为什么要分层次?

不同读者群体的主要任务以及核心需求不尽相同(详见表1)。

表1 不同培训对象的核心需求分析

| 培训对象 | 核心需求 |
| --- | --- |
| 本科生 | 课程学习、英语考试、个人素养 |
| 研究生 | 科学研究(分专业)、学术英语、个人技能 |
| 国际学生 | 科学研究、资源概况(英文版) |
| 访问学者 | 开阔视野、资源概况 |

对于本科生来说,大学四年最重要的任务就是课程学习,此外还有英语考试以及个人素养提升等方面的需求。对于研究生来说,他们的主要任务是科学研究,此外还有学术英语、论文写作与发表、个人技能提升等方面的需求。对于国际学生来说,多数人的目标是攻读博士学位,同样有科学研究方面的需求,但由于文化背景与语言差异的问题,他们特别需要英文版的资源概况和资料说明。对于有丰富科研经验的访问学者而言,他们已熟悉本领域内的各类资源的使用,但希望能够通过合作研究来开阔视野。

## 3.3 为什么要立体化?

为了达到良好的培训效果,我们为每种对象都设置了分层次的培训主题,并采取了立体化的教育方式(详见表2)。

表2 不同培训对象的教育主题及教育方式

| 培训对象 | 教育主题 | 教育方式 |
| --- | --- | --- |
| 本科生 | 玩转图书馆 | 自主学习+预约参观 |
| 研究生 | 玩转科研 | 现场讲授(分学科) |
| 国际学生 | Get familiar with your library | 现场讲授(全英语) |
| 访问学者 | 重识图书馆 | 现场讲授(重答疑) |

针对本科生的培训主题是"玩转图书馆",采取的培训方式为自主学习结合预约参观。自主学习内容是图书馆的微视频,并辅以自测题以巩固学习效果。预约参观则是以班级为单位,由班主任老师通过图书馆的预约系统选择参观时段,并组织新生有序到图书馆参观。

针对研究生的培训主题是"玩转科研"。由学科馆员到院系现场讲授,培训内容紧紧围绕研究生在科研方面的信息需求而设定,使大家在熟悉本专业数据库资源的基础上,通过案例分享提升科研素养,为他们今后的科研创新打牢基础。

针对留学生的培训主题是"Get familiar with your library"。由英语专业出身的馆员在留学生入学教育大会上用英语讲授,培训内容从图书馆的英文主页展开,综合介绍了图书馆纸本和电子资源利用、图书馆相关服务和培训等。

针对访问学者的培训主题是"重识图书馆",由图书馆最资深的培训老师以现场交流的方式开展。培训以一个简短的资源概况介绍为开始,之后是以问题解答的方式进行的,主要给访问学者一个重新认识和利用图书馆的机会。

## 3.4 为什么要全方位?

为配合入馆教育,图书馆还推出了系列读者活动,在线上和线下交互开展,达到全方位的宣传推广效果。线下宣传方案包括图书馆大屏幕欢迎页(图1)、多媒体展示机滚动播放图书馆微视频(图2)、超星移动图书馆推广(图3)等。线上活动方案包括图书馆主页的新生专栏(具体内容有图书馆介绍、读者指南、培训课件、图书馆微视频、入馆自测和预约参观等模块,详见图4)和微信端系列活动(具体内容有《迎新——我有一个科学梦……致2016级新生读者》、《英才书苑——我对新生有话说》、《征文——说说军训那些事》《征文——我有一个科学梦》《玩转图书馆——西区图书馆欢迎您》、《玩转图书馆——在图书馆转角遇到莫扎特……》,详见图5)。

图 1　图书馆大屏幕欢迎页

图 2　多媒体展示机滚动播放图书馆微视频

图3 超星移动图书馆推广

图4 图书馆主页的新生专栏

图 5 微信端系列活动

## 3.5 具体实施流程

为了顺利进行入馆教育,我们每年3～10月开展一系列的准备和实施工作,具体流程如图6所示。

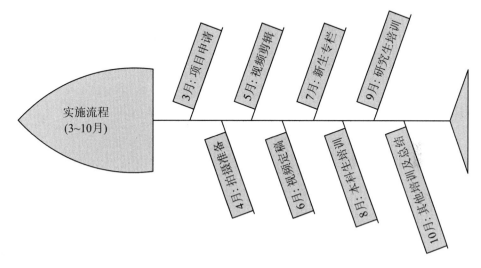

**图6 具体实施流程**

① 3月,制定当年培训计划,完成"信息服务创新项目经费申请书",从研究生院申请创新项目经费,为入馆教育准备活动经费。

② 4月,写(或修改)剧本,选演员,为图书馆微视频的拍摄做准备。

③ 5月,完成图书馆微视频的拍摄和剪辑。

④ 6月,完成图书馆微视频的公测和修改。

⑤ 7月,完成图书馆主页新生专栏的更新(包括图书馆介绍、读者指南、培训课件、图书馆微视频、入馆自测和预约参观等模块的全面更新)。

⑥ 8月,参与学工部的本科入学教育方案的制定,并在学校的本科迎新工作动员大会上介绍新生培训工作方案及流程。在本科新生军训期间,由班主任老师组织新生集体观看图书馆微视频,并发放入馆自测题巩固学习效果。此外,图书馆提供一天半(共42场)的参观时间,班主任老师可以到"新生专栏——预约参观"中自主选择参观时段,并组织新生到图书馆参观,由图书馆各工作部老师进行讲解和引导。

⑦ 9月,学科馆员与负责学工联系开展研究生的入馆教育,将多数培训嵌入学院的入学教育环节,培训内容紧紧围绕研究生在科研方面的信息需求而设定,使大家在熟悉本专业数据库资源的基础上,通过案例分享提升科研素养,为他们今后的科研创新打牢基础。

⑧ 10月,更新与维护图书馆的英文主页,并在留学生入学教育大会上由英语专

业出身的馆员介绍图书馆资源。根据学校有关部门的安排与部署,为访问学者开展资源概况报告会,并主要以问答的方式为来访学者答疑解惑。活动结束后对本科生、研究生、留学生和访问学者入馆教育进行总结,评估培训效果,提出改进方案。

## 4 案例实践效果

"4+3+2"的新生入馆教育模式可以更好地满足不同新生群体的个性化需求,并在提高图书馆工作效率的基础上,显著改善了培训的效果,增强了培训的影响力。这种模式所取得的成效也得到了学校、学院和读者三方的一致认可。

### 4.1 得到学校的肯定

关于图书馆的入馆教育,多位学校领导已经在不同会议或场合下进行了正面肯定。中国科学技术大学副校长陈初升教授在2016年的本科迎新工作动员大会上说:"每年都有很多人跟我打招呼,希望在本科新生入学教育环节增加一些内容,很多都被我拒绝了。因为我们在这个环节只能安排最重要的内容,比如:图书馆的入馆教育……"中国科学技术大学前副校长张淑林教授也多次表示:"这些年,你们图书馆做得不错……"校研究生院持续对图书馆的入馆教育给予"研究生信息服务创新项目经费"支持。近年来校学工部邀请图书馆参与本科入学教育方案的制定工作,将图书馆入馆教育纳入学校对本科新生的入学教育方案中。

### 4.2 得到学院的认可

在2015年"4+3+2"入馆教育方案实施的第一年,少年班学院、化学与材料科学学院、火灾科学国家重点实验室、核科学技术学院、生命科学学院、管理学院等主动邀请图书馆为他们提供深层次的信息素养系列培训。在2016年"4+3+2"入馆教育方案实施的第二年,把接近一半的研究生入馆培训嵌入到了学院的研究生入学教育环节,我们的学科馆员与学院的领导和教师代表同台为研究生同学上了"新生第一课",不仅参加培训的人数增长了70%,培训效率也大大提高。

### 4.3 得到读者的好评

2015年是"4+3+2"入馆教育方案实施的第一年,在当年8月中下旬,2015级本科新生共借阅2 597册图书,是去年同期的2倍;60%的本科新生已在图书馆借阅图书,是去年同期的近3倍;在已借书的本科新生中,有248位同学借书册数超过4册,占本科新生总数的14%。按照中图分类法,本科新生借阅最多的图书是数学类,其次为物理学、文学、英语和计算机类。

在2016年"4+3+2"入馆教育方案实施的第二年,2016年8月下旬,图书馆官方微信的关注人数突破10 000大关,本科新生报到之后日均关注人数明显增长。图书馆官方微信已成为图书馆与读者之间信息交流的重要途径之一。

除此之外,我们还收到很多来自读者的沟通反馈或培训邀请的邮件。

下面是一封来自一名2016级研究生的邮件:

记得在研究生开学典礼上,图书馆的一位很幽默的女老师上台演讲并推荐了一本书。当时听了很感兴趣,把书名记在手机里,可是后来找不到了。一直都想找到那位老师推荐的书到底是什么,也不知道那位老师的联系方式,所以最后只能通过图书馆页面上的老师邮件向您求助……

这是来自火灾科学国家重点实验室研究生会的邮件:

上次图书馆的郭磊老师为我们举办的讲座"图书馆资源的使用"受到了全班同学的一致好评,郭老师也特别向我们推荐了您的Endnote的培训。近期也期待您能抽时间为火灾实验室研一同学举办一场关于Endnote的培训……

还有来自少年班学院的邮件:

今年我院联合校团委举办了我校首届本科生学术论文竞赛,本次活动打算以讲座的形式对一、二年级学生进行论文写作培训。我注意到图书馆曾举办过一系列相关的活动,想请问针对大一、大二的低年级学生,能不能推荐有相关经验的老师来做讲座……

## 5 案例经验启示

1931年,阮冈纳赞提出了著名的图书馆学五定律。时至今日,图书馆学五定律仍有其现实意义。我们的"4+3+2"的新生入馆教育模式也刚好体现了这五点。

第一,资源是为了用的。图书馆的主要职能不仅仅是收藏和保存资源,还要使资源得到充分的利用。

第二,每个读者有其资源。"4+3+2"的入馆教育模式正是通过分层次、立体化、全方位的培训让每位读者了解他所需要的资源。

第三,每种资源有其读者。"4+3+2"的入馆教育模式也是通过分层次、立体化、全方位的培训为每种资源找到合适的读者,实现读者与资源之间的精准匹配,使资源得到充分的利用。

第四,节省读者与馆员的时间。我们除了要做到不浪费读者时间,同时还要利用各种技术手段提高馆员的工作效率。

第五,图书馆是一个成长着的有机体。我们无法完全预料图书馆在未来将经历哪些阶段,但我们认为"集成智慧,高效传播"始终是图书馆的工作使命。

"4+3+2"的新生入馆教育模式可以更好地满足不同新生群体的个性化需求,并在提高图书馆工作效率的基础上,显著改善了培训的效果,增强了培训的影响力。通过高效的入馆教育,不仅可以使新生迅速地全面地了解图书馆,熟悉图书馆的各类信息资源和设施,在今后的学习和生活中善于运用图书馆,还有利于提高图书馆的服务水平和管理效率。

# 将服务创新案例大赛机制引入单一图书馆的探索与实践
## ——安徽农业大学图书馆、现代教育信息中心服务创新案例大赛

顾浩　王郁葱　章恒　任勇　王晓燕　汪洁
（安徽农业大学图书馆）

中国图书馆学会于 2008 年发布了《图书馆服务宣言》,其中列出的第 4 个目标"图书馆提供优质、高效、专业的服务"中明确指出"图书馆充分利用现代信息技术,提高数字资源提供能力和使用效率,以服务创新应对信息时代的挑战",由此掀起了图书馆界从理论到实践去探索图书馆服务创新的热潮。图书馆是现代大学的重要组成部分,服务是图书馆工作的永恒主题,创新是图书馆事业发展的鲜活灵魂,转型是时代赋予图书馆的鲜明主题,发展是图书馆应对挑战的第一要务。在目前转型、再造、超越的语境下,现代大学图书馆的发展则需要用一种新的服务创新模式来推动。

## 1 服务创新案例大赛启动的背景

### 1.1 首届全国高校图书馆服务创新案例大赛

2014 年 5 月 22 日至 23 日,首届全国高校图书馆服务创新案例大赛暨研讨会在南方医科大学召开(图 1)。大赛组委会共收到来自全国 23 个省、自治区、直辖市的 105 所高校图书馆提交的 156 份服务创新案例申报材料,经 25 位专家网上评审,有 32 个案例入围决赛。这次大赛包括决赛案例作品现场汇报与评选、高校图书馆服务创新案例海报展览以及全国高校图书馆服务创新研讨会,同时邀请嘉宾作主题分享报告。来自全国 150 多所高校的图书馆领导、参赛嘉宾和馆员代表共计 350 余人参加了这次大会。

首届全国高校图书馆服务创新案例大赛具有以下几个特点:主题突出、特色鲜明、

内涵深刻、形式多样。大赛中众多鲜活的参赛案例充分表现了图书馆在丰富校园文化生活、营造学习氛围、服务教学科研和管理决策等方面的重要性；特别是对大学生而言，图书馆既能够扩展他们的知识面，又能增强他们的兴趣素养和文化素养，丰富课余生活。同时，这次大赛还打开了图书馆服务创新的另一扇大门，搭建了各省市高校图书馆之间互相交流借鉴的开放平台，更为全国高校图书馆界解决相同或类似的问题提供了高效便捷的途径。借由这次大赛，我馆学习借鉴了各图书馆的不同创新经验，并加以推广应用，对于图书馆发展起到积极的推动作用；在借鉴其他图书馆成功经验的同时，还可以结合自身实际情况进行有选择的复制或再次创新。

图 1

## 1.2 首届安徽省高校图书馆服务创新案例大赛

2015年1月10日，首届安徽省高校图书馆服务创新案例大赛在淮北师范大学图书馆成功举办（图2），共有27所高校馆提交38个服务创新案例参与比赛，其中读者活动类13个，资源推广类11个，基础服务类10个，空间修饰类4个。本次大赛的特点：充分展示了安徽省高校图书馆在阅读推广与资源服务推介、空间修饰、一体化学科阅览室建设、社会公共服务、特色馆藏资源建设、学生团队与社团活动服务创新的方方面面。该次大赛圆满实现了大赛宗旨和目标，深入促进了全省高校图书馆在服务创新的理念、内容、方法、手段和经验等方面的交流和分享，进一步激发了馆员的创新意识及潜能，也必将进一步提升高校图书馆创新服务的能力与水平。

图 2

受到首届全国高校图书馆服务创新案例大赛以及首届安徽省高校图书馆服务创新案例大赛的启发,2015年3月首届安徽农业大学图书馆、现代教育信息中心服务创新案例大赛正式启动。

## 2 服务创新案例大赛实施的步骤

① 2015年3月11日下午,首届安徽农业大学图书馆、现代教育信息中心服务创新案例大赛启动仪式正式拉开帷幕(图3)。

② 2015年4月27日,对收到的25个项目进行初评,最终有22个项目进入决赛(图4)。

③ 2015年12月16日,首届安徽农业大学图书馆、现代教育信息中心服务创新案例大赛决赛精彩落幕(图5)。

该次决赛邀请了6位高校图书馆馆长,2位现代教育信息领域专家,1位(安徽农业大学)党委常委、图工委委员共计9位专家参与评审。有18个服务创新案例获奖(一等奖2个,二等奖4个,三等奖6个,优秀奖6个),其中7个案例为学生团队服务创新案例,11个案例为馆员团队服务创新案例。参赛的所有案例汇集了安徽农业大学图书馆、现代教育信息中心工作的各个方面,既是参赛馆员和学生团队对全馆工作的整体梳理和创新实践,也对安徽农业大学图书馆的资源与服务进行了全方位的推广与创新。

图 3

图 4

图 5

## 3 服务创新案例大赛实施的创新性

这次安徽农业大学图书馆、现代教育信息中心服务创新案例大赛与国家级、省级大赛有如下区别。

### 3.1 首次将服务创新案例大赛这一机制引入单一的图书馆，并以此作为推动全年工作的一个契机

与国家级、省级大赛不同，这次安徽农业大学图书馆、现代教育信息中心服务创新案例大赛是在安徽农业大学图书馆内部展开的一次公开、公平的评比选优。馆员在筹备竞赛项目的过程中推进图书馆服务工作创新，促进理念、内容、方法、手段和经验等方面的创新服务并在馆内进行交流与分享，将服务创新案例大赛这一机制引入图书馆，并且以此推进图书馆全年的工作，这本身就是安徽省高校图书馆界工作的一次重要创新。担任大赛评委的合肥各高校图书馆馆长纷纷表示，安农大图书馆这一创新举措，具有较大的借鉴意义。

## 3.2 首次在图书馆服务创新案例大赛中引入信息技术类项目

由于安徽农业大学的自身特点,现代教育信息中心是挂靠在图书馆的,这样的机构设置更加有利于发挥高校图书馆的信息资源优势,整合现代教育信息资源;这种组织架构,不仅加快了学校信息化建设的进程,还可为广大师生提供更加便捷高效的信息化服务。因此将信息技术类项目引入此次服务创新案例大赛也是现代教育信息类服务的一次重要创新举措,这不仅为其开展全年工作指出方向,而且还在实践工作中进一步加快了信息化进程,从而更好地服务广大师生。

## 3.3 首次引入学生创新、创业服务类项目

此次创新案例大赛最终评出 18 个获奖案例,其中 7 个为学生创新案例,11 个为馆员创新案例。众所周知,学生馆员是图书馆馆员中最具有创新意识的一支青春队伍,是高校图书馆人力资源不可或缺的重要组成部分,其本身就是图书馆合理开发利用既有学生资源,创新服务模式,提升服务水平的一个重大举措。学生馆员创新创业服务类项目的推出,既有效缓解了现阶段图书馆人力资源的不足,又给学生们提供了一个实践和锻炼的机会,也给学生馆员提供了一个展示自我才华的空间和舞台。学生创新案例,更贴近学生自身的需求,也更好地搭建起了一座图书馆与学生之间沟通的桥梁,更切合学生需求地开展图书馆的相关工作,实现图书馆与学生之间的共同发展,共同成长。

## 3.4 与国家级、省级大赛的区别

国家级、省级大赛是对已有创新案例进行的总结与凝练;而我馆这次大赛则是在年初新学期开始时先凝练出创新点,再经由近一年的时间不断充实创新实践,到年底进行总结决赛,汇报案例实施和取得成果详情。

这个活动既在年初为一年的工作提供一个指引,也在年末对一年中开展的重要工作做一个总结。古语云:凡事预则立,不预则废。年初申报比赛案例时凝练创新点非常重要,它是对即将开展的工作最合理的计划和规划;年末的案例汇报则是提纲挈领地对整个案例思路以及一年来的实施成果进行总结性汇报,对全年工作的亮点和创新点进行系统性的归纳与总结。这一举措理论与实践相结合,前期计划与后期实施成果相结合,一目了然。我馆的这一创新型举措,不仅仅激发了全体馆员的创新潜能、工作热情和服务意识,优化了我馆的服务形式与内容,营造了我馆开拓创新的良好氛围,促进了我馆的转型与发展,更在实践中提升了我馆的创新服务意识及业务水平,从而更好地服务我校广大师生,因为服务是图书馆工作永恒的主题。

## 3.5 服务创新案例大赛获奖结果与单位的年终评优有机结合起来

在每年年终的专业技术类人员考核评分标准中,增加了与参加各种服务创新案例大赛获奖奖项对应的分值栏目。这一举措,充分调动了馆员参加本次服务创新案例大赛的积极性,激发了馆员的创新热情,同时也将激励机制引入大赛。

## 4 服务创新案例大赛实施的示范性

① 参赛的所有案例汇集了安徽农业大学图书馆、现代教育信息中心工作的各个方面,是参赛馆员和学生团队对全馆工作的整体梳理和创新实践,对图书馆的资源与服务进行了全方位的推广与创新。

② 对其他高校图书馆有一定的借鉴意义和应用价值。图书馆必须突破封闭的创新模式,通过服务创新案例大赛的模式可以使参与的个人或团队真正成为服务创新的主体。充分调动起馆员的主动性、积极性和创造性,同时与读者用户、其他图书馆以及数据库公司等建立起良好的合作关系,促进了服务创新。

③ 鉴于首届安徽农业大学图书馆、现代教育信息中心服务创新案例大赛圆满实现了预期的宗旨和目标,深入促进了安徽农业大学图书馆的转型发展,进一步提升安徽农业大学图书馆服务创新的能力与水平。因此,2016年3月1日,又启动了第二届安徽农业大学图书馆、现代教育信息中心服务创新案例大赛。

## 5 服务创新案例实施的意义价值

首届安徽农业大学图书馆、现代教育信息中心服务创新案例大赛获得安徽农业大学新闻网、安徽省高等学校图书情报工作委员会网站、中国高校之窗网站等多家网站和主流媒体的详细报道。通过近一年的实施与实践,大赛为全校师生提供了优质的信息知识服务并在实践中取得了良好的效果。对高校图书馆在现代大学中的开展信息化建设和服务具有重要的意义与价值。

### 5.1 提升图书馆的整体创新服务能力

获得一等奖的案例"创建安徽农业大学图书馆'百度直达号',助力安徽农业大学移动图书馆推广",不仅获得安徽农业大学新闻网、中国高校之窗网站的详细报道,而且收录在每周一呈送给学校党政领导审阅的《一周快报》上,获得学校的高度认可(图6)。同时,该项目的成果已经被安徽农业大学图书馆正式采纳,在图书馆门户网站的显要位置列为图书馆的一项重要服务途径。使用方法非常简单便捷,只要在手机百度搜索中输入"@安徽农业大学图书馆"就能快捷地浏览安徽农业大学图书馆的资源,享受图书馆的服务(图7)。

图6

另一个获得一等奖的案例是现代教育信息中心的"基于数字校园构建课程资源建设服务平台"。此项案例的实施对学校资源和平台建设都起到了积极影响并取得了良好效果(图8),并在此基础上开发出系统开发基础框架软件,并申报了软件著作权一项;建立了网络课程快速生成服务平台,帮助教师轻松、快速建立网络课程框架(该平台包含网络辅助教学功能)。教师上传视频、课件等资料后即可完成网络课程的建设,随时在教学工作中进行应用,为教师快速构建网络课程提供了易用性的工具;建立了基于学校数字校园的课程信息库,建立了以"学院""培养方案"为主线的课程导航服务平台,系统用户名与学校数字校园相同,实现了单点认证和数据集成;建立优质共享的教学资源库,课程等资源总容量近 20 TB,基本满足了全校师生的网络资源需求(图9)。

首页 >> 高校 >> 高校动态 >> 正文

**安徽农业大学图书馆百度直达号正式上线**

www.gx211.com　　2015-11-11　　　来源：中国高校之窗

11月10日，安徽农业大学图书馆百度直达号正式上线。不用下载移动图书馆APP，不用记住移动图书馆URL，不用扫描移动图书馆二维码；只要一部能上网的智能手机，安徽农业大学移动图书馆的资源和服务就会在你的身边！

服务是图书馆工作的永恒主题，创新是图书馆事业发展的鲜活灵魂，转型是时代赋予图书馆的鲜明主题，发展是图书馆应对挑战的第一要务。图书馆搭建百度直达号平台，旨在增加移动图书馆的访问量和利用率，从而增加用户满意度，扩大安徽农业大学移动图书馆的生态圈。

安徽农业大学图书馆百度直达号使用方法：在手机百度搜索里键入"@安徽农业大学图书馆"，点击"百度一下"就可以直接打开手机图书馆主页，帮助您快速便捷的享受移动图书馆的服务，您还可以通过百度客户端扫描或者订阅该直达号。安徽农业大学图书馆百度直

图 7

图 8

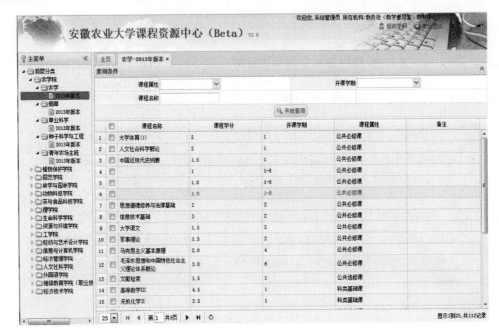

图 9

## 5.2 营造图书馆开拓创新的良好氛围

全馆各部门热情高涨,踊跃报名积极参赛。全馆馆员在本次大赛中积极参与、勇于表现拓展思维,形成了馆内良好的竞争氛围,促进了图书馆各项工作的同时鼓励了馆员积极进取,勇于创新的精神(表1)。

表1 安徽农业大学图书馆、现代教育信息中心两届服务创新案例大赛情况对照

| 届 次 | 案例数 | | 获奖数 | | 奖励与奖项科研分 | 影 响 |
|---|---|---|---|---|---|---|
| 第一届 | 25 | | 18 | | 一等奖 800 元,科研得分 10 分;<br>二等奖 600 元,科研得分 8 分;<br>三等奖 500 元,科研得分 6 分;<br>鼓励奖 300 元 | 校新闻网、安徽省高校团工委网站予以报道 |
| | 馆员 | 学生 | 馆员 | 学生 | | |
| | 15 | 10 | 11 | 7 | | |
| 第二届 | 26 | | | | 一等奖 800 元,科研得分 10 分;<br>二等奖 600 元,科研得分 8 分;<br>三等奖 500 元,科研得分 6 分;<br>鼓励奖 300 元,科研得分 1 分 | |
| | 馆员 | 学生 | | | | |
| | 15 | 11 | | | | |

通过表1可以看出第二届安徽农业大学图书馆、现代教育信息中心服务创新案例大赛的参赛案例比第一届有所增加,且在年终科研奖励分值上给鼓励奖增加了1分,可以提高全体馆员的参与积极性。

## 5.3 提供展示馆员团队及个人才华的舞台

获得二等奖的案例"服务融入科研·资源浸润空间",不仅获得学校《一周快报》的报道,还受到师生的一致认可。主要负责此项案例的参考咨询部馆员通过年初到学院凝练服务"需求";再针对各个学院的信息需求来确定培训服务主题,开展"培训进院系活动",第一次实现了在一年内走访了全校16个学院(部)中的13个,使服务的主题更加多元,学科服务的针对性更强,服务的水平更高。同时,开通图书馆教师服务QQ群,可以在第一时间回答读者、教师提出的问题,目前有近200位教师入群,真正实现了基于"线下"与"线上"结合的学科服务。实现了一对一,多对一,一对多的嵌入式服务,将服务嵌入到老师身边。学校《一周快报》对这一做法进行了专题报道(图10、图11)。

图 10

获得二等奖的案例"安徽农业大学图书馆官方微电影宣传片——'走进图书馆,邂逅更好的自己'"的主要负责人,在赛后将该案例凝练提升,形成2篇研究论文——《微电影文化模式在中国高校图书馆中的推广实践》《高校图书馆新生入馆教育的创新研究》,分别发表在《农业图书情报学刊》2016年第6期和第7期上,实现了将实践案例创新成果提升为理论研究成果(图12、图13)。

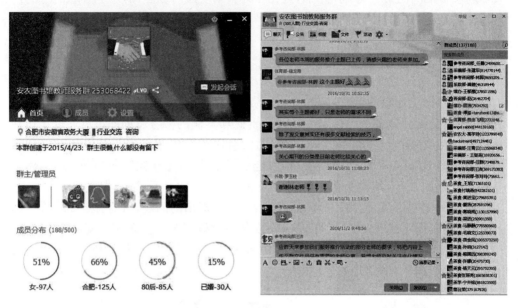

图 11

图 12

图 13

首次创新案例大赛中学生服务推广团队获得二等奖、三等奖的案例在此后逐渐成为了4支学生服务推广团队的服务品牌。如新媒体暨培训大使服务推广团队在图书馆微信上,打造了"洛说""洛洛Ⅰ学堂""读书分享会"3个经典栏目(图14、图15);图书馆学生服务中心服务推广团队,开展了数据库知识竞赛(图16~图18)、图书馆文化节(图19)、光影流年观影、组织国助生定期清理书架等活动;读者俱乐部服务推广团队开展了读者征文、新书海报展、书籍封面设计大赛(图20)、图图形象设计大赛、摄影大赛等活动(图21、图22);微传媒服务推广团队,举办了微电影大赛、自媒体微电影赏析会等活动(图23、图24)。学生团队在本次大赛中表现优异,安农大图书馆的学生志愿者服务推广团队已成为图书馆资源宣传、教育培训、创新服务的重要力量,也是弥补人力资源缺乏的一个重要手段。他们从读者的角度对图书馆服务工作进行了深度介入,提高读者将创意付诸实践的能力,彰显图书馆核心的文化价值。

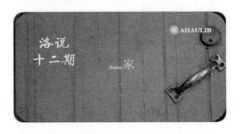

图 14

图 15

图 16　第一届数据库知识竞赛

图 17　第二届数据库知识竞赛

图 18　第三届数据库知识竞赛

图 19　文化节活动

图 20　书籍封面设计大赛

图 21　读者俱乐部

图 22 青禾讲坛

图 23 微电影大赛

图24

## 5.4 提升图书馆的管理创新的水平

按照首次服务创新案例大赛奖励规则,获奖案例结果与科研绩效得分挂钩:一等奖 10 分,二等奖 8 分,三等奖 6 分。领队计各等次最高分,排名第二的占分值 50%,第三占 40%,后面按 5% 递减(图 25)。安农大图书馆适时将这一规则吸纳进了《安徽农业大学图书馆、现代教育信息中心教科研工作量计算暂行办法》,并最终与年终评优有效结合,既调动了大家的积极性,又使得年终工作量考核标准更加量化。在后续的第二届服务创新案例大赛中,又根据实际情况,适时的对获奖奖励规则进行了修订:增加了鼓励奖分值 1 分。

大赛在提升图书馆的整体创新服务能力、营造图书馆开拓创新的良好氛围、提供展示馆员团队及个人才华的舞台的同时,提升了图书馆的管理创新的水平。

服务创新是图书馆持续发展的根本手段,图书馆只有不断创新服务,才能克服自身不足,提高服务能力,为用户提供更加专业化、个性化的深层次知识服务。安徽农业大学图书馆、现代教育信息中心通过引入服务创新案例大赛这一机制的三大最终目标是:其一,造就"标杆型"馆员服务推广团队——发现人才;其二,让馆员在实践创新中提高服务质量和水平——培养人才;其三,同时凝练科研项目选题,形成科研团队——提升人才。

## 安徽农业大学图书馆、现代教育信息中心其他专技绩的分值及考核细则

作者：图书馆　　来源：图书馆　　点击数：543　　更新时间：2015年12月28日

(2015年12月27日图书馆馆长会议通过)

根据学校《关于做好2015年度考核与奖励工作的通知》、《安徽农业大学教职工考核暂行办法》(校行字〔2015〕2号)的要求，在《安徽农业大学其他专业技术人员考核细则》中关于"绩"60分的具体计分原则由各单位结合实际自行制定。为做好2015年度的考核工作，结合图书馆、现代教育信息中心工作的实际，特制定本实施细则。

**年度考核绩（60分）的量化标准**

| 考核内容 | | 分 值 | 考核标准 |
|---|---|---|---|
| 绩60分 | 承担工作完成情况 | 20~25分 | 超额完成年度承担工作，承担工作任务饱满，工作量很大，服务效率高。 |
| | | 16~19分 | 按时完成年度承担工作，承担工作任务饱满，工作量大，服务效率高。 |
| | | 11~15分 | 基本完成年度承担工作，服务效率一般。 |
| | | 0~10分 | 不能完成年度承担工作，承担工作任务不饱满，工作量小，服务效率低。 |
| | 工作质量工作实绩 | 20~25分 | 能高质量地完成所承担的工作，工作成绩特别突出，无责任事故。 |
| | | 16~19分 | 工作质量好，工作成绩突出，无责任事故。 |
| | | 11~15分 | 工作质量一般，工作成绩一般，有时不能按要求完成工作任务。 |
| | | 0~5分 | 工作质量差，存在明显问题，或在工作中经常出现事故。 |

分；获得学校认定的10分；

2、视频课件（电教拍摄制作的），每个专题整体制作完成验收通过10分，排名第一计10分，第二名计70%，第三名50%，第四名以后的按10%递减。

(六)教材及著作

1、规划教材，主编10分，副主编8分，参编5分。

2、自编教材，主编8分，副主编6分，参编3分。

3、参编省级规划教材10分(所有参者同分)。

(七)创新服务

1、省级服务创新案例大赛获奖者（鼓励奖除外），主持人10分，排名第二分值50%，第三40%，后面按5%递减；

2、校级服务创新案例大赛获奖者，一等奖10分，二等奖8分，三等奖6分。主持人计各等次最高分，排名第二分值50%，第三40%，后面按5%递减。

(八)其它

1、培训进院系活动。主讲者与主持工作者每次2分，参与者每次1分。

2、被省内外图书馆邀请做有关图书馆工作的专题报告的或在省内外学术会议作报告的，每次10分。

图 25

# 数据驱动下的图书馆新生教育新模式

朱东妹　周向华　章丽　施才玉
（安徽师范大学图书馆）

## 1　背　　景

新生入馆教育是图书馆给读者的第一印象，通过入馆教育，不仅使新生熟悉图书馆各类设施、服务流程及利用其各类信息资源，而且有利于提高图书馆的管理效率和服务水平。现有的高校入馆教育模式比较常见的有：集中授课、实地参观、专题讲座及利用多媒体工具制作入馆教育教学视频等。但是随着数字图书馆的发展，图书馆资源不断丰富，除了有大量的纸质资源外，还有丰富的电子资源；服务内容也不断增加，如文献传递、专题检索、查收查引及科技查新等；服务形式也开始出现多样化，如移动图书馆、微博及微信公众平台等；图书借还方式发生改变，如由人工借还转变为RFID自助借还、多校区通借通还及馆际互借等。这些都说明新生入馆教育内容开始多元化，传统教育不再适应图书馆发展的新形势。

针对传统教育这种时间固定、学生被动接受及个性化不足等缺点，安徽师范大学（以下简称"安师大"）图书馆充分利用信息技术开发"新生入馆教育网上学习测试平台"，通过平台充分发挥学生的自主性，打破时间限制，让读者随时随地进行学习，提高入馆教育的效果。另外，在新生入馆教育测试的基础上，充分利用读者在学习平台中学习的历史数据及读者访问利用图书馆数据，对其进行清理分析，从而实现持续化、个性化及智慧化的入馆教育，效果较好。

## 2　新生入馆教育新模式总体思路

由于入馆教育内容开始多元化，因此我们认为新生入馆教育是一个持续的过程，并强调教育的循序渐进，层层深入，整个入馆教育过程包括：基础教育＋个性化教育＋评估及反馈。其中基础教育阶段除了传统讲座之外，主要以新生入馆教育网上学习及测试平台作为辅助；个性化教育阶段主要以数据仓库平台作为辅助。通过基础入馆教育阶段,可以让新生对自己未来就读大学的图书馆各类信息资源、服务流程及设施等进行初步认识;而后续的个性化的入馆教育是让不同年级、专业的学生在不同阶段及时获取利用图书馆资源的知识。

## 3 新生入馆教育网上学习及测试平台

新生入馆教育网上学习及测试平台,总体架构设计采用先进的基于.NET 的 B/S 的三层体系结构。三层体系结构由浏览器、WEB 服务器和数据库组成。整个系统设计依托校园网,以 Internet 和 Intranet 作为网络平台。其特点如下:

### 3.1 无 IP 限制

新生入馆教育网上学习及测试平台,无网络 IP 限制,新生无论是在校内还是校外都可以进行学习与测试。图书馆与学校教务处招生部门合作,以学校层面将入馆教育事项写入新生录取通知书中。新生暑假接到录取通知书,在未入学时就可以通过扫描二维码在手机上或计算机上进行学习与测试。

### 3.2 随机抽题

学生网上学习完入馆教育知识后,便可以进行学习内容的习题练习与测试。在习题练习与测试前系统需进行身份验证,验证成功后系统从题库中随机抽题组卷,学生测试后提交完试卷,系统自动批改试卷,并将正确答案显示在每道练习题或试题下面,便于进一步学习。

### 3.3 新生练习与测试信息保存

系统批改完试卷,同时将每位学生所抽题号、学生答题答案及标准答案保存于数据库中,便于以后进行数据分析。

2016 年安徽师范大学录取的各省新生在入学前利用进行的网上学习并通过测试的情况(图 1),从图 1 可以看出通过率达到 83.3%以上,其中来自天津、海南的学生通过率达 100%,这充分说明学生暑期进行网上图书馆知识学习热情较高,效果较好,值得推广。

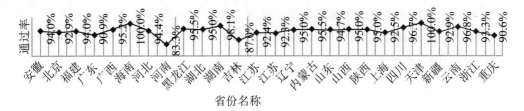

图1 2016年录取的各省份新生在入学前利用暑期参加入馆教育知识学习并通过测试的情况

## 4 新生入馆教育数据仓库平台

数据仓库是分析型数据库,用来存放海量的、历史的及不受时间变化的只读数据,为制定决策提供信息。包括:OLAP(On-Line Analytical Processing)联机分析处理、ETL(Extract-Transform-Load)数据抽取转换及加载及数据挖掘等技术。

### 4.1 OLAP 联机分析处理

OLAP 建立在数据多维视图的基础上,可以提供给用户强大的统计、分析及趋势预测的能力,是数据仓库上的分析展示工具。OLAP 分析主要是通过对多维数据进行切片、切块、钻取、旋转和聚合等分析动作,以使用户能够从多个维度、多个侧面和多重数据综合层观察数据仓库中的数据,从而了解数据背后蕴含的规律。为了分析读者利用图书馆的行为习惯,从而对其开展个性化的入馆教育,我们应用软件 SQLServer 的分析服务 SSAS 工具建立了以"门禁分析""电子资源利用分析"及"图书流通分析"等主题的 OLAP 多维数据模型。

### 4.2 ETL 数据抽取转换及加载

ETL 是英文的缩写,用来描述将业务系统中的数据从来源端经过抽取(extract)、转换(transform)、加载(load)至数据仓库所在的中心存储库目的端的过程。制定这一过程的策略称为 ETL 策略,而完成 ETL 过程的工具是 ETL 工具。我们用 SQL Server Integration Services 对各主题的 OLAP 模型的事实表和维表进行数据的自动加载。由于事实表中有关读者、图书等信息数据经常有新增及更新,如读者转专业、读者卡丢失更换及图书改馆藏等。因此,事实表加载目的主要就是实现:将新增的数据加载进入事实表中,同时更新的数据也会在事实表中被修改。维度转换和加载都需要对维表中相关联属性的当前以及部分历史进行跟踪,如在"文献馆藏地点维表"中,文献的馆藏地点名称会由于新馆的建设、文献出版时间的远近等因素发生更改。因此,在维表数据加载过程中,我们用了"渐变维度"转换,"渐变维度"提供了一种维护渐变维度或渐变表的方法。

## 4.3 DM(Data Mining)数据挖掘

数据挖掘是在海量的数据中利用统计、人工智能及预测的技术方法,找出隐藏在数据中的知识,并根据业务需求建立不同的挖掘模型,为管理人员决策提供参考依据。

### 4.3.1 关联规则算法

关联规则挖掘发现大量数据中项集之间有趣的关联或相关联系。关联规则最早由 Agrawal 于 1993 年提出,定义如下:

假设 $I=\{i_1,i_2,\cdots,i_m\}$ 是项的集合,设任务相关的数据 $D=\{t_1,t_2,\cdots,t_m\}$ 是数据库事务的集合,其中每个事务 $t$(transaction)是 $I$ 的非空子集,即 $t\in I$,每一个事务有一个标识符,称作 TID(transaction ID)。关联规则是形如 $X\Rightarrow Y$ 的蕴涵式,其中 $X,Y \in I$ 且 $X\cap Y=\emptyset$,$X$ 和 $Y$ 分别称为关联规则的先导(antecedent 或 left-hand-side,LHS)和后继(consequent 或 right-hand-side,RHS)。关联规则 $X\Rightarrow Y$ 在 $D$ 中的支持度 $s$(support)是 $D$ 中事务包含 $X\cup Y$ 的百分比,即概率 $P(X\cup Y)$;置信度 $c$(confidence)是包含 $X$ 的事务中同时包含 $Y$ 的百分比,即条件概率 $P(Y|X)$。即是

$$\text{support}(X\Rightarrow Y) = P(X\cup Y) \tag{1}$$

$$\text{confidence}(X\Rightarrow Y) = P(Y|X) = \frac{P(X\cup Y)}{P(X)} \tag{2}$$

同时满足最小支持度阈值(min_sup)和最小置信度阈值(min_conf)的规则称作强规则,这些阈值由用户或者专家设定。对图书馆新生教育工作来说,可以应用关联规则对读者网上学习测试的试卷内容及学生答题情况进行挖掘,一方面为以后丰富及更新题库提供决策参考,另一方面为我们进行个性化训练题的推送提供基础。

#### 4.3.1.1 数据处理

为了对表 1 新生测试所抽题号及答题情况,进行关联规则挖掘,我们在批改试卷时通过编写代码,如图 2 所示,实现自动批改试卷。

试卷自动批改后结果保存于表的"批改结果"列,如图 3 所示,从而为下一步的数据挖掘做好准备。

#### 4.3.1.2 关联挖掘及结果解释

我们应用软件 SQLServer 的分析服务 SSAS 工具建立项目对读者网上学习测试的试卷内容及学生答题情况进行挖掘。将处理后的"新生测试所抽题号及答题批改结果"表作为数据源,建立输入列中以"学生 ID"为键值,预测列为"抽题号""专业"的挖掘结构的关联规则算法挖掘模型。最后对项目进行部署及对所创建的挖掘结构进行处理。部署项目就是把该项目的定义从开发环境中迁移到服务器环境中。部署完成

后,会出现处理挖掘结构对话框,所有模型都成功完成训练和处理后,就可以使用"挖掘模型查看器"对挖掘结果进行可视化浏览,"新生入馆教育测试挖掘模型"规则如图4所示。

```vb
Private Sub CommandButton1_Click()
    i = 2
    While Cells(i, 3).Value <> ""
        Dim s1 As Variant
        Dim s2 As Variant
        Dim s3 As Variant
        Dim s As String
        s1 = Split(Cells(i, 3), ",")  '将第3列单元格值分割为数组
        s2 = Split(Cells(i, 4), ",")  '将第4列单元格值分割为数组
        s3 = Split(Cells(i, 5), ",")  '将第5列单元格值分割为数组
        t = UBound(s1)
        s = ""
        For j = 0 To t  '遍历数组每个元素
            If s2(j) = s3(j) Then
                s = s + s1(j) + "对,"  '将比对结果写到变量s
            Else
                s = s + s1(j) + "错,"  '将比对结果写到变量s
            End If
        Next
        Cells(i, 6).Value = s  '将比对结果变量s里的数据写到第6列
        i = i + 1  '继续下一行数据的比对
    Wend
End Sub
```

**图2 试卷自动批改代码**

| 学生ID | 专业 | 题号 | 学生答案 | 标准答案 | 批改结果 |
|---|---|---|---|---|---|
| 403025 | 人力资源管理 | 97, 54, 75, 100, 115 | A, C, A, A, A, C, D | A, C, A, A, A, C, D | 97对, 54对, 75对, 10 |
| 1503017 | 土地资源管理 | 9, 83, 156, 38, 25, 8 | C, B, B, D, C, A, D, C | C, B, B, D, C, A, D, D | 9对, 83对, 156对, 38 |
| 102049 | 秘书学 | 22, 121, 46, 44, 97 | D, D, D, B, A, B, B, A | D, D, D, B, A, B, B, A | 22对, 121对, 46对, |
| 1501062 | 地理科学 | 9, 150, 134, 141, 13 | C, D, D, A, D, D, B | C, D, D, A, D, D, B | 9对, 150对, 134对, 1 |
| 402054 | 财务管理 | 55, 33, 109, 11, 56 | D, A, A, D, D, D, D | D, A, A, D, D, D, D | 55对, 33对, 109对, 1 |
| 803018 | 学前教育 | 8, 70, 63, 44, 76, 81 | A, B, B, B, B, A, C | A, B, B, B, B, A, C | 8对, 70对, 63对, 44 |
| 1109015 | 网络与新媒体 | 126, 155, 140, 160 | B, A, B, A, B, A, B, D | B, A, B, A, B, A, B, D | 126对, 155错, 140 |
| 303018 | 行政管理 | 109, 118, 102, 4, 26 | D, B, A, D, A, A, A | D, B, A, D, A, A, A | 109对, 118对, 102 |
| 1704008 | 食品科学与工 | 60, 24, 92, 98, 103 | C, C, B, B, D, A, A | C, C, B, B, C, A, A, A | 60对, 24错, 92对, 98 |
| 1305057 | 自动化 | 105, 129, 64, 153, 8 | C, D, C, D, B, B, C, C | C, D, C, A, B, A, A, C | 105对, 129对, 64对, |
| 1507033 | 酒店管理 | 86, 122, 20, 14, 99 | B, D, A, B, C, B, B | B, D, A, B, C, B, B | 86对, 122对, 20对, 1 |
| 704015 | 社会学 | 58, 35, 77, 142, 53 | A, B, B, B, D, C, B | A, B, B, B, D, C, B | 58对, 35对, 77对, 14 |
| 1501080 | 地理科学 | 120, 147, 20, 114, 1 | D, A, B, A, D, B, A, D | D, A, B, A, D, B, A, D | 120对, 147对, 20对, |
| 304004 | 行政管理(高 | 79, 102, 62, 14, 111 | A, B, A, C, D, A, B, B | A, B, A, C, D, A, B, B | 79对, 102对, 62对, 1 |

**图3 新生测试所抽题号及答题批改结果**

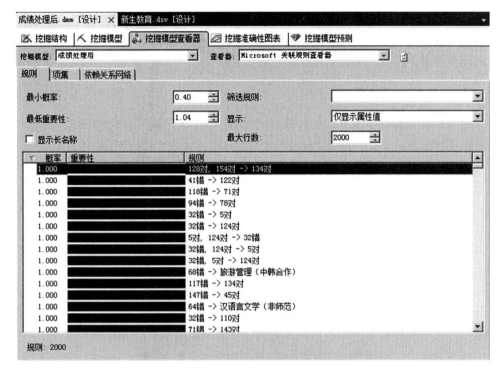

**图 4 "新生入馆教育测试挖掘模型"规则**

图 4 中,规则选项卡显示满足要求的关联规则:该选项卡分为上下两部分,上部是参数设置及规则筛选条件区;下部是规则表格,显示满足要求的规则、概率及重要性分数,单击表头可以切换排序模式。

最小概率:此参数就是关联规则中的最小置信度,置信度小于此值的规则将会被删除。

最低重要性:此参数用于测试规则的有效性,重要性越高,则规则的质量越好。

最大行数:此参数对表中显示的规则条目个数进行设置。

筛选规则:通过这一规则我们可以筛选出某一具体属性值的相关规则。

显示:设置规则显示的形式,显示属性名称和值、显示属性值及属性名称等方式。

我们将最小概率设为:0.40,最低重要性设为:1.04,显示设为:仅显示属性值;规则的概率为1.000(100%),表示是一个必然事件,说明在数据训练集中,没有案例该规则为假。具体规则中如:128 对,154 对→134 对,表示第 128 题和第 154 题答对的考生,那么可以推断第 134 题其也会做对。进一步分析发现:第 128 题与第 154 题的题目内容分别有关于图书馆可以提供哪些资源、特色资源的问题,第 134 题是有关于如何获取某类资源的问题,这说明如果读者知道图书馆有某类资源,读者一般也会知道通过何种方式获取该资源。再如第 68 题→旅游管理(中韩合作),表示第 68 题错的考生很有可能其专业是旅游管理(中韩合作)。进一步分析发现:第 68 题是有关图书馆各阅览室开架方式的问题,说明专业是旅游管理(中韩合作)的学生对各阅览室的服务方式不了解,因此在对该专业学生入馆教育时,需加强对这方面的宣传。通过对新生测试结果的关联挖掘,一方面可以为我们的题库设计提供参考,另一方面可为图书馆向新生推荐个性化的训练试题提供决策支持。

#### 4.3.2 分类算法

分类算法分为监督分类和无监督分类两种。监督分类是在分类前人们已对分类对象的类别属性有了先验知识,再利用这些样本类别的特征为依据建立分类模型,从而完成分类对象的类型划分。常用的有监督分类算法有:决策树分类算法、贝叶斯分类算法及人工神经网络算法等。无监督分类也称为点群分类,是对分类对象无先验知识,仅依靠对分类对象的特征提取,再统计特征的差别来达到分类的目的。常用的无监督分类算法有聚类算法。

实践中我们可以综合运用不同分类算法对读者进行分类,发现、预测出读者利用图书馆的行为习惯、喜好与需求,从而选择最优模型。例如,综合运用决策树算法、逻辑回归等算法及朴素贝叶斯算法同时对入馆读者是否进行电子阅览与是否借还图书行为进行分类挖掘,从而对不同类型的读者进行针对性的入馆教育。决策树算法、逻辑回归等算法及朴素贝叶斯算法部分挖掘结果分别如图5、图6及图7所示。

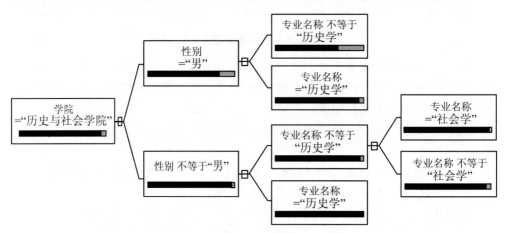

**图5 "读者是否借还图书"决策树算法挖掘结果部分分枝**

从图5"读者是否借还图书"决策树算法挖掘结果部分分枝,我们可以得出性别为"女"、专业为"历史学"的读者借阅图书的可能性最大。

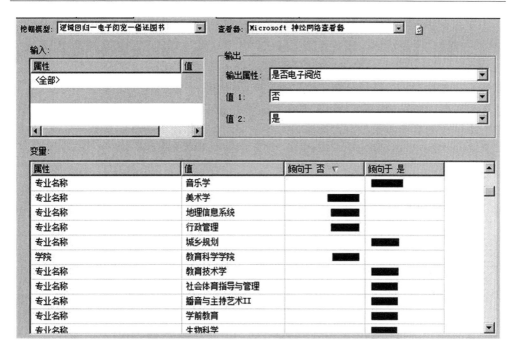

**图 6　"读者是否电子阅览"逻辑回归算法部分挖掘结果**

从图 6"读者是否电子阅览"逻辑回归算法部分挖掘结果,我们得出结论专业名称为"美术学""地理信息系统"及"行政管理"的学生电子阅览行为倾向于"否"。

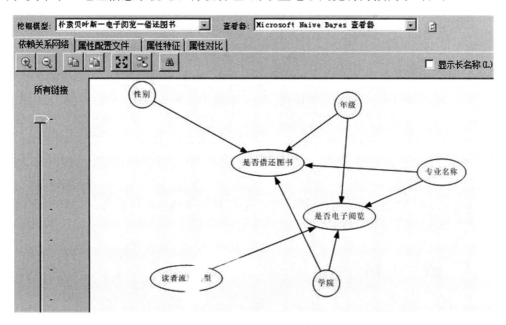

**图 7　读者"是否电子阅览""是否借还图书"朴素贝叶斯算法依赖关系网络图**

在图7所示的朴素贝叶斯算法依赖关系网络图中,我们通过拖动网络图窗格的左边"所有链接"滑块,可以查看"性别""年级""专业名称""学院"及"读者流类型"等因素影响"读者是否电子阅览""是否借还图书"的强弱程度。

通过各挖掘算法结果分析,我们发现读者利用图书馆的习惯有显明的专业、年级特征。因此,针对这些不同特征的学生,根据挖掘结果我们安排以不同的内容与方式进行个性化的后续入馆教育。同时,以下一年度的读者利用图书馆数据进行验证、评估其效果,其效果提升图,如图8所示。

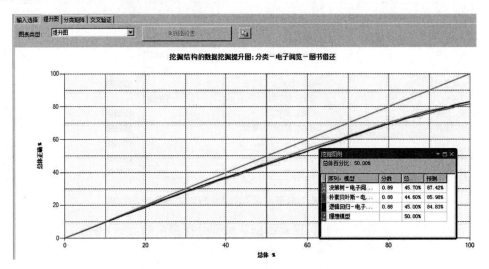

**图8 "读者是否电子阅览""是否借还图书"挖掘模型效果提升图**

由于本例中各模型预测精度较接近,为了更清晰地比较各模型的精度,我们通过"挖掘图例"来进一步观察,"挖掘图例"显示所有事例的百分比以及准确预测的事例的百分比。这里我们将灰线定位到包含50%的整体测试事例的位置,显示的挖掘图例,如图8所示。其中"分数"值可通过总体计算模型的有效性来评价模型,分数越高,模型则越好。由图8我们还可以看出在50%总体中,"决策树-电子阅览-图书借还"模型准确预测了87.4%的事例,分数也最高达到0.89分,预测概率达45.70%,其他模型所得结果稍差。

结论:本例中"决策树-电子阅览-图书借还"模型准确预测性最高。

# 5 结　语

本案例以安徽师范大学入馆教育为例,提出了以新生入馆网上学习测试平台与新生入馆教育数据库平台相结合为入馆教育辅助手段的新的入馆教育方式。该入馆教育方式一方面可以实现新生自接到录取通知单之时起就可以在入学之前利用暑假通过网络学习如何利用图书馆的知识并进行测试,能让学生主动参与到新生入学教育的过程中来,充分发挥学生的自主学习意识;另一方面可以实现持续化、个性化及智慧化的入馆教育,为不同年级、不同专业的学生在不同阶段设置并安排不同的后续入馆教育内容,使学生能够及时并充分利用图书馆。该方式经过实践检验,效果较好,得到师生的一致认可。

# 服务是根本,创新是未来
## ——合肥工业大学图书馆 O2O 服务

倪燕　蔡灶林
(合肥工业大学图书馆)

## 1　图书馆服务创新的概念及意义

### 1.1　图书馆服务创新的概念

创新(innovations),按《辞海》里的解释创是"造之始也",有首创、创始之义;新为初次出现,与旧相对,有才、刚之义。创新包涵三层涵义,一是抛开旧的,创造新的;二是在现有的基础上改进、更新;三是指创新性,新意。

### 1.2　图书馆服务创新的必要性

图书馆的核心竞争力不仅是资源,更重要的是服务。在数字化时代,读者的需求、获取信息的方式都呈现出多元化的趋势,图书馆必须创新,建立起适应数字化需求的读者服务模式。高校图书馆必须在传递信息的途径和对用户的服务方式上不断创新。

### 1.3　图书馆服务领域的创新

创新是一个民族进步的灵魂,是国家兴旺的原动力。人类文明的发展进步,就是一个不断创新的过程。图书馆服务创新是根据目前发展形势和读者获取信息需求的变化,应用新技术和新思想来改善和变革现有的服务。图书馆只有提高现有服务质量和服务效率,改善服务方式和手段,扩大服务的范围,才能提升服务的创新能力。

### 1.4　服务创新是我馆的办馆理念

合肥工业大学(以下简称"合工大")图书馆创建于 1945 年,在 70 多年的建设与发展中,坚持"以人为本、读者第一、服务创新"的理念,以建设"有特色的、现代化的服务与研究并重型图书馆"为目标,以丰富的文献馆藏、高素质的馆员队伍、强大的服务能力、优质的服务水准,为提高学校教学质量、提升学校科研水平、传播积极向上的校园文化等做出突出的贡献。

## 2 我馆服务创新平台

### 2.1 基本概况

图书馆(合肥校区)现有馆舍 45 000 $m^2$,阅览座位 4 000 余席。馆藏图书 267.49 万册,电子图书 88.13 万种、148.13 万册;中外文电子期刊 2.6 万种;订阅中外文期刊 2 446 种。2015 年,图书馆主页独立访问量 246.79 万人次,读者借还图书 94.82 万册次;馆藏外文文摘数据库浏览量和全文数据库下载量为 343.5 万次(篇),主要中文数据库浏览、下载和电子图书阅读量为 647.1 万次(篇、本)。

我馆现已实现基于 RFID 技术的读者自助借还、阅览座位预约、自助复印打印、报刊机器阅读、数字图书馆应用终端(PAD)等多样化自助服务平台。读者可以使用手机、iPAD 等移动终端登录合肥工业大学移动图书馆,等于将图书馆装进口袋,带回家中。

### 2.2 数字资源的基本概况

图书馆续订和新增中外文单体数据库共计 76 个,数据库总数达到 209 个。其中,中文数据库除保留了万方、维普和中国学术期刊网、读秀学术搜索等原有中文电子资源外,新增 EPS 全球统计数据/分析平台、高教网考研精品课程数据库、书香中国中文在线数据库、中国经济社会发展统计数据库和超星等 1.5 万种电子图书。外文数据库继续保留原有大型文摘数据库 SCIE、EI、CPCI、Inspec 的续订和 Elsevier、IEL、SpringerLink、EBSCO、SAE、ASCE、ASME、APS、ACS、OSA 等全文数据库的续订;为帮助读者更好地利用馆藏资源,新增了 XOPAC 系统平台,实现了图书馆现有的 OPAC 系统的扩展,提高了馆藏文献利用率。

同时,我馆积极同 CALIS 中心和数据库商协作,拓展信息渠道,通过 DRAA 网站、相关图书馆网站、数据库商和代理商介绍以及同行评议等方式广泛收集数据库的信息,试用了 Incites、欧洲数学学会(EMS)期刊库等共计 45 个数据库。

## 3 图书馆 O2O 服务

### 3.1 积极应用与推广新技术

随着新技术纷呈出现,读者获取信息的需求也日新月异,图书馆的服务方式亦需随之与时俱进。合肥工业大学图书馆于 2013 年、2014 年分别在屯溪路校区、翡翠湖校区 2 个图书馆,投资引入 RFID 智能馆藏管理系统,新技术的应用为建设新型、智能化、高水平大学图书馆提供动力和活力。RFID 智能馆藏管理系统的应用极大地提升了图书馆的服务效率,简化了借还书程序,缩短了读者借还书时间。馆员不需要对读者所借还的图书进行逐本扫描条形码,RFID 自助借还机便可代替手工操作。通过这个系统,读者最大可一次完成 9 本图书的借还,具有 24 小时自助借还及实现全天候的自助归还、续借及查询等功能,提高了图书的利用率和周转率。图书馆运用图书定位系统技术,将 RFID 标签所存储的图书信息,包括图书所在的楼层、库房和架位信息绘制出数据地图,存入到定位系统。读者通过查询定位数据库,获取图书信息,提高用户检索图书的精确度。馆员在整理图书的过程中,手持点检仪扫描书架上的层标,若有图书摆放错位则会发出"嘀嘀"的报警声,管理员根据提示音对错架图书进行整理,保证图书按序排放。读者也可根据定位技术很快找到所需的图书,极大提升了用户满意度。

### 3.2 图书馆线上服务方式

线上(online)利用计算机技术、通信技术、网络技术和数字化技术,构建起一个智能化的图书馆服务体系。读者通过各种便携设备,如手机、平板电脑、PDA、阅读器等媒介,对图书馆各类信息资源进行查询、浏览和获取,使知识和信息触手可及。线上查阅逐渐成为新媒体时代读者获取信息的主要方式。

信息化环境下,移动图书馆用户使用移动终端设备主要通过检索来获取信息,检索是获取信息的基础,应根据不同用户的检索需求,确立移动图书馆的搜索功能。将广泛应用于互联网上的基于元数据整合的一站式搜索引擎引入到移动图书馆平台,元数据整合技术对馆内外的中外文图书、期刊、报纸、学位论文、标准、专利等各类文献进行全面整合,在移动终端上实现资源的一站式搜索、导航和全文获取服务。有效地组织信息检索结果是满足用户信息需求的有效途径,特别是对潜在用户及用户潜在需求的研究,用文本挖掘、聚类等各种方式使信息检索系统返回的结果符合用户的需求。碎片化阅读是移动终端用户使用的主要形态,移动图书馆应根据用户需求,为不同类型的用户提供查询并阅读所有图书的章节和主题片段。

在信息资源建设方面,合肥工业大学移动图书馆为信息用户提供了移动APP书架,其中有3万多种电子书,适合在碎片时间用手机方式阅读,满足了平台用户休闲阅读的需要。读者既可以点击"手机电子书",以文本方式在线阅读;又可以选择将文献传递到邮箱,将全文下载到本地查看;还可以通过移动交流平台,与专家、学者及图书馆馆员共同交流、互动,共享信息资源。

构建业务信息处理系统。该系统能够提供用户登录的认证、借阅证挂失、馆藏查询、个人借阅历史查询、图书续借、咨询等管理内容。业务信息处理系统还应充分发挥移动终端的信息交流功能,开辟通知公告、新闻发布、新书推荐、热门书排行、借书到期提醒、预约取书等信息发布。这个系统的构建不仅能够方便信息用户利用图书馆资源,而且还能使许多复杂的查找过程变得简单。用户只需掌握简单的操作,智能化的检索系统就会把用户所需的检索结果显示出来。用户可以通过智能分析系统对检索结果实施分析,并将检索结果保存起来。业务信息处理系统的构建与传统的检索方式相比将更加智能化,为用户带来更多便利。

## 3.3 图书馆线下服务方式

线下(offline)以读者到馆体验和纸本资源为主。图书馆实施RFID智能化馆藏系统后,对馆舍空间优化,注重用户体验,进一步提高了馆藏资源利用率和信息服务质量。

### 3.3.1 设立主题阅读空间

根据读者不同时期的阅读需求,图书馆设立不同主题的阅览空间。读者需要一个特定的服务空间,能够进行分享、交流的平台;依据自己的需求进行信息获取;图书馆开辟一些特定的服务空间(不同的主题),鼓励用户进行学习交流;丰富的资源满足不同的用户需求。例如,为加强学校"两学一做"专题学习教育,图书馆专门设立"两学一做"主题阅读空间。图书馆因地制宜,注重利用、发挥资源优势,在屯溪路校区和翡翠湖校区分别设立了面积300 $m^2$ 和180 $m^2$ 的"两学一做"学习教育主题阅读空间。主题阅读空间集阅览、会议空间、小组讨论区为一体,集中摆放了《习近平谈治国理政》《习近平总书记系列重要讲话读本(2016年版)》以及中国共产党党史、党建等方面的书籍,同时,还配放了相关内容的期刊、报纸等,为全校党群读者提供了专题学习的空间,鼓励和方便全校党员进行学习、讨论等学习教育活动,有利于进一步加强党员的党史教育;有利于增强党的创造力、凝聚力、战斗力;有利于党员明确基本标准、树立行为规范。

### 3.3.2 积极拓宽信息服务领域

合肥工业大学于2012年12月获得教育部部级科技查新工作站资质。教育部科技查新站通过引进高校优秀博士毕业生、科技人才,优化馆员队伍结构,加强学科服务和科研分析,提高科技查新服务的质量和水平。科技查新站为学校师生在科研课题立项、科技成果鉴定、科技成果挖掘、专利申请等方面提供了更加方便优质的科技查新服务,为学校的科学研究提供了更加良好的服务条件和环境,为教学、科研管理、学科建设、人才队伍建设等提供了准确、客观的情报信息咨询和报告分析。这进一步拓宽了图书馆的信息服务领域。

2016年度,图书馆持续在人力、政策、对外联系等方面进一步加大对查新工作站的建设,积极与安徽省图书馆、安徽省内部分高校图书馆、部分企事业单位进行科技查新合作,不断拓展科技查新项目来源,面向校内外开展科技查新工作,全年共完成查新568项。作为安徽省教育厅指定的检索机构之一,承担了大量查收、查引任务,为省属院校老师申报职称、奖励等提供检索证明,全年共接待校内外读者近千人次,检索SCIE、EI、ISTP、CSCD、中文核心期刊等8 260余篇。同时,还完成了学校学科建设办要求的学校2012~2015年ESI扩展版(前3%)分学科论文检索及信息处理等工作,充分地发挥了科技查新工作对学校的科研、博士生培养以及省内高校、科研机构、企业的科学研究和科技发展的支撑作用。

### 3.3.3 嵌入式学科服务

我馆积极探索开展学科化服务,真正嵌入到高校的教学和科研过程中。图书馆在机构设置上进一步强化了学科化服务。2016年5月,图书馆新设立了信息咨询与学科服务部,主要开展数字资源的试用、采购、发布、宣传推介等工作;通过采用现代教育技术,加强信息素养课程体系建设,完善和创新新生培训、专题讲座的形式和内容;对全校学生进行文献检索课程教学与信息素养教育,开展文献传递、信息交流等各类咨询服务,建设及维护博硕士学位论文数据库、特色数据库。高校图书馆馆员能力提升是实现服务模式转型的关键。图书馆要重视培养高层次的情报学专家和引进优秀的博士人才;鼓励工作人员通过在职学习和进修,提高知识和业务水平,至少掌握图书馆学专业以外的其他一门专业学科知识。激励馆员通过继续教育,拓宽学术视野,提高馆员的业务能力和综合素质,以应对高等教育信息化带来的挑战。馆员信息素养是图书馆服务能力的体现。当馆员对信息的认识由感性上升到理性,就能够利用丰富的专业知识和多样化的信息手段,如微博、微信、QQ、BBS、RSS等,向用户推送最新的信息资源,及时解答用户的疑问,获取用户的反馈信息,不断改进图书馆的服务水平,使用户潜在的、不断增长的信息需求得到满足。

图书馆利用文献计量理论与方法等对学科发展态势、人力资源等进行客观评估,有效地利用数据库进行科研评价与对比,对合肥工业大学高质量学术产出整体情况和近十年高影响力学科和论文进行分析和比对,出具《基于WOS和ESI的合肥工业大学的科研产出分析报告》和《基于Derwent数据库和上海知识产权(专利信息)公共服务平台的合肥工业大学专利检索分析报告》,并向学校提供2016年SCI-E、SSCI、CP-

CI-S 和 EI 中收录合肥工业大学校作者论文数量以及其中第一作者的论文数量;通过 RSS Feed 获取数据最新更新信息,推出合肥工业大学 SCI-E/CPCI-S 最新收录专栏,及时报道合肥工业大学作者论文最新收录情况,每周五第一时间发布在图书馆主页上,并通过校园网页链接,供全校师生查阅。同时,为加强学科服务水平,分析评价工具进行学科态势追踪,图书馆引入了 Calis 学科服务平台的测试试用以及各学科服务机构知识库平台的试用,为后期选购学科服务平台等相关平台做好基础工作。

### 3.3.4 读者服务

为鼓励广大读者充分利用图书馆的文献资源,引导我校师生多读书、读好书,品读经典,弘扬社会主义核心价值观,积极倡导校园全民阅读,营造书香校园文化氛围。2016 年度,图书馆、出版社在全校范围内持续开展年度性的"合肥工业大学读书王"排行榜评选活动;积极利用图书馆文献检索课、微博、微信、读者 QQ 群、志愿者团队、学生社团等媒体、团体,宣传和推广书香江淮"品读经典·对话信仰·弘扬社会主义核心价值观"和书香工大的主题阅读;持续指导翡翠湖校区"春风读书会"社团工作,有效地促进了阅读推广,提高了文献利用率。

图书馆积极采取多种形式进行读者教育和用户培训,广泛宣传图书馆馆藏文献资源和信息服务,努力提高广大读者的信息意识和图书馆文献资源利用率。主要手段如下:

① 开设"计算机信息检索""图书馆利用""电子资源概论"等选修课程教学,并组织参加安徽省高校数字图书馆网络课程校园推广活动;

② 编印《图书馆读者指南 2016 版》发放给新生,制作新生入馆教育 PPT 课件和微信推广短片,开展新生入馆培训和测试,为新生了解和利用图书馆奠定了良好的基础;

③ 组织本校研究生参加中国科大举办的以"空间再造·未来学习"为主题的"安徽省高校第四届研究生信息素养夏令营";

④ 举办 IMechE、CNKI、SciFinder、数学评论、IOP、Taylor & Francis、ProQuest、SCIE、CIDP 等数据库现场培训讲座 15 场,有 3500 多人次的读者参与;联系、开通网络培训 220 多场;

⑤ 成功举办"超星云舟杯"专题创作大赛以及"智赢未来我爱数字图书馆"有奖知识竞赛活动;

⑥ 与建筑与艺术学院的学生社团"红月社"在图书馆共建大学生志愿服务基地,在文献资源宣传推广、读者问卷、文化建设、读者培训等方面相互合作,架构起图书馆与读者的桥梁;

⑦ 组建学科服务志愿者队伍,制定相关规章制度、组织志愿者参观培训、收集针对图书馆各方面的意见和建议等。

图书馆还开展了多种形式的网络信息咨询服务:完成麦达学位论文提交系统的试

用、2 834 条硕博士学生的信息导入、2 465 篇学位论文的提交接收与审核工作；完成"安徽省高校文献咨询管理平台"的文献传递工作、维护更新图书馆主页在线咨询题库、QQ 咨询、E-mail 咨询、电话咨询各项咨询服务工作；完成微博、微信等平台的日常管理、维护和信息发布工作，积极推广图书馆的文献资源和读者服务，加强与读者的良性互动，解答读者在日常使用图书馆资源过程中所遇到的各类问题。

## 4 图书馆"创客空间"

### 4.1 "创客空间"定义

图书馆"创客空间"，从宏观上来说是图书馆为使用户能发挥创意和实现创意提供工具资源和交流的平台，让用户在实践过程中实现知识学习和知识创新的一种新型图书馆服务模式。从微观角度来说，图书馆"创客空间"是为图书馆用户提供工具资源，让有共同兴趣爱好的用户聚集在一起在实践过程中学习交流和创新的空间场所。在"大众创业、万众创新"的创客时代，蕴藏着无穷创意，为创客们开启了广阔的未来。

"菁菁学园"成立于 2008 年，位于我校翡翠湖校区图书馆，秉承着"服务师生、服务社会、勤工助学、自强创业"的宗旨，全心全意服务于广大师生，学生自立自强，互帮互助，在人际交往和沟通能力方面得到了极大提高，为在校大学生创新、创业打下基础。

### 4.2 "菁菁学园"

图书馆"创客空间"主要为大学生创客提供服务，它是一个真实存在的物理场所，所配置的技术设备相对简单，主旨是为大学生创业者营造低成本、开放式的创业平台。"菁菁学园"主要由学生自主策划、自主经营、自主管理，从设计、实施、货物采购、商品摆放、内部管理到销售服务全过程基本都由学生自己完成，这一计划为学生提供了很好的自我教育、自我管理、自我服务和自我激励的机会，极大地提高了学生在人际交往、团队协作、社会适应等方面的能力。"菁菁学园"与"莘莘助学超市"共同设立"莘莘助学金"，连续资助学生 1 500 余人次，发放助学金 100 余万元，实现了资助资金从"资助"到"自助"再到"助他"的良性循环。

"创客空间"的学生自立自强、艰苦奋斗，他们怀着一颗感恩的心，用自己的力量回报学校师生的关心和帮助。学生创客空间还将致力于打造一个为更多学生提供多方面锻炼的实践平台。

## 5 结　　语

图书馆服务创新是指运用新的服务创新理念、服务方法及新技术,对图书馆的资源、服务内容、物理空间等进行重构,改进现有服务模式,以提高服务质量、满足不同用户需求,从而形成核心竞争力。服务创新是实现图书馆价值增值的主要途径,是图书馆发展的主要动力源泉。

# 疯狂图书馆

周国正　公惠玲　刘娜　胡燕　曹红院　邹聪
(安徽医科大学图书馆)

## 1　案例背景

随着安徽医科大学(以下简称"安医大")在图书馆资源建设方面的投入逐年增加,各种出版类型的馆藏书刊达到120余万册,中外文数据库共计31个。面对如此丰富的馆藏资源和电子资源,图书馆亟待解决的问题是如何利用好这些资源,做好资源推广。

安医大图书馆传统的资源推广模式有以下几种:新生入馆、网页宣传、展板展示、数据商培训、文检课教学以及深入院系的讲座和培训。在以往的工作中,这些模式发挥着不可替代的巨大作用,但是也存在着一些问题。一方面,理论授课模式形式单调内容枯燥,其以馆员为中心,读者被动接受信息,难以引起共鸣;缺乏充分的互动,不能深入了解读者。另一方面,受众多且信息素养层次不齐、沟通少、实践少,效果存在差异。图书馆需要一种更为灵活,更贴近生活、贴近实际、贴近大学生的阅读推广形式。

## 2　目的和意义

美国麻省理工大学的教授提出这样的观点,人们通过阅读,可以学习到10%的知识;通过听闻可以获得15%的知识;而通过亲身体验一件事,可获得80%的知识。因此游戏作为现代社会一种流行的生活方式,同样可以发挥教育的作用。美国图书馆界早在2005年就开始探讨图书馆是否应该提供游戏服务,2008年,美国图书馆协会发起了首届"国家游戏日",2009年还发布了馆员的游戏指南,取得了不错的效果。近年来,游戏服务在国内高校图书馆界也悄然兴起。在这样的背景下,安医大图书馆分别于2015年和2016年做出了新的尝试,借世界读书日系列活动的契机举办了图书馆大型互动游戏:"疯狂图书馆"和"爱上图书馆——Run~Run~Run~"(图1)。

本次游戏活动"疯狂图书馆"旨在通过体验式游戏,改变读者对图书馆的旧有印象;宣传图书馆的使用指南、馆藏分布、文检教学等资源和服务;营造轻松愉悦的资源推广环境,提高资源推广的效果;增强读者体验感,培养用户忠诚度并吸引更多的潜在读者。

图1

## 3 前期策划和宣传

举办一个好的活动如同拍摄一部电影,需要组织策划、内容设计、方案实施等环环相扣。本次活动的策划团队分别来自文献检索教研室、参考咨询部、技术服务部、文献阅览部。前期调研时,策划组先是走访一线部门,收集了各部门需要推广的资源和服务,同时也收集了大学生读者感兴趣的综艺文化节目("奔跑吧兄弟""中国诗词大会""疯狂动物城"电影)的相关素材。策划组经过反复讨论,设计了四个闯关任务,并将本次活动命名为"疯狂图书馆"——寓意着同学们像疯狂动物城中的兔朱迪一样,能够通过本次活动在图书馆里有所收获,获得成长。为了理顺各环节的衔接,把握关键点,通过社团志愿者的参与,策划组对游戏进行了测试,并适当调节了游戏难度,以确保活动顺利进行。

策划案完成后,在学生社团的协助下,在食堂、宿舍楼、宣传栏以及各院系门口散发传单、张贴海报,同时结合官微、官网,将活动广而告之。

参赛成员三人一组,自由组队,共计12个代表队,36人参加。参赛人员来自临床医学、医学影像、妇幼保健、麻醉等12个专业。在赛前一周,策划组邀请参赛队在图书馆会议室召开了一次赛前培训,详细讲解了游戏的规则、流程,并强调了游戏过程中需要注意的安全事项。

# 4 活动实施

为确保活动有序进行,12个参赛队通过抽签的形式,分三个批次入馆,时间间隔为15分钟。

队员们首先要协同完成第一关——"体力拓展,舞动青春",本关设置了循环踢毽子、转呼啦圈、跳绳、你比我猜(图2、图3),队员们需要通过协作完成所有项目,才能顺利过关并获得下一关的任务卡。

图 2

> 任务一：体力拓展 舞动青春
>
> 请按以下顺序完成游戏，游戏完成后即可领取第二关任务卡。
> - 跳绳，二人甩绳，一人跳绳，累计跳满30个；
> - 运送气球，一个人吹气球（直径至少超过10cm），另两人合作夹气球运送至终点后夹破，运送过程中手不能碰到气球，若犯规需从头开始，运满5个进入下一个环节。
> - 你比我猜，每组3名选手一人比划两人猜，比划者只能用肢体语言的形式向猜词者传达信息，不得说出任何字。猜不出可以喊"过"，只能喊过3次。累计猜出10个词，即可领取下一关任务卡。

图3 任务卡一

第二关为"畅游书海，智慧搜寻"。关卡设置了数字密码，队员需解码获取目标书籍的题名，通过OPAC系统检索到相应的分类号，再到书架上找到该图书，即为闯关成功（图4、图5）。

图4

> 任务二：畅游书海 智慧搜寻（1）
>
> 请根据以下数字解码图书名称，并在三楼北社会科学图书借阅处阅览室找到相同书名图书交至管理员，方可获得下一关任务卡。
>
> 23 21 26 8 15 14 2 17 9 25 21 1 14
>
> （若您无法解码，在三楼阅览室与管理员完成"剪刀石头布"游戏，连赢三局便可获得解码提示）

图5 任务卡二

第三关是"学科核心,志在必得"。队员首先要根据任务卡上对期刊的要求,借助期刊分类目录和字顺目录找到指定期刊的题名和排架号,到期刊架上找出藏在该刊中的神秘人线索,在同楼层中寻找神秘人并对出诗句,即为闯关成功。为避免对诗失败导致任务无法继续,该环节还设置了惩罚补救,读完神秘人提供的绕口令亦可获得下一关任务卡(图6)。

图6 诗词卡

第四关是"信息挖掘,终极PK"。队员首先要利用中国知网数据库检索到指定的文献,在文献中找到特定的作者或作品,并在图书馆各楼层的文化建设展墙上找到相应展框,全体成员与之合影,并发布到微信朋友圈,最后前往终点向裁判展示朋友圈内容即为结束比赛(图7、图8)。

以游戏起始时间至朋友圈发布时间计算,完成所有关卡用时最少的参赛队获胜。

图 7

图 8　任务卡四

# 5　活动总结

## 5.1　大胆尝试

　　本次活动在游戏情景中融入了图书馆的空间资源布局、图书分类排架规则、学术资源介绍、信息检索技巧、古典诗词、医学人文等知识,体验式教学模式效果更佳。首次引入了学生社团的参与、官方微信的发布、选手微信的转发,借助新媒体加强了宣传,一定程度上扩大了图书馆在大学生读者中的影响力。阅读推广借助游戏的形式更加贴近大学生生活,帮助读者缓解了压力,为图书馆和读者建立起良好的交互体验和情感依附,增强了用户忠诚度和黏性(图 9)。

## 5.2 成效显著

本次活动具有知识性、普适性、趣味性、互动性、亲和性和可持续性。于读者而言，增强了其体验感，加深了对图书馆的了解；增强了信息意识，提升了信息技能，提高了信息素养。于图书馆而言，重塑了图书馆的形象，赢得了更多潜在读者的关注；馆内资源和服务得到了进一步宣传和推广；通过情景，及时捕捉到了读者的使用障碍点以及兴趣点，从而可对资源的采购和服务提升作进一步改进。本次活动受到了同学们的一致好评，许多同学纷纷表示，下次活动一定还要报名参加。

图 9

## 6 启发和反思

本次活动依托游戏参与者、志愿者和执行者的力量,发挥了良好的团队效应,游戏队员是活动的主体,代表着大学生群体,图书馆只有充分了解读者的兴趣、需求以及使用难点,做好赛前准备和赛后反馈信息的收集,才能进一步做好阅读推广工作。社团志愿者是活动的好帮手,游戏当日志愿者分布在图书馆门口和每个关卡的关键点,在比赛过程中负责秩序维护、路线引导、结果统计;比赛结束后负责比分的统计和宣布;在活动结束后负责反馈意见的收集。他们既是活动的执行者,又是活动的宣传者和见证者。志愿者的加入,既保证了公平性、公正性,又充分借助了学生群体的创意,在活动中起到了非常好的桥梁作用。馆员是活动具体的策划者、组织者和执行者,充分发挥馆员,尤其是一线馆员的主观能动性和创造性,鼓励他们平时注意相关资料的积累,才能更好地将资源和服务的内容嵌入到活动当中。

反思本次活动,由于欠缺经验,还是存在诸多不足的,例如,采取了顺序制的入场方式,导致某个环节同时涌入的参赛人员相对较多,而其他环节都空无一人,设备和人员的服务效率相对不高。在今后的活动中,可以采取乱序制的方式加以改进。

图书馆游戏服务已经成为吸引读者关注、宣传图书馆资源与服务、培养学生信息意识、提高学生信息素养能力的新途径。在今后的活动当中,我们将继续坚持"以人为本、需求即动力"的原则,充分考虑读者需求,利用更符合贴近读者、更符合潮流的活动形式,重塑图书馆形象,提高资源利用率。

# 基于 ESI 和 InCites 数据库的高校图书馆知识服务

詹婧　王磊　黄苑　张仁琼
(合肥工业大学图书馆)

## 1　背　景

统筹推进世界一流大学和一流学科建设,是党中央、国务院作出的重大战略决策,这也给我国高校的发展指明了方向。在大数据时代用户信息行为和知识库的海量数据支撑下,图书馆能够基于大数据的挖掘和运用,评估高校学科的发展现状和趋势,为高校决策提供重要参考数据和决策支持。基于科研分析数据库 ESI(Essential Science Indicators)和 InCites,对文献知识单元进行统计分析和数据挖掘,揭示高校科学研究态势,提供学术评估和科研发展决策建议,成为高校图书馆知识服务创新的重要组成部分。

Essential Science Indicators,即美国汤森路透科技与医疗集团的《基本科学指标》(*Essential Science Indicators*),共 22 个学科分类标引,是用来评价大学和科研机构国际学术水平及影响的重要指标。通过 ESI 可以实现:评价大学和科研机构国际学术水平及影响;分析机构、国家和期刊的论文产出和影响力;按研究领域对国家、期刊、论文和机构进行排名;发现自然科学和社会科学中的重大发展趋势;确定具体研究领域中的研究成果和影响力;评估潜在的合作机构,对比同行机构。

### 1.1　InCites ESI 数据库

InCites ESI 数据库是(图 1)在汇集和分析 Web of Science 引文数据基础上建立起来的科研评价工具。利用 InCites ESI 数据库可以:定位重点学科/优势学科,发展潜力学科,优化学科布局;跟踪和评估机构的科研绩效;与同行机构开展对标分析,明确机构全球定位;分析本机构的科研合作开展情况,识别高效的合作伙伴;挖掘机构内高影响力和高潜力的研究人员,吸引外部优秀人才。

图 1

## 1.2 InCites 数据库

InCites 数据库如图 2 所示。

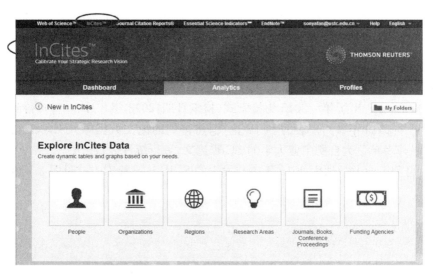

图 2

## 2 目的和意义

服务旨在分析合肥工业大学的科研产出与影响力,考察高校优势学科以及对潜力学科发展进行预测,为高校学科建设和科研发展提供情报支撑,推进图书馆从传统参考咨询服务模式向智库式决策咨询服务模式的转型;为高水平大学和一流学科建设提供理论依据。

## 3 基本思路

基于 Web of Sciences 平台 ESI 和 InCites 数据库,以合肥工业大学为例,统计其 SCIE(Science Citation Index Expanded)论文发表和引用情况,分析 ESI 22 个学科高被引论文(1‰,3‰)发表情况,调研其进入全球前 1% 的优势学科及待进入的潜力发展学科。

## 4 案例实践

### 4.1 以合肥工业大学为第一作者单位 SCIE 论文分析(2015 年)

基于 Web of Sciences 平台 SCIE 数据库,以地址=("HEFEI UNIV TECHNOL" OR 230009) and 出版年=2015 为检索式(检索日期:2016 年 3 月 20 日),得到合肥工业大学师生 2015 年参与发表的 SCIE 论文;将得到的论文数据导入 Excel,数据处理输出第一作者单位为合肥工业大学的 SCIE 论文,进行统计分析。

① 合肥工业大学师生 2015 年参与发表的 SCIE 论文检索方式见图 3~图 5。

# 基于 ESI 和 InCites 数据库的高校图书馆知识服务    83

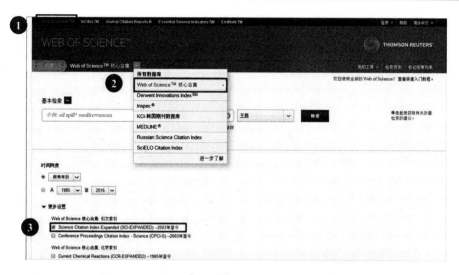

图 3

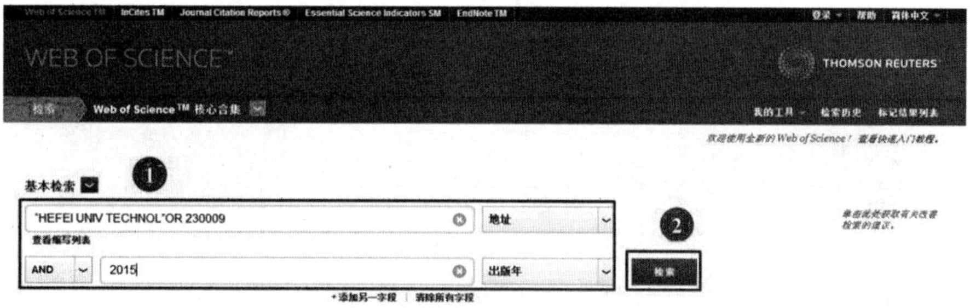

图 4

图 5

② 合肥工业大学师生 2015 年参与发表的 SCIE 论文的选择和输出,选择"制表分隔符(Win)"格式导出(图 6)。

图6

③ 基于制表分隔符文本，利用 Excel 打开，选取目标字段"作者地址"字段（C1）（图7）。

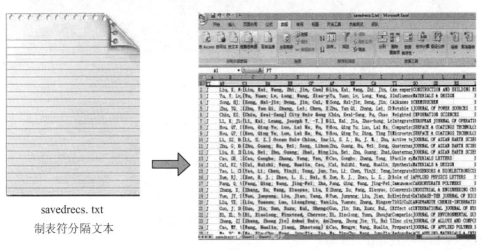

图7

④ Excel 数据分析处理，对目标字段进行"分列"处理，筛选第一作者单位为合肥工业大学的目标文献（图 8、图 9）。

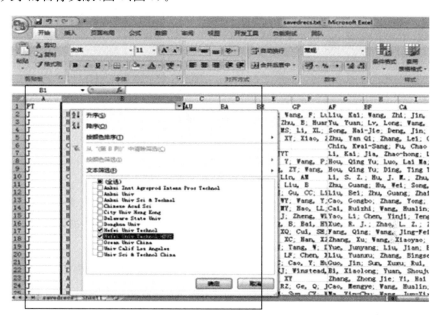

图 8

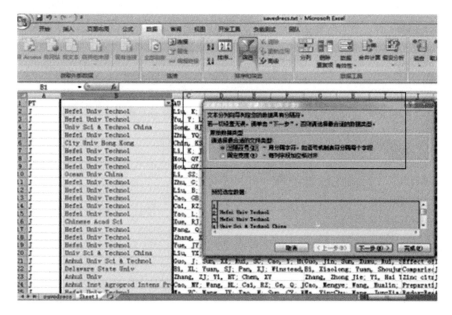

图 9

及时、高效地为学校领导提供所需的高校科研成果信息（2015 年以合肥工业大学为第一作者单位的 SCIE 论文数量）。

## 4.2 合肥工业大学进入ESI的学科、高被引论文(Highly Cited Paper)、第一作者单位是合肥工业大学的高被引论文分析

(数据来源:2005年1月1日至2015年6月30日;2005年1月1日至2015年12月30日)

基于Web of Sciences平台ESI数据库,选择Results List=Research fields,Filter Results By institution="HEFEI UNIV TECHNOL",进行检索,得到以合肥工业大学为单位发表论文被引总次数进入全球排名前1%的学科;选择Include Results For=Highly Cited Paper,得到以合肥工业大学为单位发表的高被引论文(10年内各领域中被引用次数前1%论文),同时筛选出第一作者单位为合肥工业大学的高被引论文。

① 进入ESI的学科分析(数据来源:2005年1月1日至2015年6月30日;2005年1月1日至2015年12月30日)页面见图10、图11。

② 对合肥工业大学进入ESI的高被引论文、第一作者单位是合肥工业大学高被引论文进行分析(数据来源:2005年1月1日至2015年6月30日;2005年1月1日至2015年12月30日)。

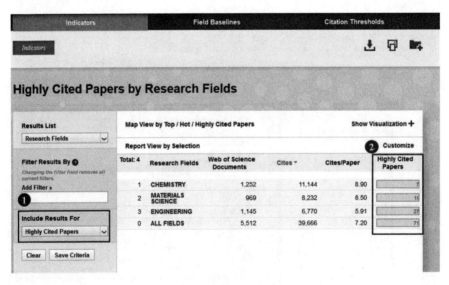

图10

基于 ESI 和 InCites 数据库的高校图书馆知识服务　　87

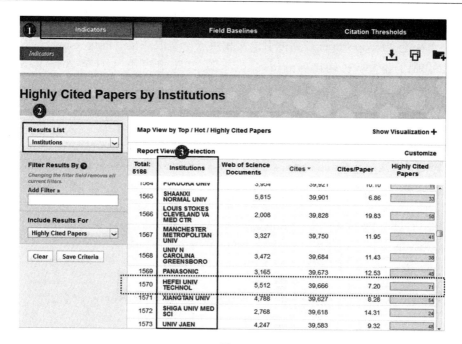

图 11

高被引论文:将同一年同一个 ESI 学科发表论文的被引用次数按照由高到低进行排序,选取排在前 1% 的论文(图 12)。

图 12

热点论文(Hot Paper):将某一 ESI 学科最近两年发表的论文,按照最近两个月里被引用次数选取进入前 0.1% 的论文。

高水平论文(Top Paper)：高被引论文和热点论文取并集后的论文集合。

③ 合肥工业大学机构排名分析(数据来源：2005 年 1 月 1 日至 2015 年 6 月 30 日；2005 年 1 月 1 日至 2015 年 12 月 30 日) 见图 13、图 14。

对 ESI 数据库"Results List=Institutions"进行检索，得到合肥工业大学近 10 年间发表论文的总被引用次数在全球前 1% 的研究机构中的排名。

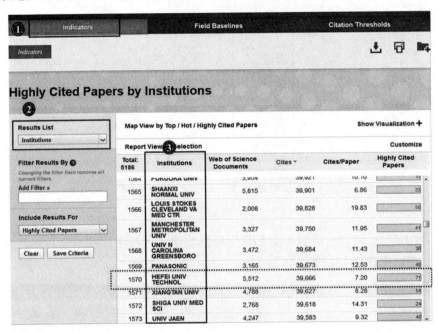

图 13

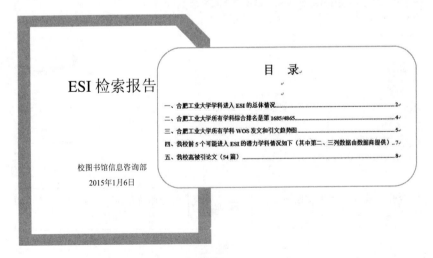

图 14

图 14(续)

多次为学校校务部、相关学院提供我校进入 ESI 学科、高水平论文以及潜力学科的分析报告。

## 4.3 合肥工业大学可能进入 ESI 的潜力学科分析

(数据来源:2005 年 1 月 1 日至 2015 年 6 月 30 日;2005 年 1 月 1 日至 2015 年 12 月 30 日)

基于 Web of Sciences 平台 ESI 和 Incites 数据库,利用 Incites 查询合肥工业大学各学科(ESI 学科分类)发表论文的被引次数,利用 ESI 查询该学科进入 ESI 最后一名机构的被引次数,两者相除便得到合肥工业大学该学科进入 ESI 的可能性。

### 4.3.1 基于 InCites 数据库的合肥工业大学各学科(ESI 学科分类)发表论文被引次数

操作页面见图 15、图 16。

### 4.3.2 基于 ESI 数据库的学科进入 ESI 的最后一名机构的被引次数

详见图 17。

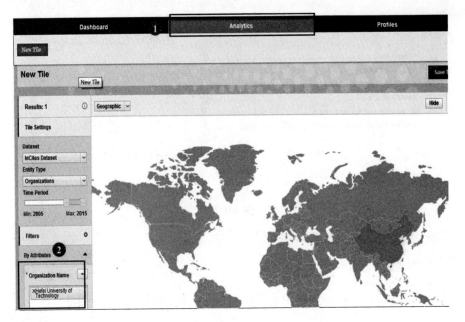

图 15

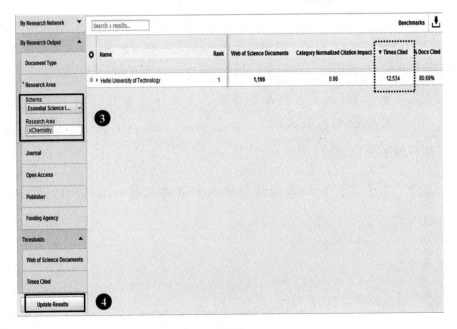

图 16

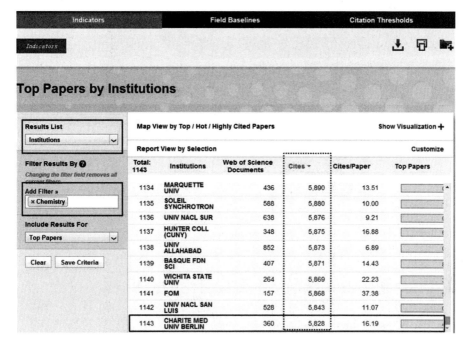

图 17

### 4.3.3 学科进入 ESI 可能性计算

该可能性即合肥工业大学各学科发表论文的被引次数除以该学科进入 ESI 最后一名机构的被引次数。

### 4.3.4 分析

对 22 个 ESI 学科数据进行统计分析，数据汇总、作图（图 18）。

| ESI 学科 | WOS 文章数 | 被引频次 | 进入 ESI 最后一名机构被引次数 | 进入 ESI 的可能性 |
|---|---|---|---|---|
| Computer science | 295 | 1311 | 2 416 | 54.26% |
| Geosciences | 310 | 2405 | 4 597 | 52.32% |
| Agricultural Sciences | 114 | 569 | 1 551 | 36.69% |
| Plant & Animal Science | 69 | 721 | 1 999 | 3607% |
| Environment/Ecology | 111 | 975 | 3 181 | 30.65% |

图 18

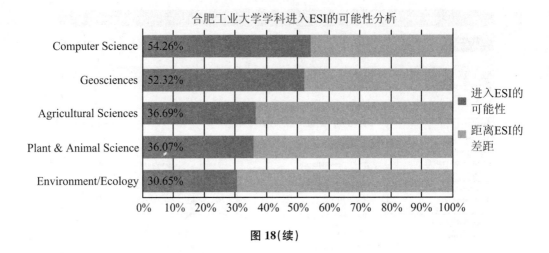

图 18(续)

## 4.4 合肥工业大学前 3%高被引论文分析

(数据来源:2005 年 1 月 1 至 2015 年 12 月 30 日)

基于 Web of Sciences 平台 Incites 数据库,选择模块"Analytics",dataset=incites dataset,Entity Type= Research Areas,Time Period=2005-2015,Organization Name = Hefei University of Technology,Schema = Essential Science Indicators,Update Results 即得到合肥工业大学 2005~2015 年各学科(ESI 学科分类)排名及 Web of Sciences 论文发表情况;各学科论文发表数据中选择"Percentile in Subject Area≤3"得到学校该学科前 3%高被引论文。

① 基于 Incites 数据库,合肥工业大学 2005~2015 年各学科(ESI 学科分类)排名及 Web of Sciences 论文发表情况见图 19、图 20。

图 19

基于 ESI 和 InCites 数据库的高校图书馆知识服务

| Name | Rank | Web of Science Documents | Category Normalized Citation Impact | Times Cited | % Docs Cited |
|---|---|---|---|---|---|
| Chemistry | 1 | 1,186 | 0.98 | 12,534 | 80.69% |
| Materials Science | 2 | 999 | 1 | 9,442 | 77.68% |
| Engineering | 3 | 1,065 | 1.34 | 8,030 | 74.84% |
| Physics | 4 | 547 | 0.74 | 3,944 | 79.16% |
| Geosciences | 5 | 339 | 0.98 | 3,375 | 77.58% |
| Computer Science | 6 | 340 | 1.38 | 2,129 | 70% |
| Biology & Biochemistry | 7 | 134 | 1.38 | 1,669 | 86.57% |
| Environment/Ecology | 8 | 121 | 0.86 | 1,041 | 86.78% |
| Plant & Animal Science | 9 | 73 | 1.39 | 909 | 86.3% |
| Agricultural Sciences | 10 | 122 | 1.35 | 843 | 77.87% |
| Mathematics | 11 | 172 | 0.84 | 388 | 61.63% |
| Pharmacology & Toxicology | 12 | 64 | 0.63 | 331 | 76.56% |
| Molecular Biology & Genetics | 13 | 21 | 0.72 | 326 | 76.19% |
| Clinical Medicine | 14 | 27 | 0.57 | 116 | 62.96% |
| Neuroscience & Behavior | 15 | 14 | 0.55 | 62 | 57.14% |
| Multidisciplinary | 16 | 8 | 0.46 | 45 | 75% |
| Economics & Business | 17 | 12 | 1.67 | 38 | 66.67% |
| Social Sciences, general | 18 | 20 | 1.63 | 37 | 55% |
| Microbiology | 19 | 8 | 0.25 | 17 | 37.5% |
| Psychiatry/Psychology | 20 | 1 | 1.81 | 2 | 100% |
| Immunology | 21 | 1 | 0.98 | 2 | 100% |
| Space Science | 22 | 1 | 0.03 | 1 | 100% |

图 20

② 各学科论文发表数据中选择"Percentile in Subject Area≤3"得到学校该学科前 3% 高被引论文见图 21、图 22。

图 21

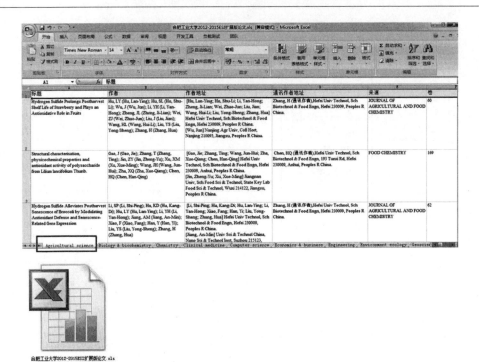

**图 22**

扩展 ESI 高被引论文（前 3%）分析工作的开展，配合学校完成教育部学科评估。

## 5　项目的创新点

① ESI 和 Incites 数据库相结合，获取个性化扩展 ESI 高被引论文发表情况，实现多角度高校潜力学科预测，为建设高校特色学科以及把握科研动态提供更为全面的科学依据。

② 积极主动地探讨和使用科研评价数据库资源及分析工具，灵活有效利用 Excel VBA 技术进行元数据的分析和挖掘，实现目标数据的高效、及时获取。

## 6　与读者、资源和服务相关度

高水平论文和研究前沿分析有利于高校研究人员把握最新科研动态，有效提高高校科研水平；分析高校特色和优势学科及预测潜力学科，为学校学科发展和领导决策提供情报支撑。

## 7 活动启示

① 充分考虑数据库的周期性和科研数据的连续性,有计划地长期跟踪相关数据。
② 集合多种文献计量指标和分析工具,以全面有效地评价高校学术影响力。
③ 努力提高图书馆知识服务水平,为学校领导和师生提供更为精准、高效的知识服务。

# 基于企业培训模式的高校新生入馆教育的创新实践

卢传胜　黄丹　邹启峰　梅苹
（安徽大学图书馆）

近年来随着信息技术的飞速发展，人们获取信息、分析信息和利用信息进行决策的行为愈发普遍。在今互联网时代大数据驱动下，信息素养能力的培养业已成为人才培养的基本点和聚焦点。新生入馆教育一直以来都是高校开启学生信息素养能力培养提升的"启动键"，无论对于高校今后开展相关培养计划还是对于学生借助相关资源培养自主学习的能力都具有重要意义，也是图书馆人向新生展示新时代馆员精神风貌的重要窗口。然而事实上，新生入馆教育作为高校面向新生的一项重要活动，伴随着新生个性化群体特点突出、技术变革快和新媒体涌现等现实情况，入馆教育实施过程中在需求分析、设计、开发、实施和评估等方面都亟待创新和变革，以期真正实现其应有的价值和意义。

## 1　新生入馆教育现状及问题分析

各高校历来重视新生入馆教育，也为此项工作投入了不少人力和财物资源。在新生入馆教育的组织和实施过程中，广大馆员老师针对相关问题也进行了一些积极创新，这些创新主要集中在新生入馆教育的内容和形式上，甚至利用技术手段对相关流程进行了优化，降低了一些人力投入等。但面对面交流培训课堂仍然是新生入馆教育的主要方式，仅就课堂培训形式而言，新生入馆教育工作也普遍面临一些问题亟待优化和解决。

### 1.1　鲜有需求调研，新生需求分析不足

对于绝大多数新生而言，大学的生活、学习和工作都是十分陌生的。刚从应试教育中走出来，很多新生会陷于迷茫之中，在有着诸多疑问的同时心里暗藏着兴奋。高校在组织实施新生入馆教育时很少针对新生需求做相关调研，在此情况下针对新生的

需求分析更无从谈起。未能针对新生进行需求调研的原因是多方面的：

① 新生尚未进校,给需求调研带来了障碍;

② 新生入馆教育已经成为了一项常规性工作,年年都在做,部分馆员重视程度不足,自然而然地将其视为一项惯例任务,缺少改革创新的驱动力;

③ 受高校传统课堂教学的影响,主讲人缺少在课前对学员需求进行调研的意识。

## 1.2 课程设计脱离需求,偏离"症结"

由于种种的原因,课程老师在设计课程时由于未进行新生需求调研,无法知悉新生对入馆教育的具体需求,因而无法有针对性地设计课程的内容和形式,导致课堂效果不佳。比如说不少新生对图书馆认识不足,仍然单纯的认为图书馆就是借书看书的地方。殊不知随着社会的发展,图书馆的内涵发生了很大转变,远远超出了单纯纸质图书借阅的范畴,图书馆空间转换的研究和发展越来越深入。简单地说,把课程设计定位于打破新生对图书馆传统认识的思维枷锁是十分必要的,此为问题的根本"症结"所在。

## 1.3 内容枯燥乏味,形式单一死板

一般而言目前新生入馆教育课堂的内容和形式都比较单一,组织者一般都是通过"填鸭式"的课程讲授对新生进行灌输教育,主要内容涉及馆舍概况、馆藏资源、规章制度和相关服务等内容,然而这些未必是新生感兴趣的东西。课堂形式一般是利用多媒体课件进行讲授,与新生们以往接受的课程形式无异,缺乏新鲜感,吸引力比较差。加之新生尚未能正确认识信息素养教育的意义,甚至对此类课程较为反感从而造成负面影响。

## 1.4 组织实施乏力,互动不足

新生入馆教育的授课老师往往习惯于传统的授课方式,无论是语言表达还是肢体动作等都很难有大的突破,照本宣科的现象比较普遍。课堂的感染力不强,师生互动不足,无法引起新生的共鸣,激发不了新生自主学习的兴趣。

## 1.5 效果评估单一,缺乏全面性

新生入馆教育的效果评估单一,而且往往是自我评估。常见的效果评估数据往往聚焦于参与课程的人数、考试合格的人数、举办课程的场次等,然而这些数据都是表面单一的效果评估,不能科学地反映实际情况。从用户体验的角度而言,鲜有高校把新

生作为主观评价的主体来进行新生入馆教育的效果评价。

有鉴于此,在新生入馆教育工作中引入企业培训模式,利用企业培训的相关理论、技术和方法能够有效开展新生入馆教育工作。

## 2　企业培训模式

21世纪是知识经济的时代,企业的竞争核心是人才的竞争,而企业培训的有效开展能够助力企业知识管理,辅助形成具有竞争优势的学习型组织。因此企业培训模式的研究得到了长足发展,其应用也越来越广泛。

### 2.1　企业培训过程

有关学者研究表明,企业培训模式有很多种,但是其核心思想是一个闭环系统,即"需求分析—课程设计—课程开发—课程实施—课程评估"(图1)。通过这样的闭环系统可以有效地获取学员的学习需求,在内容和形式上有针对性地进行课程设计,进而利用现代教育技术手段进行课程开发,身体力行进行课程实施,最后将新生视为用户,从用户体验的角度对课程的组织实施等进行效果评估。

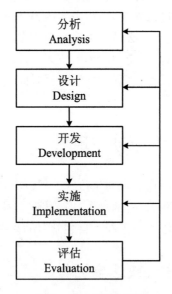

图1　企业培训过程

## 2.2 企业培训特点

由于企业的经营管理是以绩效为核心评价指标的,因而企业的培训活动往往是以提高企业经营管理效率来进行组织实施的。相较于高校传统课堂教学而言,企业培训模式具有诸多不可比拟的效益特点。

(1) 全员性

企业培训一般涉及企业组织内的全部人员,要求整齐划一,重视组织团队的概念。

(2) 计划性

企业培训一般按照企业组织的预定计划进行合理安排,可做到组织实施的有效性和有序性。

(3) 持续性

企业培训往往不是培训一期就结束的,一般存在一个持续培训和自我学习的制度体系。

(4) 价值驱动性

企业培训一般是以目标为价值驱动导向的,其设计开发和组织实施都以目标价值为导向。

## 3 基于企业培训模式的高校新生入馆教育的设计思路

将企业培训模式的核心落实于课程体系的建立,围绕课程体系的建立逐步开展。高校新生入馆教育课堂与企业培训课程就组织形式而言有相通之处,据此可以借鉴企业培训模式来开展高校新生入馆教育工作。

### 3.1 基于企业培训模式的新生入馆教育过程

通过"分析—设计—开发—实施—评估"五个环节来构建企业培训模式下的新生入馆教育体系,分析新生需求,设计入馆教育形式,开发课程PPT和视频资料,实施培训,以电子问卷形式当场评估培训效果,利用微信群、QQ群和微信公众号等新媒体资源进行培训跟踪辅导(图2)。

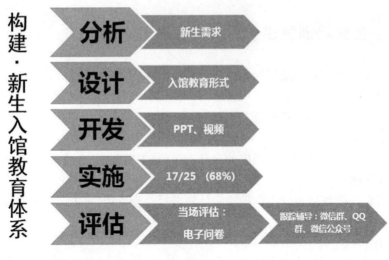

图 2

## 3.2 基于企业培训模式的新生入馆教育原理

借鉴企业培训模式,以"提升学生信息素养"为目的,对新生入馆教育工作各环节进行合理优化分解,即"分析－设计－开发－实施－评估",重点围绕"培训体系建设、培训课程开发与呈现、培训效果评估"进行展开。应注意把握以下几点:

① 课程内容具有启发性,贴近新生学习生活实际,容易引起新生共鸣;
② 课堂氛围好,教学语言丰富,学生参与度高;
③ 课程 PPT 制作简洁大方,中英文双语,体现商务范;
④ 新媒体资源助力课后跟踪辅导以及参与图书馆建设(图3)。

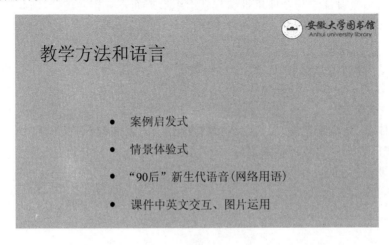

图 3

将单纯的"填鸭式"入馆介绍转变为情景体验式入馆介绍,将教师讲授式转变为师生互动式和案例启发式教学。教学语言生动有趣,教学形式灵活多样,教学内容轻重得当(图4)。

(1) 填鸭式→情景体验式

(2) 讲授式→师生互动式

(3) 理论式→案例启发式

图4

在教学刺激度设计方面将课程分为前(前言)、中(关于图书馆)、后(视频动画)三部分,尤其加强前期阶段的教学刺激度。再将教学形式和方法并重,提升新生的参与度和体验感(图5)。

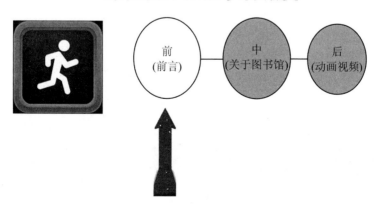

图5

打破新生对图书馆的传统印象思维,使其意识到图书馆与自己过去、现在和未来的紧密联系,激发其了解并重新认识图书馆的兴趣,进而学会充分利用图书馆甚至参与图书馆建设(图6~图15)。

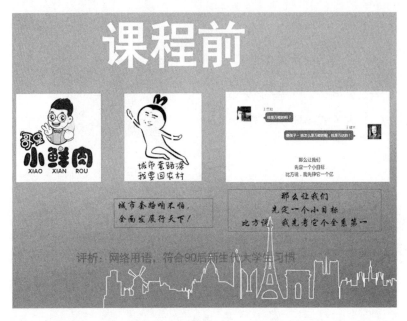

图6

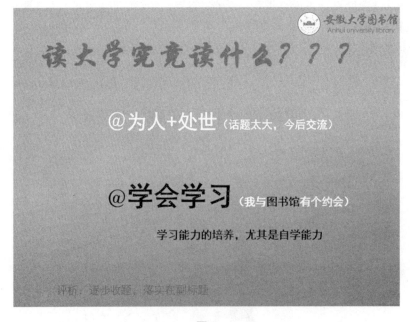

图7

基于企业培训模式的高校新生入馆教育的创新实践　　　103

图 8

图 9

图 10

图 11

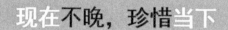

图 12

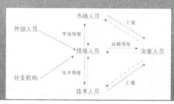

图 13

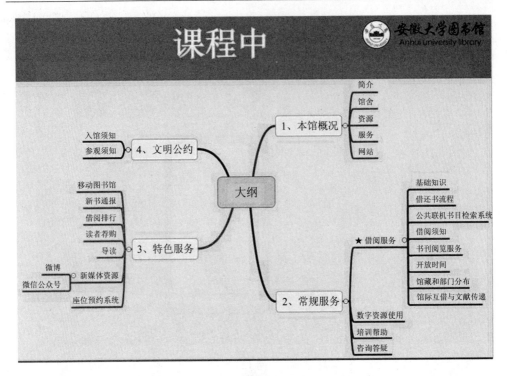

图 14

图 15

## 3.3 基于企业培训模式的新生入馆教育效果评估

传统的新生入馆教育课堂由于内容和形式的限制，既浪费了师生的时间精力，又未能真正发挥其应有的作用。借鉴企业培训模式，可以创新新生入馆教育形式、优化设计课程内容、强化课程开发与呈现、重视课程效果评估、加强课后辅导跟进。通过设计学员对课堂效果的多维度指标用数据量化的形式收集学员用户体验数据，进而对数据进行综合分析，以便优化课程，激发新生了解和认识图书馆的兴趣，为信息素养的提升奠定基础(图 16)。

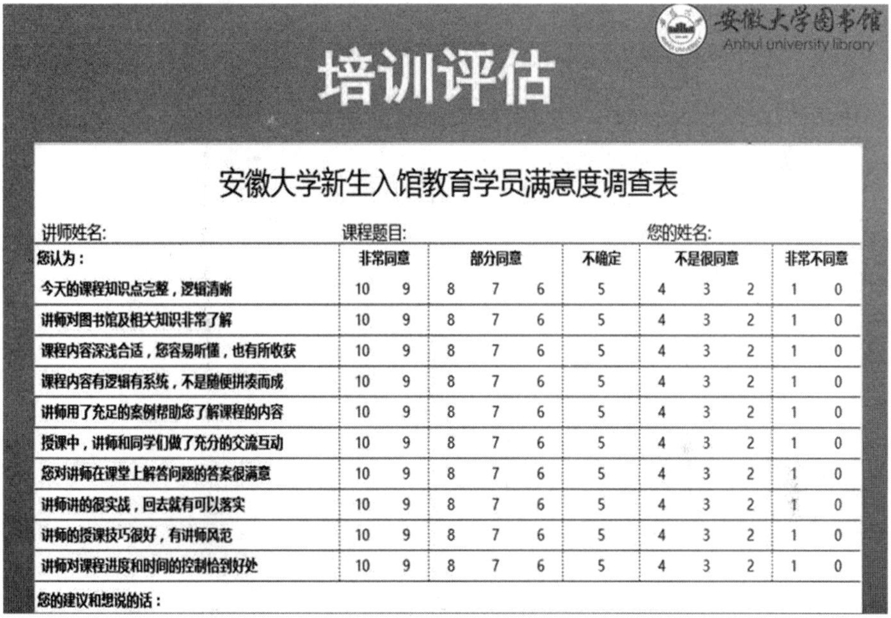


安徽大学新生入馆教育学员满意度调查表

讲师姓名:　　课程题目:　　您的姓名:

| 您认为： | 非常同意 | | 部分同意 | | | 不确定 | 不是很同意 | | | 非常不同意 | |
|---|---|---|---|---|---|---|---|---|---|---|---|
| 今天的课程知识点完整，逻辑清晰 | 10 | 9 | 8 | 7 | 6 | 5 | 4 | 3 | 2 | 1 | 0 |
| 讲师对图书馆及相关知识非常了解 | 10 | 9 | 8 | 7 | 6 | 5 | 4 | 3 | 2 | 1 | 0 |
| 课程内容深浅合适，您容易听懂，也有所收获 | 10 | 9 | 8 | 7 | 6 | 5 | 4 | 3 | 2 | 1 | 0 |
| 课程内容有逻辑有系统，不是随便拼凑而成 | 10 | 9 | 8 | 7 | 6 | 5 | 4 | 3 | 2 | 1 | 0 |
| 讲师用了充足的案例帮助您了解课程的内容 | 10 | 9 | 8 | 7 | 6 | 5 | 4 | 3 | 2 | 1 | 0 |
| 授课中，讲师和同学们做了充分的交流互动 | 10 | 9 | 8 | 7 | 6 | 5 | 4 | 3 | 2 | 1 | 0 |
| 您对讲师在课堂上解答问题的答案很满意 | 10 | 9 | 8 | 7 | 6 | 5 | 4 | 3 | 2 | 1 | 0 |
| 讲师讲的很实战，回去就有可以落实 | 10 | 9 | 8 | 7 | 6 | 5 | 4 | 3 | 2 | 1 | 0 |
| 讲师的授课技巧很好，有讲师风范 | 10 | 9 | 8 | 7 | 6 | 5 | 4 | 3 | 2 | 1 | 0 |
| 讲师对课程进度和时间的控制恰到好处 | 10 | 9 | 8 | 7 | 6 | 5 | 4 | 3 | 2 | 1 | 0 |

您的建议和想说的话：

**图 16**

# 4 安徽大学新生入馆教育的企业培训模式创新实践设计

安徽大学磬苑校区 2016 年新生 5 000 余人，总计开展新生入馆教育课程 25 场，借鉴企业培训模式的入馆教育课程 17 场，占新生入馆教育课程总数的 68%(图 17)。

**图 17**

此模式下的入馆教育效果明显优于传统形式,主要表现在培训中期和后期,新生通过入馆教育重新定义了图书馆,加深了对图书馆延伸内涵的了解,意识到信息检索与利用和自身工作学习的密切联系,认识到了提升信息素养的重要性,从而重视新生入馆教育的课程内容,变被动为主动,提高了学生参与感。具体实施步骤如下:

① 借鉴企业培训模式,对新生入馆教育工作环节进行优化梳理,突出了培训实施和培训评估环节,使得新生入馆教育工作落实更为有力,课程体系、师资体系和评估体系三体合一。

② 灵活把握"90后"新生代大学生追求个性和重视参与感的特性,贴近其生活实际,加强课程互动,多种教学方法并用提高了新生入馆教育课程的体验度,优化了服务

水平,提升了图书馆形象,展现了新时代图书馆馆员的良好素质。

③ 将课程分为前(前言)、中(关于图书馆)、后(视频动画)三部分,前(前言)通过启发式引导新生认识到图书馆与自己的过去、现在和未来的紧密联系,激发其对新生入馆教育课程的兴趣,进而讲述图书馆相关情况,最后通过视频动画的形式说明了图书馆的相关规章制度等,通过案例启发式、PPT 讲授介绍和短视频播放等多种教学形式并用,丰富了课堂形式,使课堂充满新鲜感。

④ 教学语言丰富,课件制作新颖,中英文结合,尽显商务范。讲师在讲授课程的时,结合时下流行社会话题引入课程,广泛使用网络流行用语,拉近了与新生的距离,使学生更易融入课程。

⑤ 课程内容轻重得当,前言部分用于激发新生兴趣,作为重点部分,中后部分实则介绍图书馆资源和规章制度等,稍作淡化处理,但是鼓励新生培养自学能力以及利用信息资源解决实际问题的能力,间接鼓励学生针对课程中后部分内容进行二次学习。

⑥ 利用电子问卷进行现场课程效果评估,利用新媒体资源(QQ 群、微信公众号和微信群等)进行课后跟踪辅导等。

通过电子问卷,学员可以当场使用移动终端设备通过扫码对课程效果进行评价,一方面可以及时收集到新生对课程的反馈,另一方面也提升了学员的参与度。将新生作为用户体验的主体,通过调研了解其对新生入馆教育的满意度,从而科学全面地评价效果,与此同时也可以收集到新生的需求。

甚至还有部分新生在课程结束后的一段时间里主动走进图书馆,了解图书馆的建设,对图书馆存在的一些问题能够主动关心,甚至尝试探索解决方案。从另一个角度而言,企业培训模式下的新生入馆教育激发了学生发现问题、分析问题和解决问题的兴趣。在这种情况下,真正实现了启发学生打破传统思维,提高了学生信息素养能力。

# 5 企业培训"图书馆化"的问题与展望

新生入馆教育工作十分重要,是新生首次接触高校图书馆的一个重要窗口,也是图书馆职工给新生留下印象的重要平台。该项工作的顺利与否直接关系到新生读者能否在不久的将来利用图书馆资源辅助学习和工作。总而言之,就读者、资源和服务的角度而言,新生入馆教育担负着重要使命,其不仅是新生了解图书馆的平台,更是图书馆职工面向新生展现自我风采的重要机会。

由于"90 后"新生代大学生的个性特点,传统形式的新生入馆教育的效果不佳,在"互联网+"的背景之下,探索新生入馆教育的新形式和新方法是十分必要的,围绕着提高学生信息素养的目的,引入企业培训模式来做新生入馆教育具有一定的实践意义,可以达到事半功倍的效果(图18)。与此同时,对企业培训模式进行持续优化,加强培训师资建设和课程前期的新生需求调查分析显得十分必要。该项目将来的持续改进可以在前期需求分析上再加大工作力度,根据需求分析的结果来优化设计课程并实施和评估。

图 18

# 信息平台上的阅读推广

丁菁梅　李琦　宫文强
(中国科学技术大学图书馆)

## 1　前　言

教育部2015年12月31日颁布的《普通高等学校图书馆规程(2015)》第三十二条要求:"图书馆应积极参与校园文化建设,积极采用新媒体,开展阅读推广等文化活动"。自此,高校图书馆的新媒体阅读推广工作从个体、自发的状态转为普遍应用,几乎所有的高校图书馆都建立了官方微信、微博或QQ,通过用户的订阅和关注将图书馆的各项工作推送给读者,新媒体平台起到了图书馆第二主页的作用,甚至在某些方面超越了第一主页。

虽然新媒体平台可以主动地推送图书馆的服务,但是对用户是否接受这种推送仍然存在着疑虑。用户的订阅和关注完全是由用户自由选择的,即使用户没有退订,是否真正阅读图书馆推送的内容也依赖于用户的意愿。因此,建立官方微信、微博和QQ等新媒体阅读推广平台是非常简单的,但如何让平台对用户产生黏性才是新媒体阅读推广平台的工作重心。从这一点上来说,新媒体阅读推广平台与传统的阅读推广形式一样,都需要注重内容和形式的新颖性。

在我们与其他高校的交流中,大家都希望了解和借鉴同行的新媒体阅读推广机制。为此,我们总结了中国科大图书馆近两年来在新媒体工作上的一些尝试和努力,以期与同行们交流和探讨。

## 2　活动背景

众所周知,开展阅读推广工作已经成为图书馆必不可少的职能,而21世纪的大学生又是数字原住民,数字化生活几乎是他们从小就开始的生活方式,传统模式的阅读推广很难激起他们对阅读的兴趣。无论从重要性还是必要性的角度考虑,在信息平台上推广阅读已经成为高校图书馆普遍亟须解决的问题。

中国科大作为一所理工科高校，人文气息相对薄弱，留住读者、推广阅读就显得尤为重要。图书馆人深切意识到人文素养培养上的缺失对于学生的未来发展百害而无一利，欲想方设法以多种形式搭建起二者之间的桥梁，让书籍熏陶读者、让读者热爱读书。由此，借互联网发展的春风、利用信息平台在广大师生中推广阅读的构想初步诞生。

## 3 项目实施

### 3.1 搭建平台

考虑到微信平台公众号相对比较容易运营，也能够较为迅速地普及开来，图书馆便首先组建运营了官方微信平台，于 2015 年正式创建了中国科大图书馆微信公众号。随之建立起微信运营团队，采取以采编部为主导的多部门协作的运营模式，学生志愿者负责活动的开展和后台编辑，最后由馆员多级审核发布。在近两年的运营中，中国科大图书馆逐渐形成以微信为基础，辅以微博和 QQ 的新媒体平台，通过功能的调整和定位，注重内容的校园特色，逐步成为读者最喜欢的校园新媒体平台之一。

中国科大图书馆在自身摸索前进的同时也不忘取长补短：同安徽农业大学图书馆、合肥市图书馆交流学习，委派馆员进行阅读推广培训，积极参加全国案例大赛等等，不断学习和借鉴他人的运行机制和策略，完善运营模式。

### 3.2 丰富内涵

官方微信的建立和认证是一件容易的事情，但是要把微信平台真正经营的深入人心，达到理想的互动效果却较为困难。要想吸引并留住读者，内容才是关键！只有丰富精彩的内容才能让我们的阅读推广工作"形""神"皆备，而不只是一个空壳子。

微信平台具有与馆藏目录 OPAC 连接的"个人图书馆"栏目，还有对图书馆物理空间利用的"存包柜""研讨室"栏目，这些类目是增强广大读者对于图书馆微信黏性的基本功能。同时，为了保证内容的丰富充实，在接收读者主动投稿的同时，我们也主动向相关作者约稿，并加强与其他单位的合作丰富稿件来源，形成了"读书笔记""好书推荐""校园小说""玩转图书馆"等一个又一个特色栏目。比如和爱乐协会、电影协会、惊蛰文学社、芳草社志愿者协会、科考协会等校内众多学生社团合作，发布音乐、文学作品、影视作品等种类丰富的推送；同学校宣传部、校出版社等部门合作推广阅读，扩大影响力；推广图书馆各部门的资源培训，信息咨询、技术部的 MOOC、英才论坛报告人推荐书单等。"读书笔记"是读者们自己的读书感悟、心灵体会；"好书推荐"是读者们看过的书，借此平台与大家共享；"校园小说"是读者们自己写的小说故事等等。"读者分享→平台发布→读者阅读→吸引更多读者",逐渐形成了一个读者爱读书、书籍飨读者的良性循环。平台上还会举办一些鼓励读者阅读的活动,既拓展了阅读推广活动的内容,又丰富了微信平台的内容,互相之间相辅相成(图1)。

图 1　微信推送示例

微信平台曾举办过的经典活动:

① 中国科大图书馆同校学工部合作,在全校范围内举办"每月书单推荐"活动(图2),由读者投稿推荐一本好书,我们则每月从投稿中精选出 6 本进行编辑整理,审核无误后由专用邮箱(iread@ustc.edu.cn)发给全校师生,推荐他们阅读。从 2015 年 4 月起,已接收投稿 136 篇,全年 10 期,(寒暑假暂停推送),面向全校读者 21 491 名师生,从 2015 年 4 月开始至今共推出 15 期书单(图3)。

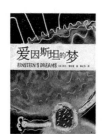

图 2　iread@邮箱每月书单剪影

**图 3　2016 年的 3~9 月份书单示例**

②"文以易简、简以成书"活动,读者通过投稿得积分的形式换取自己喜欢的书籍,或者借助社会热点话题举办特色活动,调动大家参与阅读的积极性(图 4)。

**图 4　活动推送、读者评论示例**

③ 2015 年"双十一"期间推出的"发书评、集赞送书"的活动,单条微信阅读量就达到 3 000 多人次。

④ 春节期间举办"醉美家乡"摄影展,分享你眼中的家乡美景。

⑤ 2016 年 4 月 23 日"世界读书日"举办征文活动,说出你和书的故事,投稿集赞即可得到自己喜欢的书。

⑥ 在"母亲节"举行"给母亲写一封信"活动,分享自己对母亲真挚的爱,让大家一起重温人间最真最美的深情。

⑦ 在"长征胜利 80 周年"纪念日推出"书中重走长征路"专题特刊,通过推荐相关

主题书籍,让读者重温红军长征的那段光辉岁月。

## 3.3 互动交流

微信平台推送的发布、邮件的发送以及广泛接受投稿与读者进行了一定程度上的互动,但是没有面对面的交流并不能完全听到读者们的心声。因此为了保证活动的效果并积极听取广大读者的意见,我们每月举行由投稿人和书单工作人员参加的交流奖励大会(图5～图8)。会上,大家交流自己推荐书籍的缘由以及当时的心境,分享自己读书时的心路历程,同时也对我们的活动提出了不少建议。

图5 "我们一起读书·评书·荐书"每月书单座谈会召开

图6 交流会发言

图 7 交流奖励大会

图 8 会后合影

在与读者们的交流沟通中,我们感受到读者兴趣所在。逐渐把微信平台和英才论坛结合起来,平台为论坛营造氛围,论坛为平台提供园地。比如,这一期大家对于传统文化很感兴趣,图书馆便邀请名家做客英才论坛为广大师生们讲演中国传统文化,如天园京昆传习所的老师们讲演的昆曲文化(图9)、黄德宽教授的"古往今来说汉字"(图10)。下一期大家又对青春文学感兴趣,那我们就邀请北大才子苑子文、苑子豪兄弟俩以及徐雁教授做客英才论坛,分享他们在读书与写作中的心路历程,让大家在各式各样丰富多彩的活动中畅享"悦读"(图11、图12)。每月一期的英才论坛场场座无虚席,从宣传到报道,微信平台与论坛活动相结合的形式加强了阅读推广的效果。

图 9 昆曲文化沙龙

图 10 黄德宽教授"古往今来说汉字"报告

图 11 苑子文、苑子豪兄弟做客英才论坛

图 12　徐雁教授"最是书香能致远"报告

## 4　实施效果

### 4.1　微信关注量明显提高

在全校只有 7 000 多名本科生的学生基数上,我们的关注量从最初的不足 500 人发展到目前 12 000 余人(图 13)。关注群体不仅包含学生,还有校内教职工,更吸引了很多校外用户的关注,对外丰富了学校的形象、提高了校园知名度。

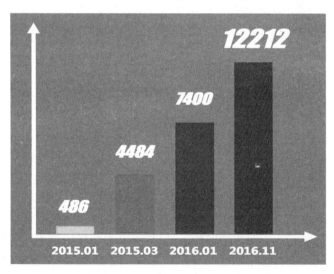

图 13　中国科大图书馆微信关注量变化柱形图

## 4.2　提高了相关文献资源的使用率

提高了包括图书和电子资源在内的相关文献的使用率,更向广大师生推广了图书馆的诸多特色服务项目,如 MOOC 和英语学习中心,扩大了图书馆在校内的影响。

# 5　后续跟进

为长远发展计,微信团队定期开展新媒体研讨会,探讨栏目建设,分析读者反馈等(图 14)。

**图 14　开展新媒体研讨会**

为了能够广泛听取读者意见,除了以交流会同读者沟通交流,还在微信平台进行问卷调查,对读者们所喜爱的内容等开展调研(图 15)。调研结果显示,几乎所有读者对于我们的公众号的印象都是积极向上、充满正能量的。80％左右的读者对于我们的推送内容的印象是优秀或良好;英才论坛、图书推荐、玩转图书馆这几个栏目的关注度均为 50％以上,散文随笔、经典悦读、生活随笔等几个栏目也有 30％左右的关注度。读者们也给出了很多中肯的建议,比如建议推荐的书籍类型更加丰富一些、增加像"十点读书"这类语音文章等等;提议增加一部分内容也开阔了我们建设平台的思路,针对这些建议,我们也在采取一些措施以加改进,如大家对影视鉴赏关注度较高,我们就同电影协会合作、商议探讨推出影视鉴赏栏目,以满足读者兴趣;招募吸纳对前沿科技感兴趣的同学,开办科普栏目。

信息平台上的阅读推广　　119

问题4:我们日常的编辑排版给您的一贯印象是：[单选题]

| 选项 | 小计 | 比例 |
|---|---|---|
| A:优秀 | 51 | 26.02% |
| B:良好 | 101 | 51.53% |
| C:一般 | 42 | 21.43% |
| D:不好 | 2 | 1.02% |

问题5:您对于我们目前推送系列有哪些是比较感兴趣的：[多选题]

| 选项 | 小计 | 比例 |
|---|---|---|
| A: 英才论坛(讲座,通知……) | 121 | 61.73% |
| B: 图书推荐(英才书苑,我的TOP3……) | 110 | 56.12% |
| C: 校园百态、青葱岁月（散文随笔） | 51 | 26.02% |
| D: 玩转图书馆（资源介绍） | 109 | 55.61% |
| E: 经典悦读（国学经典推介赏读） | 62 | 31.63% |
| F: 校园小说（原创） | 39 | 19.9% |
| G: 沉淀的南七（科大人的生活随笔） | 59 | 30.1% |
| H: 你知道吗（常识） | 67 | 34.18% |
| I: 你希望看到的栏目 | 16 | 8.16% |

图15

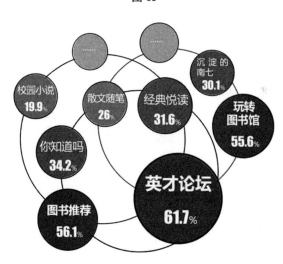

图16　读者调研结果

读者比较关注的内容如下：

① 影视鉴赏(经典名著翻拍)。

② 图书推荐:教材参考书、外文图书、近期新书、热门图书、外国文学作品、小众作品、现代诗(音频朗读)、人文经典、音乐。

③ 更专业的书评。

④ 全球前沿的科技理论简述、科技时评、科普、科学史、名家介绍。

⑤ 成长发展导向、心理开导和心理素质教育、找工作。

⑥ 生活趣事、原创小说和随笔、校园生活和文化。
⑦ 杂志选读、最新期刊论文。
⑧ 各类活动、名人报告和讲座及背景介绍、学生社团活动。
⑨ 数据库和检索介绍、资源更新和动态、电子图书、原版 Nature 文章、托福 GRE 等英语学刊。
⑩ 图书馆阅览室查询、自习生活、借阅排行榜、问题反馈。
⑪ 时政新闻期刊。
⑫ 转发其他公众号或名家的作品。

读者的建议如下：
① 希望整合 Lib.ustc.edu.cn 并免登录。
② 设计些具有自己特色的 logo、名称、栏目、文化标语之类的。
③ 在报告前一天再推送通知，通知太早我们会忘掉或忽略。
④ 能否在微信号里加入图书荐购以及读后交流功能？
⑤ 插入的图片能换个风格更好。
⑥ 希望增加还书续借提醒。
⑦ 希望英才论坛尽量亲民一些。
⑧ "图书推荐"栏目的排版太难看了，希望能改进。
⑨ 多一点人文，多一点趣味。
⑩ 书目的搜索查询结果比较差，比不上图书馆的机器。
⑪ 希望能网上查看图书借阅状态。
⑫ 如果把畅销书都按类别放置，就像书店一样会更方便。
⑬ 希望推荐书籍的时候不要都是一个作家或者一个类型的。
⑭ 可以增加一些语音类的文章，就像"十点读书"。
⑮ 现有的校园小说质量实在不敢恭维，建议多举办点征文活动。
⑯ 图书馆可以举办一些征集活动，比如好书读后感、读书学习生活摄影征集等活动。
⑰ 感觉推送的消息视觉吸引力不够（刚打开图书馆公众号，看到推送的消息，感觉没有吸引力，外表不"华丽"，不是很想看）。
⑱ 希望图书馆能增加点摄影之类的展览活动。

# 6 案例总结

## 6.1 形式新颖

这一案例的创新点在于很好地利用了移动信息平台这一工具，通过微信、电子邮件等互联网的形式与读者展开互动,分享阅读。在手机端就可以让大家利用好碎片化的时间,随时可读、随处可读,在阅读中提高文化素养,提升品位。

## 6.2 内容丰富,注重原创

内容才是吸引读者的关键,微信推送的文风应符合中国科大特色,不卖弄噱头,注重培养学生文化素养。在接收读者主动投稿的同时,与学生社团、学校相关部门加强合作,并主动向相关作者约稿,丰富微信内容,在中国科大这所理工科高校里竭力为校园文化建设做出贡献。

## 6.3 交互具有多样性

读者和图书馆之间通过微信平台和邮件平台建立了一个"读者分享→平台发布→读者阅读→吸引更多读者"的良好交互。与之相对应的,我们将论坛、沙龙、分享会等一系列线下的面对面交流活动与线上相结合,活动形式丰富多样,让不爱阅读的人爱上阅读、让喜欢阅读的人畅享"悦读"。多元化的交流互动在很大程度上提高了阅读的趣味性,激发了读者的阅读兴趣,给阅读推广提供了一条新的思路。另外,让读者与读者进行交流,也可以使他们碰撞出思维的火花,拓宽学习的深度和广度,终会受益良多的。

## 6.4 明确工作重心

我们所有工作的出发点和归宿都要回归到文献和阅读,切实利用微信这一信息化平台推进阅读推广工作,如所有赠予读者的活动奖品都是书籍,既让读者通过读书参与到活动中来,又让他们收获到自己喜爱的书籍,从而拉近读者与图书馆间的距离。

## 6.5 注重可持续发展

我们活动的目的绝不仅仅止于一时的光鲜亮丽,更注重其长远发展。不论是在信息平台上,亦或是讲座报告、沙龙论坛中,我们都会十分重视读者们的建议,他们的建议无疑会为我们以后的工作提供方向和思路。只要我们能够倾听读者的心声,听到他们的建议与诉求,便能够认真思索改进,尽全力满足读者的合理需求,从而提升图书馆服务品质。

# 开放视野下高校图书馆参与社区文化公益事业建设的实践与探索

方致君　彭璐　许宏金

（安徽工业大学图书馆）

随着城市化进程的加快发展，城市社区极为有限的文化生活难以满足不同层次居民的需求。高校图书馆作为公共教育机构，目前对社会的开放程度还很有限，接待对象基本局限于在校大学生和教职工。为落实中共中央提出的"创新、协调、开放、绿色、共享"五大发展理念，进一步充实安徽工业大学（以下简称"安工大"）与马鞍山市签署的《市校战略合作协议》内容，提升高校图书馆服务社会的能力，为地方公共文化服务创新体系建设贡献自己的力量。安徽工业大学图书馆积极创新，通过与社区工作结合，拓展高校服务社会的领域与范围，对社会有序开放，共享高等学校的图书、信息与人才资源，实现高校与地方经济社会协调发展。

## 1　活动意义及目的

积极响应中共中央提出的五大发展理念，贯彻落实安徽省教育厅《关于推进高等学校教育科研资源有序开放的意见》文件精神。优化高校和社会的资源配置，锻炼高校图书馆工作人员及大学生志愿者服务社会和地方经济的能力，满足社区群众对高校优质教育资源的需求，积极创建学习型、开放型、服务型、智慧型社区，共同构建和谐社会。

## 2　基本情况

### 2.1　实施基本思路及创新点

基本思路：
以五大发展理念为指导，依托高校图书馆优质资源，以图书馆志愿者为媒介，积极与城市社区工作融合,进行图书资源推广、前沿信息介绍、老年群体精神关怀、儿童第二课堂建设、文娱活动开展、文明小区创建等方面推进社区文化公益事业建设。

活动创新点:

① 高校图书馆服务对象由传统的在校师生延伸至社区居民,实现服务对象的创新。

② 开拓了社区作为人才培养的实践平台,引导大学生积极参与社区文化公益事业建设,实现人才培养方式的创新。

## 2.2 主要内容

安工大图书馆凭借资源优势,逐步探索并组织图书馆志愿者走出学校,走进社区,积极发挥高校图书馆及大学生志愿者的作用,推进社区文化公益事业建设的发展。

2015年10月,安工大图书馆组织人员到周边社区进行调研,发现阳湖社区硬件设施比较完善,但社区文化工作人员配备不足,文化项目少,活动频率低,覆盖人群有限;同时社区领导对与高校合作推进社区文化建设表现出极大的兴趣和热情。经过细致考察和充分沟通,我们最终选定马鞍山市阳湖社区作为活动试点。并根据对居民的问卷调查情况制定了以"文化讲堂"为主,课程辅导、文艺表演等为辅的活动方案。

在图书馆志愿者的协助以及社区工作人员的积极配合下,我们先后开展了"健康生活""太空探秘·宇宙之旅""思维拓展""中华传统民俗""课程辅导""快乐阅读"等活动,获得了良好的反响。2016年6月,在前期工作基础上,安工大图书馆与阳湖社区签署合作协议,决定将双方合作规范化,正式挂牌建立了"七色光"少儿活动站和"常青藤"老年活动基地。安工大图书馆推进社区文化公益事业建设由此进入常态化阶段。

## 2.3 活动开展列表

2015~2016年我馆开展的活动见表1。

表1

| 时间 | 地点 | 名称(内容) | 参与人员 | 备注 |
|---|---|---|---|---|
| 2015年10月30日 | 阳湖社区 | 实地考察、发放问卷调查表 | 陈光华馆长、彭璐老师、杨玉蘅等 | 累计参与人数6人,志愿活动时间3小时 |
| 2015年11月5日 | 阳湖社区 | 协商交流、完善细节 | 陈益主任、彭璐老师、罗勇林 | |

续表

| 时 间 | 地 点 | 名称(内容) | 参与人员 | 备 注 |
|---|---|---|---|---|
| 2015年11月14日 | 阳湖社区二楼活动室 | 《健康·生活》(报刊集萃) | 朱梦奇、宫健伟、张旭、董志刚等 | 累计参与人数15人,志愿活动时间3小时 |
| 2015年12月6日 | 阳湖社区三楼会议室 | 《太空探秘·宇宙之旅》 | 李朗、李天恒、胡旭成等 | 累计参与人数5人,志愿活动时间3小时 |
| 2016年3月19日 | 阳湖社区二楼活动室 | 课程辅导、学习交流 | 黄珊珊、杨晓琼、刘燕等 | 累计参与人数4人,志愿活动时间3小时 |
| 2016年3月26日 | 阳湖社区二楼活动室 | 课程辅导、学习交流 | 曹新雨、任佳豪、魏坤等 | 累计参与人数6人,志愿活动时间3小时 |
| 2016年4月11日 | 阳湖社区三楼会议室 | 中国民俗传统节日介绍(一) | 张恩敏、许宏金、江林等 | 累计参与人数4人,志愿活动时间3小时 |
| 2016年4月16日 | 阳湖社区三会议室 | 发散性思维的拓展——灵活你的大脑 | 张红、许宏金、江林等 | 累计参与人数6人,志愿活动时间3小时 |
| 2016年5月21日 | 阳湖社区三会议室 | 中国民俗传统节日介绍(二) | 陈光华馆长、陈益主任、刘莎莎主任、彭璐老师、图书馆志愿者协会部分成员等 | 累计参与人数11人,志愿活动时间3小时 |
| 2016年6月6日 | 阳湖社区服务中心前坪 | "七色光校外教育活动站"暨"常青藤老年之家"揭牌仪式 | 方致君馆长、陈益主任、彭璐老师、图书馆志愿者协会代表等 | 累计参与人数6人,志愿活动时间3小时 |
| 2016年7月15日 | 阳湖社区二楼活动室 | 暑期夏令营启动仪式 | 许宏金、彭璐老师等 | 累计参与人数4人,志愿活动时间3小时 |
| 2016年9月26日 | 阳湖社区三楼会议室 | "建市60周年"经典诗词诵读 | 曹新雨、许宏金、董志刚、彭璐老师等 | 累计参与人数6人,志愿活动时间3小时 |
| 2016年10月15日 | 阳湖社区二楼活动室 | 课程辅导、学习交流 | 魏坤、刘盼、彭璐老师等 | 累计参与人数6人,志愿活动时间3小时 |

截至目前,安徽工业大学图书馆开展的系列文化活动,累计参与的马鞍山市雨山区佳山乡阳湖社区的志愿者有 120 余人次,累计志愿服务时间达 260 余小时,定期开展各类活动近 20 余场。相关活动在安徽网络广播电视台、马鞍山日报、皖江在线、佳山乡先锋网、安徽工业大学学校新闻中心、安徽工业大学图书馆官网等电视台、新闻网络上计有新闻报道 23 篇,取得了良好的社会反响。

## 3 案例与读者、资源和服务的相关度

社区的学龄儿童和老年人群需要健康、养生、安全等各类知识的扩充,图书馆指导大学生志愿者充分发挥其图书、信息和人才等资源优势,满足不同层次社区居民的需求。我馆举办的科技讲座、民俗文化讲座和古典文学诵读等都以高校图书馆藏书资源为依托,制作了精美的 PPT 和较为完善的知识讲稿。利用大学图书馆的高学历人才优势,在课外辅导和课外知识讲解上发挥优势,拓展少年儿童的知识面和动手能力,开展益智课堂、经典诵读、快乐写作、趣味英语、手工制作等活动,积极培养孩子们的学习兴趣和爱好。安工大图书馆举办的系列活动契合了自身的资源优势和服务对象的需求,既向社区居民传播了文化理念,密切了高校图书馆与社区群众的联系;也锻炼了大学生志愿者参与社区公共文化服务建设的能力,扩大了安工大图书馆的影响力,取得了良好的社会效应。

## 4 思考及启示

① 高校图书馆服务模式应随社会发展而进行相应的变革与创新。
② 高校图书馆与社区可依托各自优势,资源互补,推进全民阅读。
③ 高校图书馆组织大学生参与社区文化公益事业建设具有可行性和推广性。

# 构建检索词库，助力科研服务

周国正　李艳超　王艳
(安徽医科大学图书馆)

## 1　背　　景

伴随着大数据的兴起,科技信息文献以不同的形式广泛存在于各种搜索平台和专业数据库中,形成奔腾不息的信息洪流。与此同时,整个人类社会的信息储存量提高一倍,仅需要 18 个月的时间,更新速度非常之快。这些信息,虽然一方面满足了我们对信息资源的广泛需求,但另一方面也使我们陷入信息的海洋无法自拔。尤其是在科研工作中,据美国科学基金会(National Science Foundation,NSF)统计,一个科研人员花费在查找和消化科技资料上的时间需占全部科研时间的 51%,计划思考占 8%,实验研究占 32%,书面总结占 9%。由上述统计数字可以看出,科研人员花费在科技出版物上的时间大约为全部科研时间的 60%。由此可见,从大量无序的科技文献中获取与自己研究最为相关的内容,是科学研究中非常重要的一环。这个问题不仅困扰着广大科研工作者,同时,它也是广大信息检索工作者反复探讨的问题,即文献检索效率。另一个重要的原因是,在专业数据库和搜索引擎中,检索结果是根据检索人员提供的检索关键词进行相关运算、匹配得出的,专业数据库的工作基础主要是关键词的检索,数据库根据检索人员提供的检索关键词进行相关运算并匹配得出相应结果(图1),检索结果的全面性与检索词考虑的全面程度呈正相关。

生活在信息时代的我们,一方面,存在信息超载、信息污染、信息冗余、信息更新快等情况;另一方面,由于学术用语的多样化,检索词存在多样性,进而造成作者在发表论文提取关键词时,不会完全一致,如果仅输入一个关键词进行检索,会造成漏检。所以,检索文献时,我们务必全面考虑检索词的各种形式,否则会影响检索结果的全面性。由此可见,建构经过科技查新及通过学科专家审核的检索词库,具有非常重要的意义。此外,通过顺利构建并成功使用面向医学领域的检索词库,我们可将此法推向其他领域,形成跨学科的检索词库。

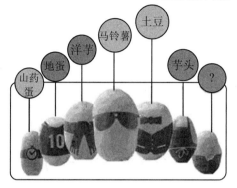

(a) 同义词的不同形式　　　　　　(b) 检索词的上下位概念

**图1　科技文献检索词存在多样性**

## 2　检索词库的构建原因

### 2.1　学术用语的多样性

检索词存在多样性,诸如主题词、自由词;全称、简称;学名、俗名;药品名、商品名等不同表述。因此,一部分科技论文的作者在发表文章时,经常会根据自己的理解和使用习惯,选用较口语化的关键词进行标引,如土豆、马铃薯等,单纯使用其中一个检索词很可能会造成检索结果的漏检,影响检索结果的全面性(图2);此外,还有一部分作者将英文缩写作为关键词,失去了关键词专指性,如CHD,它不仅可以代表充血性心力衰竭、先天性心脏病还可以表示为先天性髋关节疾病。

科技文献普遍存在一物多名的情况,尤其是医学学科的学术用语,如一些药品会有不同的商品名,200种常用药品中,20%有4个药名,25%有5个药名,有的甚至多达10个药名,如消化系统药物"法莫替丁"的商品名就有胃舒达、保ളฆ健、卡玛特、愈疡宁等不同名称。如果我们在设计检索时,就只使用其中的一种或几种表述,就会造成漏检,遗漏的文献中有可能包含该学科领域内的重要文献或经典文献,从而影响对文献的研究与判断;另一方面,医学文献中还存在全称和简称的情况,如白细胞介素-17、白细胞介素17、白介素-17、白介素17、白介-17、白介17、IL-17、IL17等,缩略词在信息检索过程中也有着举足轻重的作用,如果忽视也很容易造成漏检。

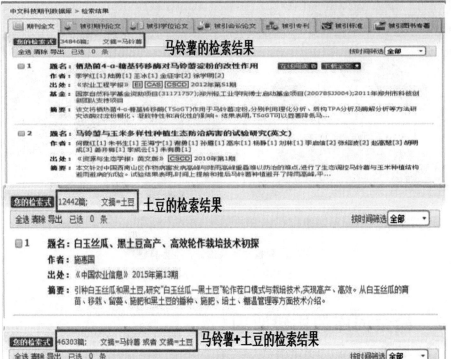

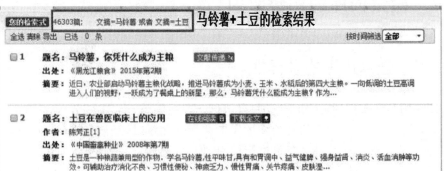

图 2　土豆和(或)马铃薯的检索结果

如:"BCAP31 基因的检测"。

如果直接只使用检索内容的概念名称检索中国知网得到结果为:

BCAP31＝0 篇文献。

经检索发现 BCAP31 存在其他名称表述,如"B 细胞受体相关蛋白 31/BAP31",根据这一检索词,检索到的文献数如下:

B 细胞受体相关蛋白 31＝4 篇文献。

BAP31＝14 篇文献。

故用上述检索词再次在数据库中进行组配检索,得到的结果如下:

BCAP31＋B 细胞受体相关蛋白 31＋BAP31＝15 篇文献(图 3)。

密切相关文献题录和主要内容如下：

[1] 李海涛(第四军医大学). 以 BAP31 为靶点的新型肿瘤基因疫苗的研制及体内外免疫效果评价[D]. 西安：第四军医大学，2011.
[密切相关内容]该研究发现 BAP31 分子高表达于睾丸组织，阳性产物主要定位于精原细胞和初级精母细胞，同时发现其在宫颈癌、卵巢癌、乳腺癌、食道癌、肝癌、结肠癌、直肠癌和肺癌组织中高表达。BAP31 蛋白的基因定位与 MAGE-A、NY-ESO-1、LAGE-1、SAGE 等 CTA 编码基因毗邻。

[2] 宋朝君(第四军医大学). BAP31，一种新的肿瘤/睾丸抗原的发现及功能研究[D]. 西安：第四军医大学，2007.
[密切相关内容]应用免疫组织化学染色的方法，该研究首次发现 BAP31 分子高表达于睾丸组织，阳性产物主要定位于精原细胞和初级精母细胞，说明该分子可能参与了精子发生过程。该研究还选择了 8 种肿瘤组织(宫颈癌、卵巢癌、乳腺癌、食道癌、肝癌、结肠癌、直肠癌和肺癌组织)研究该分子的表达规律，结果显示，在所研究的所有肿瘤组织类型中均见高水平表达。由于完整的 BAP31 分子可以和 BCL-2/BCL-XL 形成复合物，发挥抗细胞凋亡活性，所以，BAP31 的高表达可能会使肿瘤细胞凋亡减少从而参与肿瘤的发生发展还需要进一步的实验证实。

[3] 宋朝君，许晓光，陈丽华，等. BAP31 在肿瘤组织中的表达分布的研究[C]. 中国免疫学会第五届全国代表大会暨学术会议论文摘要，2006:1.
[密切相关内容]免疫组织化学染色结果表明，BAP31 在正常组织中不表达或表达水平较低，阳性产物定位于胞浆。而在结肠癌、卵巢癌、食道癌、肺癌、前列腺癌、宫颈癌组织中，BAP31 的表达水平明显升高，阳性产物也定位于胞浆。

**图 3　B 细胞受体相关蛋白 31 的检索结果**

此外，学术用语还存在主题词的上下位的属分关系，例如，异位妊娠这个检索概念，它的具体含义为"孕卵在子宫腔外着床发育的异常妊娠过程"，也称"宫外孕"，以输卵管妊娠最常见。异位妊娠作为检索概念的主题词，其包括腹腔妊娠和输卵管妊娠两个下位主题词，而与此同时，它还有其他不同形式的表述，如卵巢妊娠、宫颈妊娠等。于是我们在设计检索的过程中，就务必将异位妊娠这个检索词的不同表述全面考虑并包含进来，才能确保检索结果的全面性(图 4)。

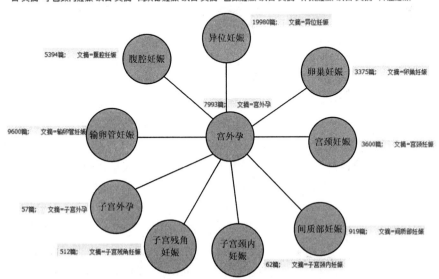

**图 4　异位妊娠的不同同义词的检索结果**

由此可见,只是基于科研工作者提供的检索词进行检索,与经过同义词组配检索的结果相差甚远。因此,我们必须要对检索概念进行全面详细的了解,全面考虑学科术语的不同表述,这样不仅可以提高检索结果的全面性,也可以在检索文献过程中,拓宽科研工作者查找文献的思路,避免关键文献的遗漏。

## 2.2　文献老化过程中出现部分学科术语改变

科学研究的成果通常以科技文献的形式存在,一般来说,最新发表的文献受到其所在学科专家、读者的关注和引用较多,具有较强的生命力,但其生命力会随着时间的推移而逐渐减弱。临床医学文献的半衰期为 4.515 年,肿瘤学各种期刊的引用半衰期平均区间为 2.9～5.14 年。图书馆学、档案学、情报学文献在 2010～2012 年平均引用半衰期为 4.25 年。研究显示,被引半衰期越长,该学科文献老化速度越慢,被利用时间越长,生命周期越长;反之,则生命周期越短。

由此可以看出,不同学科文献老化的时间不同,其所在学科检索词汇的更新频率与变化程度也会存在不同。因此,我们在检索文献时,要充分考虑科技文献因不同学科文献老化情况而带来的变化。如一些专业学科术语在学科发展的某一阶段会被常用,但随着学科的发展,该学科术语发生改变,这使得原先的常用术语不再作为主流学科用语。如"PET 扫描"这一主题概念,该词于 1969～2004 期间,由中国生物医学文献数据库(CBM)将其主题词标引为"体层摄影术、发射型计算机"。而自 2004 年至今,该词的主题词标引为"正电子发射断层显像术"。因此,我们在设计检索有关"PET 扫描"这一主题文献时,就必须同时考虑这两个不同的主题词表述,这样,才能使检索的结果较为全面,否则会造成漏检。

## 2.3　全文数据库分词技术的"瓶颈"

全文检索技术是当今信息检索技术发展的最高端和最前沿技术,发展至今,在文本检索方面已比较成熟。由于全文检索的存在和发展,用户只需以应用领域的概念即可检索出具有一定匹配度的信息,这不仅改善了人机交互的效果,也提高了数据库的实用性。但由于汉语是以字为基本构造单位的语言,如何将汉语的基本语言单位转化为词,也就是实现无错误切分的分词系统,是目前中文信息处理技术的"瓶颈"问题。由于中文表述的复杂性,使得数据库难以准确彻底地对文献源的内容进行分词处理。电脑也不能对同义词、上下位类词进行识别与匹配,如用"肾衰"找不到"肾功能衰竭";用"马铃薯"检索不到"土豆"的相关内容,因此,要想检索出相对全面的检索结果,就需要我们花费大量的时间和精力去搜索检索词的不同表述,以使我们检索的概念在数据库中实现最大限度的匹配,进而使检索结果具有全面性。

## 3 检索词库的设计与构建

要想提高文献检索与利用的效率,就必须全面考虑检索概念的不同表述,即检索词的同义词、近义词、相关词及缩略词等。然而对检索词的归纳和搜索,往往因设计检索方案人员的专业学科背景、经验不同而存在差异,这也会导致检索结果千差万别。该问题同样也存在于学科服务过程中,如若学科馆员对课题的理解与对检索式的构建不合理,就会影响其检索结果的全面性和准确性,进而影响其所服务的课题。因此,建立面向学科服务的检索词库意义非凡,可使这些问题迎刃而解。

### 3.1 检索词库的设计

我们此次研究主要以医学领域的检索词为研究对象进行检索词库的建立,其中,主要的处理流程包括以下步骤:

① 首先,以教育部科技查新站(Y06)2014年以来的科技查新报告为数据源,对这些数据源进行整理,将科技查新报告中的检索词抽取出来,并将同一检索概念对应的的主题词或关键词一一列出。

② 其次,使用 EpiData 录入软件,采用双盲、双录入的方法,将抽取完好的检索词进行电子化处理、统计与核查,确保基础词库的准确性,便于数据的导出和使用。检索库的设计思路如图 5 所示。

### 3.2 检索词库的构建

以教育部科技查新站(Y06)2014年以来的科技查新报告为数据源,使用 EpiData 录入软件,采用双盲、双录入的方法,将报告中抽取完好的检索词进行电子化处理、统计与核查,确保基础词库的准确性,便于数据的导出和利用。

建立 EpiData 录入数据库(图 6),并进行数据录入。对导出后的数据进行核查,邀请科技查新专家及学科专家对归纳整理好的数据进行最终核验与指导,确定检索词的同义词、近义词及相关表述的合理性和全面性。其中,合理、全面的词汇直接进入词库进行保存;不合理的词汇进行修改和完善,再次核验成功后,最终进入词库。

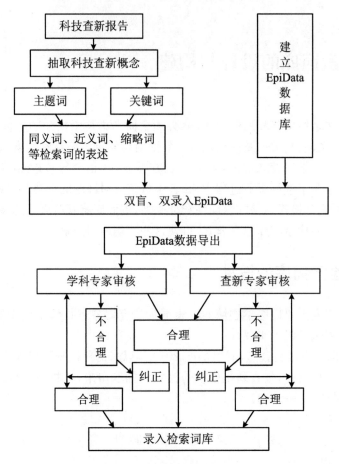

图 5 检索词库的设计思路

图 6 EPIDATA.REC 文件——数据录入

最终,我们收集到的 2014 年以来的检索词条目为 699 个,经筛选去重后,共有检索词 618 个。由表 1 可见,少于 3 个检索词的检索概念有 207 个,拥有 3~5 个检索词的检索概念有 322 个,多于 5 个检索词的检索概念有 89 个,分别占总检索条目数的比例为 33.5%、52.1% 和 14.4%。由此可见,拥有 3 个及以上表述的检索词占比约 66.5%,绝大多数检索词具有 3~5 个不同表述,如若不全面考虑检索词,就会导致漏检。这与国内其他研究得到的结果类似。

表 1 检索词的构成比例

| 检索词个数 | 数量(个) | 百分比 |
|---|---|---|
| 小于 3 个 | 207 | 33.5% |
| 3~5 个 | 322 | 52.1% |
| 大于 5 个 | 89 | 14.4% |

## 4 检索词库的应用

检索词库构建完成后,一方面为广大教师及科研工作者在课题立项、定题跟踪提供方便;另一方面应用于文献检索教学,为文检教师提供丰富的案例;此外,还可为新入职的查新员提供指导,为他们在科技查新时提供参考依据,以防因检索词考虑不全导致漏检。该检索词库建立后,具备浏览和检索等基本功能见表 2。

表 2 检索词库实体库

| 检索概念 | 检索词 1 | 检索词 2 | 检索词 3 | 检索词 4 | 检索词 5 |
|---|---|---|---|---|---|
| 宫颈癌 | 宫颈肿瘤 | 子宫颈鳞癌 | 子宫颈癌 | | |
| 肿瘤坏死因子 α | 肿瘤坏死因子-α | TNFα | TNF-α | | |
| 循环 miRNA | 循环 miRNAS | 循环微小 RNA | 循环微小 RNAS | | |
| 益肺健脾 | 健脾益肺 | 补肺健脾 | 健脾补肺 | 培土生金 | |
| 艾灸 | 艾炷 | 艾条 | 温和灸 | 雀啄灸 | |
| D-柠檬烯 | 苎烯 | 白千层烯 | 香芹烯 | 1,8-萜二烯 | |
| 血管内皮生长因子-A | 血管内皮生长因子 A | 血管内皮细胞生长因子-A | 血管内皮细胞生长因子 A | VEGF-A | VEGFA |
| 胃癌 | 胃肿瘤 | 胃腺癌 | 胃底癌 | 胃体癌 | 胃窦癌 |
| 白介素-6 | 白介素 6 | 白细胞介素-6 | 白细胞介素 6 | IL-6 | IL6 |

### 4.1 检索词库为科研工作服务

学科服务是图书馆以用户为中心,学科馆员凭借自身的检索技能深入院系,针对性的利用图书馆文献资源为广大教师和科研工作者提供更全面准确的信息源,在为用户提供信息保障的同时,提升用户获取与分析利用信息的能力。目前,在开展学科服务的过程中,作为专业检索人员,我们根据课题组研究方向和内容、根据检索词库中的词汇,快速检索科研工作者所需的文章,与科研工作者进行商讨,把其需要的相关文献搜索并整理出来,进而根据研究主题的论文发表情况,运用分析工具进行发文量、被引频次、引文影响力、高被引论文量、国家/地区、机构、人员等维度的学科竞争力分析,为学校的学科发展提供数据支持。"授人以鱼,不如授人以渔",为教师及科研工作者提供全面的检索词有利于他们随时随地了解学科前沿和学科动态,为科研工作提供服务。一方面,馆员在检索文献上有优势,但在筛选文献上却不如专业学科团队迅速;另一方面,学科团队对学科的常用表述较为熟悉,但对一些缩略词或者鲜为人知的生僻学科词汇的掌握则不如学科馆员。所以结合两者的优势,我们就想出根据学科团队检索要求,从我们的检索词库中搜集整理相应的检索词提供给学科团队,他们再依据学科馆员提供的检索词,到所需要的专业数据库中进行搜索、筛选文献。这样往往会快速、全面、准确地搜索出学科团队所需要的文献,采集国内外选题相关成果——进行分析,寻找热点,与教师的研究方向进行关联度对比分析,从而深化了高校图书馆深度、利用数字资源进行的学科服务。

### 4.2　检索词库为教学服务

为研究生开题或为本科生查找感兴趣的研究领域提供检索帮助与指导。高校学生在学习过程中,遇到自己感兴趣的研究内容或者想深入了解学科时,他们就希望通过检索相关文献并进行阅读,快速了解研究内容的来龙去脉,研究生更是如此。研究生开题时,需要大量文献,一部分资料会由导师根据研究内容提供给学生们,而大部分文献则需要研究生自己查找。这时,研究生就会遇到困难,要么是检索不到相关文献,要么是检索到的相关文献数量非常少,不能满足需要。另一个常见困境就是他们在写作综述或者进行 Meta 分析时需要大量的文献。此时学生们就会感到手足无措,这个时候,他们通常需要跟自己的文献检索老师进行沟通,以寻求他们的帮助和指导。面对不同专业学生们的要求,教师就要对其需要的文献进行深入了解并进行实际检索才能给予准确、全面的指导。这时,借助检索词库就可以方便地为学生提供快速、准确的指导,节约学生的时间,提高效率。此外,每年医学文献检索教师需要花费大量的时间为研究生考试出试题,而查新课题是科研人员的主要研究内容,有些研究可代表其所在学科的研究新动向。如若将这部分研究内容作为学生们的研究考题,则有助于同学们了解本学科的研究动向,进而带动学生的兴趣,调动学生的学习积极性。但教师们在使用较新的研究内容的过程中要注意保密原则。

### 4.3　检索词库应用于科技查新

科技查新过程中,具有单一学科背景的科技查新人员,如果想要准确完整的处理好已受理的科技查新委托，就必须跟课题委托人进行多次沟通以了解课题，对课题的检索概念所对应的检索词做出全面准确的表述，以确保科技查新结果的客观性和全面性，这也就需要查新员花费较多的时间和精力。此外，具有不同检索经验及学科背景的查新员，在遇到相同的检索概念时，会得到不同的检索结果。即便是同一查新员在不同时间对同一检索词的不同表述进行选择和检索，依然需要花费大量的时间和精力来重复前述工作，尽管如此，检索结果仍可能出现偏颇。因此，本词库不仅可以弥补因经验主观原因造成的漏检，还可以弥补因检索人员学科背景差异导致的检索结果差异。

此外，科技查新检索中常用检索词主要有主题词和关键词。主题词可以从主题词库中选取，而关键词的获取则比较困难。鉴于上述原因，我们要在信息检索过程中全面检索文献，就必须全面考虑各种关键词的表述，这也是科技查新的主要难点。目前获取检索词的途径主要有以下几种：

① 委托人提供。
② 根据词表查找。
③ 根据数据库查找同义词的功能检索。
④ 根据数据库预检文献，阅读并选取关键词。

这些途径除了第一种较为方便省时外，其他途径都颇为费时费力，这也正是困扰科技查新人员的主要难题所在。因此，经科技查新专家和学科专家审核校准后建构的检索词库就可以为查新员提供准确合理的关键词。这样，科技查新人员可以免于因遗漏检索词未检索到关键文献导致影响查新结论的客观性的问题。检索词库也可以弥补查新人员因查新经验不足或学科背景差异导致的检索结果缺漏，缩短查新时间，提高检索效率，提升用户满意度。

## 5  思考及启示

针对学术用语的多样性和标引不规范的情况，需要多方面的协调与统一，从检索的源头进行改善。科技工作者在撰写学术论文的时候，应尽可能的以公知、公认的关键词进行表述，尽可能不用英文缩写和商品名。期刊处理过程中，尽量以国家标准统一科技文献表述，尤其是针对药品名的标引。各种期刊对同一概念的标引尽可能有一个合理的标引规范，以确保对同一概念的表述相同。

除此之外，检索词库的使用应尽可能保证检索词的全面性，进而使得科技查新的结果尽量全面、客观。我们在应用检索词库进行检索信息的时候，除选择和使用检索词库中的主题词与同义、缩写词、简称外，还要进一步考虑不同搜索引擎中的常用符号及特点，应用检索技巧，以提高全文检索系统或因特网搜索中文信息的查全率和查准率。

图书馆作为信息服务单位,目前的工作重点已出现转移,正在从文献收藏单位转向全面、快速、准确地为用户提供资源,帮助用户解决问题,节约用户时间,提升用户满意度。我们建构的检索词库一方面为教师和学生的科研工作与学习提供帮助,进一步提升读者对图书馆的满意度;另一方面弥补了查新员因查新经验不足或学科背景差异导致的检索结果偏差,缩短了图书馆信息服务人员的服务时间,提升了工作效率;此外,我们成功构建了面向医学领域的检索词库并顺利投入使用,以此可以将我们的想法和经验进行分享,推广到兄弟院校的其他学科领域,有助于我们共同提升检索效率。

# "易读、宜学、亦交流"
## ——多维立体迎新系列活动

李琛　秦丽萍　刘艳玲
（安徽工程大学图书馆）

## 1　创新案例实施的背景

近年来，每逢开学季，各大高校的迎新工作都极尽所能各显其才，不断追求创新，通过各种方法提升迎新工作水平，力争给新生留下美好的第一印象。高校图书馆是学校重要的文化机构，配合学校做好迎新工作是自身职责之所在，并且还要力求在资源建设与读者服务上不断创新。

服务是图书馆工作的核心，为了让新读者能尽快地了解图书馆的资源与服务，熟悉图书馆的布局和功能，加强图书馆与读者之间的交流，我校图书馆于每年10月至11月间开展不同主题的读者服务宣传月活动（图1）。

图1

在读者活动宣传月期间，图书馆将举办"易读、宜学、亦交流"多维立体迎新系列活动，利用系列讲座、竞赛活动、读书文化活动等来增加与读者的交流与互动，激发读者利用图书馆资源的兴趣，培养读者的信息素养，提高读者的检索技能。"易读"即知识推广活动，方便读者从各种渠道了解和获取图书馆的文献资源；"宜学"即采用激励机制，举办一些竞赛活动，以赛促学；"亦交流"即广泛搜索资源，为读者搭建多方交流的平台，包括读者和图书馆的交流、读者之间的相互交流以及读者和校内知名的交流。开馆迎新友，秋风送书香，图书馆希望通过多维立体的迎新活动，集中展示图书馆的资源和服务，让新生爱上图书馆。

"大学伊始，我们先定个小目标！"2016级新生带着自己的梦想和家人的期望，踏进安徽工程大学的殿堂。在人生的新阶段，他们纷纷定下自己的小目标（图2、图3）。

比如,4 年以后考上研究生! 比如,考博! 比如,4 年读够 500 本书!

图 2

• 国际经济与贸易专业的刘汶钧:"大学伊始,先定个小目标,比如考上武汉大学的研究生。"

• 2016 级研究生秦宝雨和李海军:"读研伊始,先定个小目标,比如考博。"

• 环境设计专业的李俊毅:"大学伊始,先定个小目标,比如认识一群同甘共苦的小伙伴、努力学习、英语过四级。"

图 3

• 建筑工程与自动化专业的杨成雨:"大学伊始,先定个小目标,比如四年读够 500 本书。"

• 车辆工程专业的马涛:"大学伊始,先定个小目标,比如读书、学习、运动、my love。"

## 2 创新案例简介

### 2.1 主要内容

安徽工程大学图书馆奉新生之所想,解新生之所急,特举办"易读、宜学、亦交流"迎新系列活动。我们在新生宿舍楼、食堂、教学楼旁张贴海报,启动活动(图4)。

**图 4 活动宣传海报**

整个活动由初识图书馆、解读图书馆、熟知图书馆和恋上图书馆四部曲组成,分为易读、宜学、亦交流三大篇章,共8项活动,我们希望与新生读者一起弹奏出一曲美妙和谐的爱阅读、乐分享的文化校园乐章。活动亮点纷呈,得到了各学院和有关部门的大力支持以及读者的热烈响应和积极参与。3个篇章里包括8个小项目,历时一个多月,既有知识推广,又有参观、竞赛和交流活动,可谓是多维、立体(表1)。

表 1

| 活动主题 | | 活动内容 | 承办部门 |
| --- | --- | --- | --- |
| "易读、宜学、亦交流"——多维立体迎新系列活动 | 易读:知识推广 | "资"信飞扬:微信推送资源动态与活动信息 | 信息与技术部 |
| | | 新生入馆教育与测试 | 信息与技术部 |
| | | 知识服务进学院:系列数据库培训 | 信息与技术部 |
| | 宜学:知识竞赛 | 迷"图"之旅:参观图书馆 | 流通部、信息与技术部 |
| | | 文武双全:图书馆知识技能竞赛 | 信息与技术部 |
| | 亦交流:知识交流 | 你问我答:读者咨询活动 | 流通部、信息技术部 |
| | | 初识"牛"人:校园名师真人秀 | 信息与技术部 |
| | | 书韵留香,你我共享:读书品阅会 | 文澜读书社、信息与技术部 |

## 2.2 活动概况

本系列活动连续举办了两年,对新生有效宣传了图书馆的资源,并以赛促学,加强了新生对图书馆资源与服务的认知。此系列活动创新了新生入馆教育的模式,并使用搜索资源为新读者搭建了多方交流的平台。

在知识推广活动方面,重点强调知识服务的主动性和灵活性。"'资'信飞扬"微信推送服务极大方便了读者获取了图书馆的信息(图5);新生入馆教育自测平台拓展了图书馆的读者自助服务,让新生入馆权限开通更自由;"知识服务进学院"系列数据库培训不但延伸了知识服务的深度,同时也扩大了此系列活动的广度。

在知识竞赛活动版块,包括两个小项目,即"迷图之旅"和"文武双全"。两个活动都采取激励机制,分为个体与集体参与,以赛促学,扩大了活动的参与面,是新生入馆教育的一种创新。

"迷'图'之旅"是一个参观图书馆的活动,分为老师带领参观和自助领卡片参观两类(图6~图8)。自助参观时间比较灵活,用一周的时间,学生可以根据自己的时间协调参观,每参观一处可得到印章一枚,集齐印章可以领奖品。老师带领参观有两场,参观途中领队老师会讲解图书馆的资源分布和使用技能,并现场操作给学生看。在参观即将结束时,会穿插一个3分钟的有奖限时竞答,通过简短的小测试,不但学生让对参观途中讲授的知识点加深了印象,还可以以考促学,查漏补缺。测试过后,学生可以对自己不会的知识点进行现场咨询。

图5 安徽工程大学图书馆微信

图6 "迷'图'之旅"老师讲解　　　　　图7 "迷'图'之旅"学生报名

图8 "迷'图'之旅"收集印章

"文武双全"是新读者利用图书馆知识及技能方面的竞赛(图9~图12)。该活动为团体参与,以学院为单位,每个学院10人,竞赛分为笔试、按号找书以及上机操作3个项目,同时进行。赛前,图书馆组织全体参赛队员进行专场培训,此项目强调了团体合作,要求学生不仅要熟悉图书馆的馆藏资源布局,还要对图书馆的电子资源有所了解,并能初步掌握数据库的检索技能。

图9 "文武双全"笔试

图10 "文武双全"按号找书

图11 "文武双全"上机操作

图12 "文武双全"颁奖现场

在知识交流篇章,有两项活动,并且各有侧重点,此活动不但为新读者提供了和往届读者共读交流的平台,还为新读者提供了和校园名师亲密接触的机会。"初识'牛'人,校园名师真人SHOW"侧重新读者和老师的交流,"'书韵留香,你我共享'读书品阅会"则侧重读者之间的交流。

"校园名师真人SHOW"在图书馆的休闲阅览区进行。图书馆会请来有名气又受欢迎的教师和学生面对面交流,大家一起谈学习、讲阅历、普及传统文化,同时教师们也给学生讲授如何规划自己的大学生涯。老师会用自己的经历告诉学生,无论是读万卷书,还是行万里路,都能拓宽人的视野、增加人的知识、磨炼人的品行(图13、图14)。

图13 "行万里路 读万卷书"活动现场　　图14 "品春节符号 寻传统文化"活动现场

"书韵留香,你我共享"读书品阅会由文澜读书社协助图书馆举办,分为阅读体会分享、新老读者互动、嘉宾老师点评等多个环节(图15、图16)。活动中除了报名参加的新读者,文澜读书社会邀请本社的老会员参与分享自己的阅读体会,并且会向新读者推荐自己读过的好书,鼓励新读者撰写共享一本书的感想。读书品阅会不仅给喜爱读书的同学们提供了一个交流及展示自己的平台,使同学们更好地继承并发扬读书的优良传统,更对营造良好的读书氛围,构建书香校园有着积极的意义。

图15 "悦读阅美"读书品阅会现场　　图16 "品书香文化 享读书乐趣"读书品阅会现场

## 3 活动的创新点分析

### 3.1 线上线下相结合,拓展资源与服务宣传渠道

线上,我们利用图书馆微信公众号和图书馆主页,结合线下的"知识服务进学院"培训活动,及时向新读者推送资源与服务。

在图书馆主页的"新生专栏"里面,开发新生入馆测试平台,新生读者自助登录平台,通过实体馆基本情况知识测试,即可开通借阅权限。自助开通功能让新生入馆不再受到时间、空间的限制,权限开通更自由,更便捷。

图书馆微信公众号于 2015 年 3 月正式上线,每周更新内容,有资源推送、活动预告、美文赏析、读者原创等项目,目前共圈粉四千多人,并且每天都有新的粉丝加入。值得一提的是,在每年迎新活动开展当天,粉丝数量都会有明显增加,活动效果明显。

我们的迎新活动不仅仅局限于本科生,新教师读者、研究生新生读者是图书馆数字资源的使用"大户"。近年来,我馆连续打造"知识服务进学院"数据库培训品牌活动,每个学科馆员每学期都会和学院负责人碰头,了解他们的即时需求,同时把我们的综合类数据库、专业数据库和特色数据库等推送给新教师和研究生。

### 3.2 多维度的活动构建,让资源推广与知识交流同时进行

我们整个迎新活动的核心内容由三大部分组成:"易读"——知识推广活动;"宜学"——知识竞赛活动;"亦交流"——知识交流活动,共分为 8 个小活动,这三个篇章的活动内容丰富,多维立体,层层递进,让读者从相见、相知、相识,到爱上图书馆。

### 3.3 以赛促学,创新了新生入馆教育的模式

在知识竞赛活动版块,包括两个小项目,即"迷'图'之旅"和"文武双全"。两项活动都了采取激励机制,分个体与集体的方式参与,以赛促学,扩大了活动的参与面,是新生入馆教育的一种创新。

与传统的新生入馆教育不同,举办知识、技能竞赛类活动更能提高新读者的积极性,让他们主动地深入了解图书馆。我们的竞赛类活动包括"迷'图'之旅"——参观图书馆和"文武双全"——利用图书馆知识及技能竞赛两个活动,活动采取激励机制,分个人与集体方式参与,队员不重复参赛。

"迷'图'之旅"活动分老师带领参观和自助领卡片参观。自助参观时间灵活,每参观一处可得到印章一枚,集齐印章还可领取学习用品。老师带领参观,会给他们讲解自助借还机如何使用、图书排架方法、图书楼层分布等等,结束时,还有一个小小的限时竞答,活跃气氛,也加强了新生对图书馆的印象。

"新生读者利用图书馆知识及技能竞赛"是图书馆举办的竞赛类品牌活动,竞赛由校关工委、校团委、图书馆联合举办,邀请全校 12 个学院组成 108 人的代表队参赛,比赛分"上机检索""笔试""按号找书"三个项目同时进行。笔试是对实体图书馆和数字图书馆的全面考察,上机检索,就是在计算机上检索中外文数据库,利用高级检索或者是二次筛选等检索方法找到符合条件的命中记录。按号找书,要在藏书五万多册的书库里根据索书号找书,他们比较的不仅是准确率,更重要的是速度,历史最好成绩是三分钟找对 10 本书。

## 3.4 把提升信息素养和人文素养相结合,充分调动可利用的资源,为读者搭建多方交流平台

把提升信息素养和人文素养相结合,充分调动可利用的资源,为读者搭建多方交流平台。"读书品阅会"由图书馆主办、文澜读书社承办,它集分享、互动、感悟为一体的全方位、多角度读书活动,已举办"悦读阅美""品书香文化,享读书乐趣"两届活动,活动邀请不同专业、不同年级的读书爱好者和新生读者汇聚一堂,分享读书经历,交流学习心得。活动先由老读者分享他们的阅读体会,接着新读者代表也谈谈自己读过的书,最后由嘉宾老师介绍他的读书体会、选书方法等等。活动筹备大部分由学生组织,发动新生参与,活动现场气氛很轻松活跃,大家畅所欲言,交流无障碍。让大家都能在分享中、互动中感受阅读的魅力。

读书品阅会不仅给喜爱读书的同学们提供了一个交流及展示自己的平台,使同学们更好地继承并发扬读书的优良传统,更对营造良好的读书氛围,构建书香校园有着积极的意义。在真人秀活动中,教授和学生面对面交流,每年的主题内容也是精心挑选的,往往具有励志性和知识普及性,不但扩大了新读者的视野,也同时提升了新读者的信息素养和人文素养。

# MOOC 宣传推广见成效

印伟 李冬燕 蒋自奎
(阜阳师范学院图书馆)

## 1 案例实施的背景

"MOOC"是 Massive(大规模的)、Open(开放的)、Online(在线的)以及 Course(课程)四个单词的缩写,意为大型开放式网络课程。2011 年秋天大型开放式网络课程技术有重大突破:超过 160 000 人透过赛巴斯汀·索恩新成立的知识实验室(现称 Udacity)参与索恩和彼得·诺威格所开设的"人工智能导论"课程。2012 年,美国的顶尖大学陆续设立网络学习平台,在网上提供免费课程,Coursera、Udacity、EDX 三大课程提供商的兴起,给更多学生提供了系统学习的可能。2013 年 2 月,新加坡国立大学与美国 Coursera 公司合作,加入大型开放式网络课程平台。新加坡国立大学是第一所与 Coursera 达成合作协议的新加坡大学,它于 2014 年率先通过该公司平台推出量子物理学和古典音乐创作课程。这三个大平台的课程全部针对高等教育,并且像真正的大学一样,有一套自己的学习和管理系统。同时,它们的课程都是免费的。

MOOC 给了所有人平等分享优质教育资源的机会,MOOC 将炸开大学校园的围墙,炸醒昏昏欲睡的课堂,把教师和学生带到世界几百年来最深刻的教育变革浪潮中去。

目前 MOOC 在美国开展得如火如荼,颇具影响力的 MOOC 平台有:Coursera、EDX、Udacity 等。在我国,2013 年 5 月,清华大学、北京大学正式加盟美国在线教育平台 EDX,成为 EDX 的首批亚洲高校成员。2013 年 7 月上海交通大学宣布加盟在线课程联盟 Coursera。同时,复旦大学与 Coursera 达成一致,向 Coursera 免费提供中文或英文教学的在线课程。2013 年 10 月,清华大学发布了:学堂在线(xuetangX.com)。国内各知名高校先后开展了 MOOC 课程的应用,并取得良好的效果。

## 2 案例实施的目的

具体而言,我馆(阜阳师范学院图书馆)推广 MOOC,能够让全校师生认识、了解和利用 MOOC 学习，从而增强师生们的自学能力，促进其专业知识的学习与提升，接受世界最前沿的知识。

## 3 案例实施的意义

MOOC 的蓬勃发展使得教育更加普遍和开放，提供了与名校名师零距离接触的机会，更为便捷地聆听名家名师精品课程。为广大师生提供了终身教育的平台，开辟了崭新的学习途径。

在 MOOC 课程中囊括了很多优秀的名师课程资源，只要有 PC 终端和网络，完全可以让我们的学生参与到世界知名大学课程的学习和交流中。在大学期间，部分大学生由于迷恋网络游戏，忽视了专业课程的学习。当他们想继续完成课程学习时，却遇到种种困难。MOOC 的出现，为他们拨开迷雾，指明了方向。同学们可以借助 MOOC 来完成自己的专业课程，实现自己的理想。

## 4 案例的基本思路

第一步：在热爱学习 MOOC 的学生中，集中业务骨干召开 MOOC 宣传推广研讨会，明确人员分工。于 2015 年 12 月 1 日成立 MOOC 宣传学习组，经多次讨论，制定详细的 MOOC 推广方案。

第二步：搜集 MOOC 相关资料，制作宣传海报、彩页等。在教学主楼、校园宣传栏、图书馆等地方，张贴宣传 MOOC 宣传海报，印制彩页并发放给学生；精选 MOOC 校园大使，在全校范围内开展 MOOC 的宣传与推广。

第三步：把志同道合的学生们集中在一起，组建 MOOC 学习组，制作网站并设计学习小组的 LOGO。

第四步：成立 MOOC 的 QQ 交流群、微信群，并申请微信公众号，开展微信直播、微信"雨课堂"、微传单等线上活动，通过多种方式推进 MOOC 的推广及学习。

第五步：全校范围内开展线下活动，包括企业竞争模拟 MOOC 大赛宣讲会、MOOC 推广进院系，MOOC 校园大使宣讲会、培训会等，让更多的师生深入了解和认识 MOOC。

## 5　服务案例的现状

① 以参考咨询部为主,抽调馆内业务骨干人员,成立 MOOC 宣传学习组,经多次讨论,制定详细的推广方案。

② 在教学主楼、校园宣传栏等地方,张贴 MOOC 宣传海报,印制彩页并发放给学生;通过校园网、图书馆官网、LED、E-mail 邮箱推送、QQ 群等宣传推广 MOOC;通过"MOOC 校园大使"的选拔,强化宣传推广的效果。

③ 制作招新画册海报等,在校园范围内招新(图1),成立阜阳师范学院 MOOC 学习组(人数为63人),定期召开成员会议,发动小组成员互相帮助学习;积极推广微信 H5 游戏(图2);建立微信 MOOC 学习群(人数为110人),开展微课程直播60余次(图3),通过多种途径进行宣传推广。

图1　阜阳师范学院 MOOC 学习组的招新画册

图 2　微信推广 H5 游戏

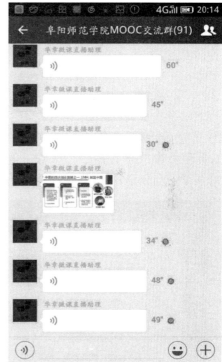

图 3　微信课程直播

通过前期紧锣密鼓的准备,取得了较好的预期效果,吸引了大量学生加入 MOOC 群学习。另外还多次专门组织笔试和面试,在全校范围内公开选拔"阜阳师范学院 MOOC 校园大使",经层层考核,最终遴选出我校数学与统计学院 2013 级优秀学子——杨子亮为"MOOC 校园大使"(图 4)。

**图 4　阜阳师范学院"MOOC"校园大使聘书**

④ 经过前期精心准备,组队参加"2016 年安徽省高校研究生信息素养夏令营",鼓励营员积极参与全省高校"MOOC 学习分享会",我校营员在夏令营期间因其 MOOC 的学习与分享,成绩优异,表现出色,荣获"优异奖"(图5)。

**图 5　"MOOC"学习分享会的荣誉证书**

⑤ 与 MOOC 校园大使多次进行研讨，组建阜阳师范学院 MOOC 学习组，制作专门学习网站并设计学习组的 LOGO。网站分为电脑版和手机版（图6），同时从中央门户网站、地方媒体、行业频道等多方面入手，投放新闻软文 121 篇，进行广泛宣传。认真制作关于 MOOC 学习的 PPT 课件，联合 MOOC 学习小组的主要成员在校园内召开 MOOC 宣传推广会（图7）。对这些活动，同学们积极参与，反响热烈，在全校范围内进一步促进了 MOOC 的学习氛围。

图6　手机版的网站主页

设计元素：
名称元素（MOOC首字母M）+教育元素（最具代表性的书）

设计理念：
此款logo从突发理念，同时结合行业特征出发：以"M"为设计基点展开拓展设计，因所属行业为教育行业，因此在突显MOOC中M的同时，整体形象为"书"形式。同时通过对MOOC学习组的深入了解，学习组专业性极强、师资力量超强，因此在颜色上采用能凸显专业性、力量性的颜色，灰+红整体简约而不简单，符合行业性质，高端简洁。

图7　阜阳师范学院 MOOC 学习组 LOGO 最终设计及说明

我们的 MOOC 的 LOGO 设计思路如下：

设计元素：名称元素（MOOC 首字母 M）＋教育元素（最具代表性的书）。

设计理念：此款 LOGO 从突发理念，同时结合行业特征出发：以"M"为设计基点展开拓展设计，因所属行业为教育行业，因此在突显 MOOC 中 M 的同时，整体形象设计为书的形式。同时深入了解 MOOC 学习组的特性——学习组专业性极强，师资力量极强，在颜色上采用能凸显专业性、力量型的颜色——灰＋红，整体简约而不简单，符合行业性质，高端简洁。

目前，中央门户、地方媒体、行业门户共 130 家媒体对阜阳师范学院 MOOC 学习组的成立进行了专门的报道。

⑥ 联合 MOOC 学习组、大学生读者协会等，开展形式各样的宣传活动，多次开展线上和线下活动，把 MOOC 的学习宣传深入推广到各院系，在全校范围内，开展 MOOC 知识竞赛，并且开展班级宣讲、寝室内部宣讲等（图8）。

图 8　图书馆联合 MOOC 学习组举办宣讲会

⑦ 经过前期的宣传与推广，我校 MOOC 学习小组的成员们积极参与 MOOC 课程学习，收获颇丰，获得国内外知名高校的多门课程的认证证书（其中包括：斯坦福大学、清华大学、北京大学、中国科学技术大学、武汉大学等）。

我校杨子亮等同学经过两年多的努力学习,共获得多张国内外知名高校的 MOOC 课程认证证书(图 9)。

图 9　MOOC 学习小组成员学习成果展示

# 6　创　新　点

① 密切结合安徽省高校 MOOC 校园大使的选拔,在校园内深入宣传推广 MOOC,提高了活动的知名度。

② 创立了阜阳师范学院 MOOC 学习组,组建阜阳师范学院 MOOC 微信群、QQ 群。制作了关于 MOOC 学习的网站,并设计学习组的 LOGO。同时在 QQ 群、微信群开展在线集体讨论,进行了 60 余次微课程直播,开展了微传单(图 10)、微信雨课堂

(图 11)(开设"奇幻的 MOOC"课程)等活动。

图 10　微信雨课堂

图 11　我的微传单

③ 把 MOOC 的学习推广与 2016 级新生入馆教育有机结合在一起,带领 MOOC 学习小组的主要成员走进院系、班级、寝室等(图 12～图 14),开展 MOOC 宣传推广,通过 PPT 课件、微视频等,介绍各成员学习 MOOC 的心得体会,以鼓励更多的学生加入 MOOC 的学习。

图 12　MOOC 宣传推广走进班级、寝室

**图 13　丰富多彩的校园推广活动**

**图 14　MOOC 学习组的骨干成员风采**

④ 联合校团委、教务处、科研处等校内多家单位共同向师生宣传推广 MOOC，把 MOOC 的学习宣传深入推广到各院系，扩大了影响，取得了良好的效果（图 15）。

图 15 联合科研处、教务处举办 MOOC 宣讲会

⑤ 定期召开 MOOC 学习组内部研讨会,要求学习组成员在规定时间内参与 1~2 门 MOOC 课程学习,并针对学习心得体会展开小组讨论(图 16)。

图 16 MOOC 学习组内部研讨学习

## 7 相关度

高校图书馆作为学校的教学辅助机构,有力地支撑着MOOC的教学。宣传推广MOOC学习,为MOOC提供前期和后期的教学服务,有利于其在新型教育环境中争取发展空间,凸显自身价值。在促进全球优质教育资源开放和共享的过程中,高校图书馆显示出得天独厚的资源和服务优势。同学们都能踊跃报名,积极参与到图书馆的MOOC宣传活动中,表现出极高的兴趣。宣传活动的开展,激发了同学们学习MOOC的热情,提升了同学们自主式学习的能力,收效明显。

MOOC的产生不仅带来了高等教育模式的改变,同时也催生了信息服务方式的转变。作为人类社会重要的信息存储和信息服务的高校图书馆,如何适应新的教育模式下的信息资源需求,转变信息服务观念,整合信息资源,更好地适应MOOC需求,实现图书馆最终的服务教学、科研的宗旨,是现阶段高校图书馆需要密切关注的问题。

在MOOC潮流的驱动下,越来越多的高校参与其中,为全世界的用户提供了免费学习的机会。高校图书馆扮演的角色也在不断发生变化,紧跟发展的科研、教学及其学习环境的脚步,为教师和学生提供更好的服务。在全新的教育环境下,高校图书馆已经崭露头角,其作用日渐明显,与MOOC在提供信息和发挥教育功能方面在本质上趋同。

## 8 活动启示

第一,图书馆作为高校的第二课堂,是学校的教学辅助机构,支持教师的授课和学生的学习始终是其核心任务。图书馆虽不是MOOC的主导者,但应该积极宣传推广MOOC,努力参与其中,为MOOC提供教学服务,发挥自身职能服务本校师生,这也有利于图书馆自身在新型教育环境下创新发展思路,争取更多的发展空间,凸显自身价值。

第二,经过前期的努力,推广效果明显,也为以后开展活动带来新启示。宣传推广不能仅局限于彩页、通知与海报等传统的方式,大数据时代,我们还可以采用多种多样的宣传推广方法,如广泛利用QQ群、微信、微课堂、微视频、微传单、微信推广H5游戏、微博等宣传方法等。这不仅能使宣传内容更加丰富翔实,还将会增强MOOC的吸引力,极大提高宣传效果。

第三,MOOC和图书馆具有共同的特点,在于倡导教育资源的开放和共享。图书馆甚至可以成为 MOOC 教学过程中的版权顾问、信息素养导师、知识集成者或者领航员。

新形势下,大学图书馆迎来了 MOOC 浪潮,积极参与到 MOOC 的学习时间过程中。MOOC 对高等教育带来重大影响的同时也引发了图书资源和服务的巨大挑战。高校图书馆员需要重新审视职业的变化并应对新的需求,应该积极行动起来,以实际的行动,勇于探索实践,主动承担责任,将各项服务认真开展好。国外的 MOOC 起步早、发展快,知名高校的图书馆对于如何提供支持也有不少研究和探讨,而国内高校对于 MOOC 的探索也逐步趋于火热。作为高校的重要辅助机构,图书馆具有支持教学科研、促进知识发现和创新、提供资源和服务的使命,面对 MOOC 带来的冲击,图书馆员应当具有全球视野,主动参与、积极协作,及时了解 MOOC 发展的动态,发挥自身优势,努力推动图书馆的服务创新。

# 纽 带
## ——图书馆志愿者的嵌入式服务

王伟赟　阮飞轮　高菲
（铜陵学院图书馆）

## 1 案例背景

近年来，随着图书馆的服务内容不断创新、服务范围不断扩大和服务时间的不断延长，图书馆人力资源不足的问题也越来越突出。为了确保图书馆各项服务都能够正常有序地进行，通过学习先进馆的经验，我馆（铜陵学院图书馆）开始引入志愿者服务队伍。2012年4月，我馆利用馆内勤工俭学的学生资源，借鉴非营利性机构志愿者管理模式，组建了"铜陵学院图书馆志愿者协会"（图1）。志愿者协会的成立，是用户参与图书馆业务和管理的一种有效形式，志愿者既是图书馆的用户也是图书馆的服务人员，他们是图书馆与用户沟通的纽带；他们既能了解到图书馆工作的各个流程，也能够让图书馆站在用户的角度思考问题，从而提升图书馆的服务水平。

"图书馆志愿者协会"是由图书馆组织管理的，由志愿从事社会公益事业，热爱阅读，热爱图书馆的在校学生组成的非营利性公益团体。

**图1　图书馆志愿者协会**

图1(续)

"图书馆志愿者协会"实行学生自主管理、馆内业务指导和考核、志愿者主动参与、重视付出和回报的策略。志愿者协会成立至今已有近5年的时间,已换届4次,其管理机构由7人组成(全部为在校学生),设置一名理事长、一名副理事长、一名秘书长以及四名理事(主要负责对外宣传、读者培训、微作品制作、图书推荐)。

# 2 案例介绍

我馆志愿者协会的工作流程包括志愿者纳新、志愿者培训、基础性工作和嵌入式服务工作四个方面。

## 2.1 志愿者纳新

每年的10~11月,图书馆都将组织一次志愿者纳新大会(图2),由图书馆馆长对志愿者近一年的服务工作进行总结及肯定,志愿者协会工作人员汇报志愿者纳新工作情况,并向新加入的志愿者讲解志愿者的权利与义务,志愿者代表发表自己的服务心得和感悟,加深新生对图书馆志愿服务和业务的了解。图书馆各部门负责人分别向同学们详细介绍图书馆各部门的工作内容、业务流程。参考咨询部老师对志愿者们的提问进行解答并对大会进行总结。

图 2　志愿者纳新大会

## 2.2　志愿者培训

图书馆参考咨询部的指导老师首先专门对志愿者管理人员进行专业培训(图 3),培训内容除了图书馆馆藏布局、资源内容、检索技术、借阅流程、规章制度等常规内容以外,还对有计算机网络、摄影、后期制作等专业特长的学生进行专门培训,培训合格后让其或组建微作品团队或参与图书馆读者群管理或成为官方微信短期运营者或成为移动应用的使用先锋等。通过对志愿者协会这些核心队员的培训,使之成为"小先生"。再由这些"小先生"对新加入的图书馆志愿者进行培训与帮助,形成"传、帮、带"的良性循环。

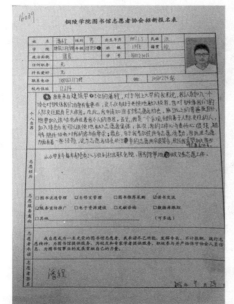
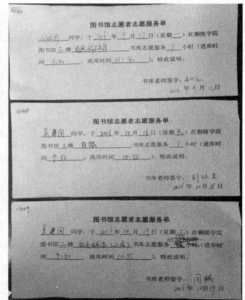

图3 各类志愿者培训

## 2.3 基础性工作

图书馆志愿者的日常工作内容较多，也较为繁琐，主要包括馆内引导、信息检索辅助、自助借还辅导、书架整理、新书上架、清洁书架、文明巡视等工作（图4～图7）。志愿者的这些日常性辅助工作，对那些不熟悉图书馆馆藏资源布局或文献信息检索能力较弱的读者有较大帮助。日常管理工作重复性强，对专业知识和技术要求低，只需短期培训即可胜任。由志愿者来从事图书馆的日常管理，不仅可以加快图书文献的流通，而且可将一部分专职馆员从繁琐的日常事务中解脱出来，从而能够为读者提供更高层次的服务。

图 4 志愿者将图书上架

图 5 志愿者引导读者使用自助借还设备

图 6　志愿者引导读者使用检索机

图 7　志愿者帮助读者查询图书

## 2.4　嵌入式服务工作

我校的图书馆志愿者协会自成立以来，从最初的仅进行日常管理工作逐步发展成为全程参与图书馆活动的组织（如新生培训、新书推荐、读书月活动、馆运会活动）。近两年，随着读者群体对信息利用的移动化、泛在化、个性化等方面提出了更高的要求，图书馆志愿者更为读者提供嵌入式服务做了大量工作（如新生入馆教育在线考试辅导、官方微信微博管理与推广、读者 QQ 群管理、微作品制作、移动图书馆介绍、图书馆立体导航演示等）。志愿者群体更加深入地融入图书馆集体，成为图书馆与读者之间的纽带。

### 2.4.1 新生入馆教育中的嵌入式服务

志愿者协会的工作人员通过志愿者协会的微博、微信平台以及志愿者协会的QQ群和利用免费电子阅览室向新生介绍如何使用我们的新生入馆教育考试系统以及新生应掌握的图书馆资源使用方法等具体事项(图8、图9、图10)。

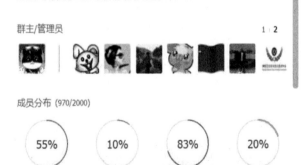

图8 志愿者引导新生进行入馆教育考试

在线测试系统由"入馆教育考试系统"和"知识竞赛系统"组成。

图9　在线考试系统

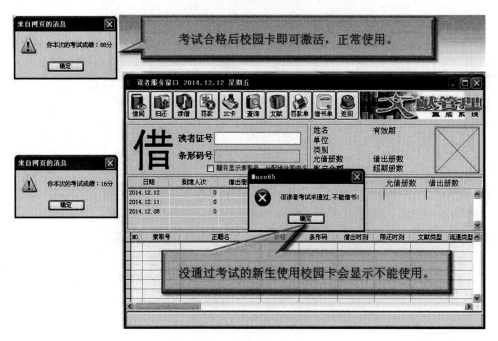

图10　考试结果处理

### 2.4.2　志愿者嵌入图书馆官方微信、微博的管理和推广

志愿者协会的工作人员通过成为图书馆官方微信、微博的运营者和官方客服,向读者发布图书馆相关的信息,及时回答读者的在线提问(图11、图12)。

志愿者们积极推广我馆的官方微信2.0版(图12)。通过此次升级,微信平台由订阅号改为服务号,在原有的消息发布、馆藏图书查询、个人借阅记录查询、新书通报查询等功能的基础上,增加了借还书实时提醒、超期图书催还提醒等服务功能,实现了读者借书、还书、预约、续借图书等一条龙的微信实时提醒服务,同时在读者所借图书即将到期的时候会收到微信通知,读者再也不用担心借书超期的问题。

图 11  志愿者协会参与微信公众平台管理

图 12　图书馆微信公众平台

图书馆志愿者协会有阅读辅导理事专门负责图书推荐。阅读辅导理事们从图书馆的新书目中每次排选出 40～60 种图书在微信、微博平台上发布,不但有书名和索书号及馆藏地点,而且还有内容提要,可方便读者检索和寻找(图 13、图 14)。

图 13　志愿者将书目在微博平台推广

纽带——图书馆志愿者的嵌入式服务　　169

图 14　图书书目在微信平台上发布

### 2.4.3　志愿者创作的微作品

志愿者们还创作了一批优秀的微作品（图 15）。

图 15　志愿者微作品

图 15　志愿者微作品(续)

8. 舞动人生

该铜雕的主体造型是一个舞者，身体结构由弦乐器变形而成，位于底座中中，整个身体前倾，似随风起舞，橘黄色的现代色彩融入其中，平添了一丝动感与些许韵律。[图：王阳　文：张芳芳]

**图15　志愿者微作品(续)**

## 2.4.4　志愿者为读者进行图书借阅手机导航演示

志愿者为读者进行图书借阅手机导航演示(图16)。

**图16　图书借阅手机导航**

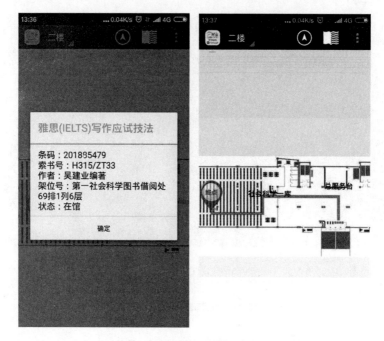

图16　图书借阅手机导航(续)

### 2.4.5　志愿者协会融入图书馆的各种活动

为了弘扬志愿服务精神,鼓励更多的学生参与到志愿服务的活动中来,使志愿服务成为一个具有广泛影响和校园动员力的亮点,我馆多次组织志愿者协会举办各种活动。

参与馆运会:我馆从2011年开始到今年(2016年)已经进行了6届图书馆运动会,每年图书馆都会邀请志愿者理事和优秀志愿者参与图书馆运动会,让志愿者产生更强的归属感(图17)。

图17　志愿者参加馆运会

图 17　志愿者参加馆运会(续)

图书馆为志愿者举办志愿者趣味比赛(图18)。

图 18　志愿者趣味知识竞赛

评选优秀志愿者:每年的读书节活动中,我馆都根据志愿者服务次数和服务时间评选合格志愿者和优秀志愿者,并给这些志愿者佩带胸牌,以示鼓励和表彰。获评馆优秀志愿者的同学,还推举到学校参加校级优秀志愿者评选,并且还从中选出优秀志愿者参加安徽省高校夏令营活动(图19、图20)。

图 19　馆领导给优秀志愿者佩戴胸牌

图 20 优秀志愿者参加夏令营活动

## 3 案例成效

我馆志愿者基本全程参与了图书馆的所有工作,特别是近些年在为读者提供嵌入式、移动化服务方面取得了很好的成效(图 21、表 1)。志愿者们的服务,缓解了图书馆人力不足的难题,又在一定程度上优化了图书馆员的知识结构,节约了学院的经费开支,既解决了因工作人员不足造成的服务工作"盲点",又为热心社会公益事业的大学生志愿者提供了平台,达到实现个人终身学习、完善自我价值的目的,实现了图书馆和志愿者之间的"双赢"。由于图书馆志愿者的工作出色富有成效,我校每年都会有 2~4 名的图书馆志愿者获评"铜陵学院优秀志愿者",这也是学校对图书馆志愿者辛勤工作的肯定。

图 21 志愿者工作成效

**表 1　志愿者工作成效**

| 年　份 | 新加入志愿者人数 | 服务次数 | 服务总时间（工作日） | 来馆读者(万人次) | 借阅图书(万册) |
|---|---|---|---|---|---|
| 2012 | 50 | 221 | 329 | 19 | 21 |
| 2013 | 73 | 347 | 488 | 28 | 25 |
| 2014 | 166 | 533 | 589 | 30 | 30 |
| 2015 | 196 | 476 | 687 | 35 | 30.5 |

| 年　份 | 班级个数 | 入馆培训人数 |
|---|---|---|
| 2013 | 66 | 4 508 |
| 2014 | 68 | 4 725 |
| 2015 | 68 | 4 635 |
| 2016 | 71 | 4 732 |

# 4　结　　语

通过这些年对我馆志愿者信息素养培育工作不断推进,图书馆志愿者协会的服务水平得到较大提高,但是我们也认识到图书馆志愿者服务仍存在工作时间不规律、人员流动性大及服务水平较低等缺点。我校的图书馆志愿者服务工作任重道远,还有很多未尽完善的地方,和很多先进图书馆还有较大的差距。我们将通过不断努力学习,进一步提高志愿者服务水平,帮助图书馆增强知识服务能力、提升服务水平和服务效益,更好地为学校的教学科研和人才培养服务。

# 移动互联、时时掌控、全程无忧
## ——图书馆自动化设备智能管理方案

汪健　杨毅　魏引娣
（安庆师范大学图书馆）

## 1 背　景

由于我校（安庆师范大学）新校区图书馆位于远郊，图书馆技术部员工周末、假期不上班，对全馆自动化终端设备及主机房服务器的管理维护工作造成了很大不便，一旦出现故障就需要工作人员来回奔波，尤其是当服务器设备出现严重系统故障时往往难以得到及时解决，会造成系统瘫痪，影响较大。

## 2 意　义

本案例着眼于以上困境，通过主机房远程监控、服务器虚拟化、桌面虚拟化、数据容灾备份等技术解决方案，实现通过手机智能管理 APP 及时高效监管图书馆服务器及自动化终端设备的实时状况，以确保图书馆各系统及设备正常运转及数字资源平台的不间断服务。

## 3 目　的

实现机房管理员随时随地监管图书馆主机房服务器和终端，确保图书馆数字资源服务器、终端设备 24 小时不间断服务，在提高图书馆的智能化管理与服务水平的同时，轻松高效地实现理想工作状态。

## 4 技术基础

虚拟化云平台技术(VMware 服务器虚拟化、桌面虚拟化);
数据容灾备份技术(EMC Avamar);
移动互联(4G、WIFI);
智能家居技术(米家、Aneywell)。

## 5 基本思路

本案主要通过以下 3 个方面实现对图书馆自动化设备的智能管理:
① 通过实时报警和网络摄像设备实现主机房环境设备智能管理;
② 通过服务器虚拟化和数据备份容灾技术实现服务器远程管理;
③ 通过瘦客户端和桌面虚拟化技术实现工作客户端远程管理。

## 6 案例实践的现状

### 6.1 主机房环境设备的智能管理

#### 6.1.1 主机房空调智能管理

主机房若长时间停电,空调不工作,设备长时间高温运行会造成服务器硬件烧毁、存储数据丢失等严重后果。目前,我馆已通过采用"空调来电自启器"(图 1)和"停电电话报警器"(图 2)设备,实现了停电时智能主动电话通知机房管理员,管理员及时关注主机房设备动态后采取措施,主机房空调在来电后实现自动启动等功能。

#### 6.1.2 UPS 不间断电源智能管理

UPS 不间断电源设备在主机房停电后会自动供电,停电后机器会通过 UPS 专用网卡自动发送警告 E-mail 给机房管理员。管理员通过手机 APP 可以远程实时查看 UPS 状态、后备时间及温度,一旦发现设备温度过热,立即通过手机 APP 实现远程关机,确保设备、数据资源的安全。

图 1　空调来电自启器　　　　　图 2　停电电话报警器

### 6.1.3　主机房视频监控智能管理

主机房安装了高清网络智能摄像机,始终在线联网录像,一旦有人进入主机房或者设备报警灯亮起或者主机房停电,监控设备就会通过主机房网络路由器主动向机房管理员手机报警。管理员通过手机智能家居 APP,可以远程实时查看设备运行状态,判断故障原因,通过这个系统可以实时监控机房内设备状态;另外主机房还安装了充电式感应 LED 灯,一旦停电则该灯自动启动,机房管理员可通过网络智能摄像机判断设备故障原因,并及时作出应对(图 3～图 6)。

图 3　网络智能摄像机　　　　　图 4　网络智能摄像机工作状态

图 5　智能家居 APP　　　　　　　　图 6　停电感应 LED 灯

## 6.2　主机房服务器的远程智能管理

近年来我馆引入 VMWare 服务器虚拟化技术,建立了 Avamar 数据容灾备份系统,原来的单机服务器系统大都迁移到虚拟服务器上,数据容灾备份系统每天自动备份服务器系统盘数据。虚拟服务器均安装远程监控软件,通过手机 APP 随时随地监管虚拟服务器,若虚拟服务器出现故障,可以很方便地使用手机 APP 远程重启虚拟服务器。如重启不能解决问题,则可以通过数据容灾备份系统重新部署服务器快照,恢复起来十分快捷。另外,如果是物理机或网络交换机、路由器出现问题,可以通过智能家居的智能开关设备 APP(图 7、图 8)手机远程重启服务器、交换机、路由器等硬件设备,重置设备参数,恢复正常工作。

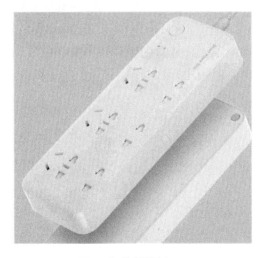

图 7　智能插线板　　　　　　　　图 8　智能开关 APP

## 6.3 工作客户端远程智能管理

我馆所有阅览室借还书工作的客户端，均采用瘦客户端及 VMWare 桌面虚拟化方案（图9、图10），工作客户端的桌面系统集中存放于主机房的虚拟化服务器中，通过千兆冗余网络进行传输。在此基础上，可实现一旦某一台客户端软件出现问题，便能通过手机 APP 重启对应的虚拟机进行恢复，还可以通过桌面虚拟化平台网页，重新部署桌面，恢复十分快捷。另外由于硬件上采用了瘦客户端，可在客户端硬件出现故障时，当班工作人员能够方便地用备用的瘦客户端进行替换，以恢复正常的借还工作。

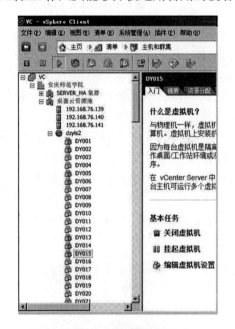
图9　VMWare 桌面虚拟化平台

图10　瘦客户端

## 7 案例创新点

### 7.1 主机房设备管理模式的创新

主机房设备实现智能化主动"报警"，通过手机 APP 可以及时处理故障，实现了主机房 24 小时无人值守；通过服务器虚拟化及数据容灾技术的引入，使得快捷远程修复成为可能，大大提高主机房设备智能化管理水平。

## 7.2 自动化终端管理模式的创新

通过桌面虚拟化技术及云终端的引入,全馆自动化终端的软件故障只需通过手机 APP 远程重启虚拟桌面来解决,硬件故障只需更换备用云终端即可解决,大大提高了终端维护的工作效率。

# 8 与读者、资源和服务的相关度

## 8.1 建立了服务师生的良好口碑

为读者提供 24 小时数字资源网络服务,同时有力保障读者所用图书馆终端设备的正常运行,大大提高了图书馆智能化服务水平,赢得了全校师生的一致好评。

## 8.2 保障了图书馆数字资源的安全

虚拟化技术及容灾备份技术的实施,最大限度上保证了图书馆数字资源及各软件系统的安全性,若数字资源服务器出现故障,可以使用手机 APP 远程重启或一键还原最近虚拟机备份,有力保障了数字资源服务的完整性、连贯性、一致性。

## 8.3 提高了图书馆智能化设备管理的工作效率

移动远程监控克服了图书馆机房空间范围的局限,使机房管理人员实现了"在家管理",故障响应时间大大缩短,实现了"即时管理"。一旦智能化设备出现故障,就会自动"报警",报警系统将及时通知机房管理员启动解决机制,同时有效避免了突发情况导致的软硬件资源损失。

# 9 活动启示

本案例在近十年来我馆自动化设备管理经验的积累基础上进行了初步小结,希望在此与大家一起分享,也为我们今后工作指出了方向——应多方学习开阔眼界,多动脑筋引入先进技术,解决我馆实际工作中的问题,切实提高图书馆智能化管理水平。

# 安徽大学图书馆"阅读经典"系列活动网站建设

张蓓蕾　杨栎　陈乐雪
（安徽大学图书馆）

## 1　"阅读经典"系列活动网站建设背景

安徽大学图书馆"阅读经典"系列活动是图书馆联合教务处、校团委等部门面向全校师生开展的，旨在激发师生读书热情，促进学校素质教育，打造书香校园的文化活动。活动的主题是：读书·博学·成长，活动从每年 4 月 23 日开始至年底结束。这项活动以专家讲坛为主，辅以文典沙龙、作品征集、阅读推荐、图书漂流等不断创新的阅读推广活动相配合。该活动目前已连续开展了五年。五年来围绕"阅读经典"这个主题，我馆开展了形式多样、内容丰富的系列活动，深受广大师生喜爱，在我校校园文化活动中形成了独特的文化魅力，仅专家讲坛就举办了 100 场。

为使"阅读经典"系列活动持久保持生命力，各种活动资料能够得到有效保存并以图文形式全方位呈现，吸引更多的师生走进图书馆，加入到活动中来，我们创建了"阅读经典"系列活动专题网站。该网站在图书馆与师生之间营造了共同分享的环境，使图书馆的"阅读经典"系列活动得到了广泛而持久的宣传，是形成图书馆独特文化品牌，提升图书馆品牌服务的一种有效手段。

## 2　"阅读经典"系列活动网站概况

"阅读经典"系列活动网站是在我馆活动与发展部的积极倡导下，联合数字化与系统部共同开发完成的。网站于 2015 年 9 月开始着手创建，于 2016 年 3 月正式面向师生开放。网站设置了访问权限，只有在校园网内才能访问（图1）。

在设计网站板块时，我们紧紧围绕全方位、多层次这个主导思想，力争全面展示丰富多彩的"阅读经典"系列活动。该网站目前设有五大板块，分别是"最新动态""精品课件""精彩课件回顾""获奖作品欣赏""阅读推荐"。

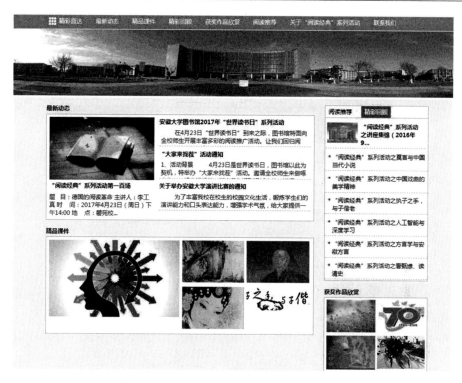

图1 "阅读经典"系列活动专题网站

## 2.1 最新动态

"最新动态"是以通告形式在第一时间发布我馆举办的"阅读经典"的系列活动(图2)。

图2 "最新动态"内容

## 2.2 精品课件

"精品课件"是专家讲坛内容的精华(图3、图4)。

图3 "精品课件"内容

图4 部分精品课件

基于永久保存和广泛传播的需要,我们在获得主讲嘉宾授权前提下,把讲坛的精品课件及时上传,形成专栏,供校内读者学习参考。这在一定程度上弥补了课堂授课的不足,扩展了读者的视野,丰富了读者的知识面;也弥补了因各种原因没能亲临现场的读者的遗憾,使读者能随时随地学习、温习讲坛内容。为此,我们还特地与主讲嘉宾签署了《安徽大学图书馆"阅读经典"系列活动著作权授权书》(图5),用于完整保存每场阅读经典活动的音频、视频和课件资源,避免今后因网站发布产生著作权纠纷。

**安徽大学图书馆"阅读经典"系列活动著作权授权书**

一、讲座题名:

　　授权人(甲方):

　　授权使用单位(乙方):安徽大学图书馆

二、授权内容:

| | | |
|---|---|---|
| 1、 | 安徽大学图书馆对本讲座文字内容进行整理、复制、出版、发行。 | □同意<br>□不同意 |
| 2、 | 安徽大学图书馆将本讲座课件在校园网上发布。 | □同意<br>□不同意 |
| 3、 | 安徽大学图书馆对本讲座视频、音频资料进行整理、剪辑并在校园网上发布。 | □同意<br>□不同意 |

三、授权说明:

　　甲方授权乙方从事上述授权内容范围内合理使用,不得用于商业行为用途。

四、本授权书一式两份,甲方和乙方各执一份。

　　甲方(签字):　　　　　　乙方(盖章):

　　　　　　　　　　　　　　年　月　日

图5 著作权授权书

## 2.3 精彩回顾

"精彩回顾"是"阅读经典"系列活动所举办的专家、学者讲坛与各种活动的集锦(图6～图8),是将讲坛及活动的简介、现场图片等,制作成PPT,并转化成合适的格式在网页上播放,以达到深层次宣传和推广的目的。

图 6 "精彩回顾"部分内容(一)

图 7 "精彩回顾"部分内容(二)

图8 "精彩回顾"之其他阅读推广活动

## 2.4 阅读推荐

"阅读推荐"会向读者推荐一些获得全国性奖项的图书,如获中国图书奖、国家图书奖、中华优秀出版物奖、中国出版政府奖、"五个一"工程奖等的图书(图9)。

## 2.5 获奖作品欣赏

"获奖作品欣赏"集中展示"阅读经典"系列活动举办的摄影大赛、创意大赛、三行诗大赛及征文比赛等各项活动的获奖作品(图10~图12)。

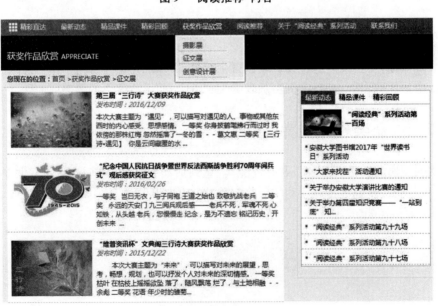

图 9 "阅读推荐"内容

图 10 "获奖作品欣赏"的内容

图 11  部分参赛作品

图 12  部分摄影获奖作品

## 3 网站建设的创新点

① 以专题网站的形式宣传"阅读经典"系列活动,开展阅读推广,具有一定的示范性和创新性。

② 专题网站在网页布局、板块内容上精心设计,全面展示了"阅读经典"系列活动的过程、图片、文字、讲坛课件等相关内容,不受时间、空间限制,积累、保存和共享了"阅读经典"系列活动的成果,受益面更广。

③ 网站的建设促进了"阅读经典"系列活动的连续性和持久性的发展。在认真积累经验的同时,为后续"阅读经典"系列活动的开展提供了借鉴和改进,也为同行们开展此类活动提供了启示。

④ "阅读经典"系列活动已经进入了第五年,这一活动不仅吸引了大量读者走进图书馆,也展现了校园文化的底蕴和内涵,形成了安徽大学图书馆独特的阅读推广文化品牌。"阅读经典"网站的建设,既保存了"阅读经典"系列活动的成果,也起到了宣传"阅读经典"系列活动的作用,同时成就了图书馆"阅读经典"系列活动这个独特的校园文化品牌。

## 4 今后设想

① 以网站建设为契机,长期坚持,沉淀优质内容,注重形式的多元化与新颖性,让网站成为图书馆文化建设的重要名片。

② 不断完善网站内容建设,适时调整、增加新的板块。

③ 继续利用网站的宣传,扩大图书馆"阅读经典"系列活动的影响力,发挥品牌效应,让读者爱上图书馆,爱上"阅读经典"。

以上图片均来自"阅读经典"网站截屏。网站运行到现在已一年有余,我们仍在不断地改进和完善。随着我馆"阅读经典"系列活动的持续开展,网站内容将不断地丰富,相信在我们的努力下,网站的发展会有更加美好的未来。

# 安徽建筑大学图书馆馆藏纸质图书数字化服务案例

徐华洋　王燕　黄静
（安徽建筑大学图书馆）

## 1 服务创新案例实施背景、意义、目的和基本思路

### 1.1 背景

2008年为迎接教育部本科教学工作水平评估，我们（安徽建筑大学图书馆）对馆藏徽派建筑、建筑节能、智能建筑等专题图书进行了收集整理，建设了《徽派建筑数字图书馆》等专题数据库，并听取教育部评估专家意见，对纸质图书进行了数字化处理。

2011年，为配合学校更名，彰显本校馆藏特色和学科文献资源保障成果，我们对土木建筑等馆藏特色学科文献进行了系统整理，我们通过数字化建设来加强对特色学科文献资源的开发利用。

随着学校土木工程、建筑学、给水排水、无机非金属材料等专业评估与专业认证以及即将进行的本科教学工作审核性评估，我们强化图书馆的学科文献服务，在对馆藏纸质文献按学科重新布局的基础上，对主要纸质图书进行了数字化处理。

针对建筑设计类图书价格偏高、复本较少，造成馆藏纸质图书阶段性短缺和考试类、习题类等高利用率图书供不应求等现状，我们通过数字化建设来缓解这一图书供需矛盾。

近年来，教育部统筹推进"双一流"建设，《普通高校图书馆规程》进一步明确了图书馆的人才培养与学科服务功能，通过纸质图书数字化建设，有利于图书资源的开发利用，进一步强化图书馆与高等教育的深度融合。

正是在图书馆外部环境的影响与资源服务的内在驱动下，我馆馆藏图书数字化项目于2011年启动，并于2012年正式实施。

### 1.2 目的和意义

任何图书馆在长期的馆藏建设过程中，必然聚集了大量具有较高价值的纸质图

书,纸质图书数字化建设,有利于图书的长期保存。在数字化环境下,有利于开展文献提供服务,实现在线全文阅读、下载、复制等服务,提高图书的利用效率。同时也有利于对图书内容的深度标引与整合利用,通过平台交互,嵌入教学,助力科研。总之,通过纸质图书的数字化转型、网络化传播,将静态的图书转变为流动的知识,更好的发掘纸质图书的内在价值,发挥图书的最大效用。

### 1.3 基本思路

#### 1.3.1 准备阶段(2011年)

整理馆藏书目信息,进行批量查重;划定选书范围,确定数字化类型(数据格式转换或数字化加工);制定分年度实施计划及年度经费预算。

#### 1.3.2 实施阶段

制定数字化质量、扫描技术、元数据著录、数据管理等技术标准,实行招标采购,完成纸质图书数字化加工或元数据的数据格式转换。自2012~2017年起分三期实施,到2017年使图书馆藏初步实行纸电同步。

#### 1.3.3 应用服务

总体思路:由文献服务向知识服务转变,共分三个阶段:
**1. PC端服务(2012~2015年)**
通过PC端应用服务平台,实现图书全文浏览、下载、复制等服务。
**2. 移动服务(2016~2017年)**
通过移动图书馆、官方微博、微信等社交网媒开展移动阅读以及馆藏数字图书推介、专题图书推介及信息服务等服务。
**3. 知识服务(中期规划2017年~)**
通过对图书内容的二次标引等内容揭示,完成知识聚合,完善数字图书服务平台的功能,使之融入教学科研。

## 2 服务创新案例实践的现状、创新点和活动启示

### 2.1 实施现状

本项目自2011年启动,第一阶段的主要任务是提取本馆馆藏纸质图书书目信息,

并对本馆的 150 万种左右的电子图书(访问＋镜像)进行批量查重;按年代、主题、学科等划定选书范围,并按目录进行筛选;由超星公司对本馆图书进行查重,确定数字化类型(数据格式转换或数字化加工);确定分年度实施计划及年度经费预算。

2012~2017 年实施阶段,共分三期,主要任务是制定数字化质量标准、扫描技术、元数据著录、数据管理等技术标准,实行招标采购,完成纸质图书数字化加工或元数据的数据格式转换(表 1)。到 2015 为止,总投入经费 60 余万元,完成徽派建筑、建筑节能、智能建筑、国学等专题,土木建筑、艺术、交通工程、英语等学科 4 万余种纸质图书的数字化。目前正在对数、理、化、计算机类近 2 万种图书进行数据格式转换。2017 年对机械、给水排水、建筑材料、环境工程等学科图书进行数据化加工,并对新购纸质图书中具有保存价值和高利用率的品种实行纸电同步。

表 1

| | 年度 | 经费(万元) | 类目 | 种数 |
|---|---|---|---|---|
| 准备阶段 | 2011 | | | |
| 一期 | 2012 | 6 | 徽派建筑专题 | 2 000 |
| | 2013 | 6 | 建筑节能、智能建筑等专题 | 2 000 |
| | 2014 | 32 | 土木建筑、艺术、交通工程 | 32 000 |
| 二期 | 2015 | 10 | 英语、国学 | 8 000 |
| | 2016 | 10 | 数理化、计算机 | 18 000 |
| | 2017 | 20 | 其他学科 | 30 000 |
| 三期 | 2018 | | 开发利用 | |

在应用服务方面,本项目采取边建设边服务的方式,逐步实现从 PC 端应用服务到移动服务、从文献提供服务到知识服务的转变。

已完成的应用服务项目有:

"徽派建筑数字图书馆""建筑节能数据库""智能建筑数字库"等专题数据库平台;本馆馆藏数字化服务平台;本馆 OPAC 书目检索系统(纸电合一);读秀学术搜索平台等。

目前正在实施的应用服务项目:学校官方微信图书馆服务平台、微信图书馆服务平台、移动图书馆服务平台(格式转换与资源整合)、24 小时数字图书自助借阅系统等。

拟开展的应用服务有:

完善专题数据库建设;开展建筑设计图文库、教参资源库、学习库等教学资源库建设;与 MOOC 等网络教学平台无缝对接;与机构知识库、学校科研项目平台等无缝对接;与行业性、区域性共建共享平台对接。

主要服务功能有:

全文阅读:通过各类应用服务平台,进行图书的书名、著者等主题检索,进行在线全文阅读。拟增加章节导航、内容标注、书签、在线交流等功能。

下载与文献传递：既可以对整本图书进行全文下载，可以下载部分章节。拟通过邮件、社交工具、文献传递平台等，完成文献推送与传递服务。

复制：对选定的文字、图解等内容进行复制、修改、编辑、保存。

虽然纸质图书的利用率呈逐年下降的趋势，但通过纸质图书数字化服务转型后，本馆馆藏图书的利用量（纸质图书外借量加数字化图书下载量）反而呈逐年上升趋势，达到甚至超过以往年度的生均纸质图书借阅量（因统计系统不完善，故为不完全统计）。

2012~2013年，完成徽派建筑等专题图书的数字化，通过本馆特色数据库服务平台开始提供文献提供服务（图1~图3）。

图1　安徽建筑大学图书馆特色数据库1：徽派建筑数字图书馆

图2　安徽建筑大学图书馆特色数据库2：智能建筑数据库

**图3 安徽建筑大学图书馆特色数据库3:建筑节能数据库**

2014~2016年,完成土木建筑、艺术、交通工程等学科图书的数字化,通过本馆馆藏数字化服务平台、本馆OPAC书目检索系统、读秀学术搜索平台等服务平台实现图书全文浏览、下载、复制等(图4~图7)。

**图4 安徽建筑大学图书馆馆藏数字化服务平台**

图5 安徽建筑大学图书馆馆藏数字化服务平台图书

图6 安徽建筑大学图书馆读秀学术搜索平台

图7 安徽建筑大学图书馆读秀学术搜索平台:中国民居建筑

2016～2017年我馆通过本馆移动图书馆服务平台、学校官方微博、微信及本馆微信服务平台等社交网媒开展移动阅读,也可通过数字图书自助借阅系统进行图书下载、阅读。我馆开展馆藏数字图书推介、专题图书推介及信息服务等(图8～图14)。

图8 安徽建筑大学图书馆移动图书馆(一)　　图9 安徽建筑大学图书馆移动图书馆(二)

图10　安徽建筑大学官方微博

图11　安徽建筑大学图书馆官方微信(一)　　图12　安徽建筑大学图书馆官方微信(二)

图 13　安徽建筑大学图书馆电子书借阅机(一)　　图 14　安徽建筑大学图书馆电子书借阅机(二)

中期规划(2017年之后)通过对馆藏数字图书元数据的二次标引,构建数字图书知识服务平台。通过本知识服务系统,对图书内容进行内在聚合,形成众多的学科包、课程资源包和专题知识库等。将图书按主题或学科内容嵌入学校已有的 MOOC 等在线学习平台,融入课程教学,通过各类应用软件和平台提供知识服务(图15)。

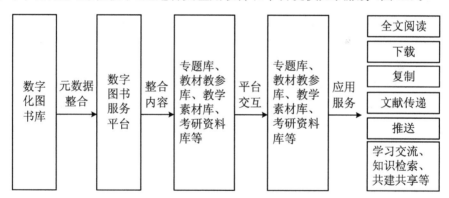

图 15　馆藏图书数字化中期服务框架

## 2.2　创新点

① 实现图书资源长期保存,缓解新书品种和复本间的矛盾,做到"保品种,减复本",也将改善馆藏复本不足与馆藏空间拥挤的情况。

② 在专业学科结构上充实了电子书的整体馆藏,展示了特色资源,通过与本馆已购数字图书整合,为学校人才培养、学科建设、科学研究提供了坚实的文献资源保障。

③ 有利于图书资源的有效获取。馆藏纸质与数字化的数字图书一一对应,读者可通过书目数据检索发现每本图书的馆藏状态(纸质馆藏地和配套电子版),不仅提高了馆藏纸质图书的利用率,极大地减少了拒借率,也顺应了校园智慧图书馆的建设。

④ 以知识单元为对象,通过知识重组,有利于图书资源的开发利用。

⑤ 有利于图书资源的共建共享。

通过馆藏纸质图书数字化及其应用服务,利用资源整合与平台交互,可以更便捷有效地获取文献资源;通过嵌入式服务,将文献资源与课程教学、科研过程深度融合,形成读者、资源、服务三位一体的服务形态,最大限度地发挥资源的效用。

## 2.3 活动启示

网络与数字环境改变了读者的阅读方式,也导致日趋丰富的馆藏纸质图书的利用率呈现出逐年下降的趋势,但这并不意味着纸质图书的利用价值就此削弱。通过对馆藏纸质图书的数字化,馆藏图书的利用量总体呈上升趋势,超过以往单一纸质图书的借阅量,相当一部分"死书"得以复活,价值得以重现。本项目建设得到的有益的启示如下:

① 纸质图书数字化,有利于对核心馆藏的长期保存。

② 在移动互联网环境下,有利于将读者、资源、服务统合成三位一体,可以提高图书资源利用效率。

③ 网络(在线)教育环境,有利于优质教育教学资源与教学过程的融合。

④ 数字环境有利于对图书内容进行深度揭示,可通过多平台交互,更好地助力科研。

⑤ 要合理规划,制定科学的技术参数,选择优质的技术供应商;纸质图书与数字图书的同平台检索、多平台揭示,有利于检索与阅读;可强化对图书的内容揭示,并对已购馆藏数字图书进行整合使用;可有限开展区域共享。

# 读者教育系统
## ——一种提升读者教育质量的有效路径

杨素红　王申红　郑雪林

（阜阳师范学院图书馆）

## 1　服务创新案例实施的背景

### 1.1　实施背景

#### 1.1.1　信息的爆炸式增长

大数据时代，信息量不断增加并呈几何级别增长趋势，在混沌的信息空间中，人们非常容易迷失在信息的海洋中，特别是对于刚刚摆脱枯燥无味的高中生活，步入大学校门的新生们来说，面对浩如烟海的信息海洋他们更是无所适从，迫切需要增强信息意识、提高信息素养。

#### 1.1.2　新媒体的普及

新媒体又称数字化媒体，是利用数字技术和网络技术等渠道和手机、电脑等终端设备向用户提供信息服务的新媒体形式。新媒体的普及对于当代大学新生来说既是机遇也是挑战，特别是"90后"的大学生们无时无刻不在利用网络来学习、娱乐和生活。智能手机、平板电脑等移动设备的出现，使大学生对互联网更加依赖，同时也使他们更容易在大学生涯中迷失自我，碌碌无为。在这种情况下，传统的入馆教育模式显然不符合大学生的心理和行为特征，需要根据"90后"大学新生的信息需求特点，同时结合信息、网络及多媒体技术构建入馆教育的新模式。

#### 1.1.3　馆员的重复劳动

传统的入馆教育方式主要是由馆员们给读者介绍图书馆的基本概况、图书馆的资源和服务以及利用方法，教育模式有发放读者入馆手册、参观讲解以及开设新生咨询台等。每年的重复劳动，对馆员们来说是一份很耗费精力的工作。

#### 1.1.4 传统入馆教育效果不理想

传统的馆员讲解式的入馆教育方式存在缺乏直观性和生动性；发放的读者入馆手册文字量太大，缺乏趣味性，不能够吸引读者深入阅读和学习；开放的新生咨询台多为临时性的，新生们无法完整地获得对图书馆的系统性的认识和了解的缺点，导致教育效果不佳。

### 1.2 意义和目的

读者教育系统作为一种新型的入馆教育系统，支持文字、图片、音频、视频等多种形式的学习资源上传与下载，具有不受时空限制、使学习更加系统全面、方便图书馆的组织和管理等优点。具体而言，读者教育系统的使用，不仅能将馆员从繁杂重复的入馆培训中解脱出来，更重要的是迎合了"90后"大学新生信息需求的心理和行为特征，是能切实提高入馆教育效果，使读者尽快熟悉图书馆，并尽早地利用图书馆，进而达到激发阅读和学习的主动性和积极性、培养信息获取意识、增强信息获取能力、提高读者信息素养和阅读素养的目的。

### 1.3 基本思路

#### 1.3.1 引进安装读者教育系统，制作学习资料，并上传至读者教育系统

图书馆成功引进南京昂克艾思迈读者教育系统，进行了远程安装和试运行。图书馆的读者教育团队精心准备了形式多样、内容丰富的学习资料，上传至读者教育系统。

#### 1.3.2 根据读者类型和教育内容设计题库、编辑试卷

考虑到新生对图书馆基本知识、资源和服务以及利用方法了解程度的不同，读者教育团队精心设计了试题库。

#### 1.3.3 开通系统，接受读者学习和在线测试

2016年9月11日，图书馆于新生入学报到前两日开通了入馆教育系统，为新生读者提供在线学习、下载服务、咨询以及在线测试服务。

#### 1.3.4 开展资源与服务后继教育

读者教育系统提供有最新动态、读者培训、专题活动等功能，读者教育团队会在系统内适时发布相关的资源和服务动态，为读者提供后期继续教育服务。

## 2 服务创新案例简介

读者教育系统包括新生入馆教育和后续的继续教育两个部分,主要有两个功能模块:管理员模块和读者模块。管理员模块主要有新生入馆教育、资料管理、新闻管理和读者培训;读者模块主要有在线学习或下载资料、在线测试、预约讲座、咨询和专题活动。

### 2.1 实践现状

#### 2.1.1 前期系统安装和资料准备

2016年6月份,读者教育系统远程安装并成功试运行,图书馆读者教育团队技术组将其与图书馆汇文管理系统成功对接。读者教育团队资料组根据教育内容精心设计和制作了精美的课件(在线预览版和下载版)、制作并修订了读者入馆教育手册、设计了精美的宣传彩页、修订了FAQ、拍摄图书馆内实景图、组织老师和学生演员录制了图书借阅视频和电子阅览上机视频。视频以学生为主角,以师生互动的情景表演模式展现,并对需要注意的环节配以文字说明,直观醒目。

#### 2.1.2 根据读者类型和教育内容精心设计题库、编辑试卷

根据图书馆基本概况、资源和服务、自助设备使用、图书馆文明几个方面精心设计试题库,考察点比较全面、内容丰富、难易结合、应用性好。入馆测试采用闭卷模式,考试时间为100分钟,考试次数不限;题型以单选题为主,共140道试题,读者测试时,系统会从系统中随机抽取25道试题,每道题分值为4分,共计100分,考试成绩为60分则视为通过(图1~图3)。

(1)读者教育团队撰写新生入馆测试指南,在图书馆网页、学校网页发布,并利用QQ群、微信、电子邮件、宣传海报、宣传彩页在新生中间广为宣传,指导生的入馆测试。

(2)首先管理员将新生名单导入图书馆读者管理系统,并将借阅权限批量设置为"停借"状态;同时将相关的学习资料上传至读者教育系统。

(3)读者教育系统对读者开放,读者在登录页面输入学号进行身份验证,登录系统在线学习、下载资料或进入在线测试系统答题。系统从题库中随机抽取25道试题自助组卷,读者测试完成提交试卷后系统进行自助阅卷并公布考试成绩。通过测试后系统实时自动开通权限,未通过则可在系统设定的时间内反复测试。新生入馆测试流程如图4所示。

（4）后期继续教育方面，实时发布读者培训、讲座信息及读者专题活动，接受在线咨询，并关联相关资料供读者学习。

图 1  题库编辑功能

试卷名称 *
考试模式一旦保存就不可以进行编辑！
考试模式 * 闭卷普通模式 闭卷闯关模式 闭卷模拟模式
试卷描述
字体
字号
path:
字数统计
考试对象* 全选 文科生 理科生 讲师 助教 副教授
工人 教授 干部 读者协会 国培教师
研究生 校外读者 应届毕业生 毕业离校 本科生
系统管理 未审核
试卷标志 * 启用 容易 新生考试卷
学习时间 0 分钟
权值 0
试卷有效期 * ~
试卷参数* 最多考试次数：0 次（0，代表无次数限制） 考试时间：0 分钟 考试后：
0 分钟，可以交卷
考试结果形式 * 仅显示成绩 显示成绩 + 错题 显示成绩 + 错题 + 答案
显示成绩+所有题目+答案
试卷参数* 总分：100 分 合格线：60 分
题库分类* 本馆概况
书刊借还
移动图书馆
校园卡管理
规章制度
书目检索
我的图书馆
电子阅览
题目数填写示例：总数目|容易数目|中等数目|难题数目 如：20|10|6|4
单选题 25|25|0|0 现有题目数：139|139|0|0 分值 4
多选题 0|0|0|0 现有题目数：0|0|0|0 分值 0

**图 2　试卷编辑功能**

**图 3 编辑后的试卷结构**

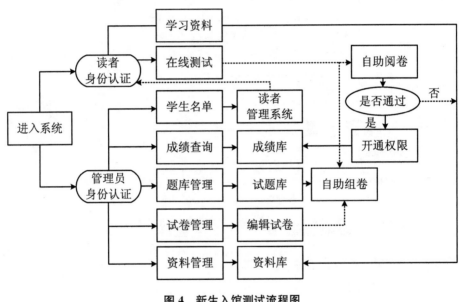

**图 4 新生入馆测试流程图**

## 2.2 项目的创新点以及与读者、资源和服务的相关度

### 2.2.1 实行入馆教育考试准入制度

读者教育系统的使用保证了教育的效果，为读者利用图书馆夯实了基础。读者通过自助学习入馆教育相关内容，培养了信息意识，增强了信息获取能力，同时也大大提高了资源与服务在新生中宣传与推广的效率。

### 2.2.2 提供一站式开通服务

读者不受时间限制，在校园 IP 范围内可以全天候登录系统学习下载资料和参加测试,通过测试后,系统实时自动开通图书借阅权限,自主性强、灵活度高。通过这一服务,广大新生能尽早利用图书馆的资源和服务,提高了新生读者的入馆率。

### 2.2.3 建立读者教育长效机制

读者教育系统中的培训讲座、专题活动等会适时发布相关信息,读者可以随时登录系统查看培训讲座消息,为读者提供了一个长期反复学习的场所和后继教育的基地。

## 3 实 施 效 果

### 3.1 减少了借阅等待时间

在传统的入馆教育模式下,从新生入学到校园卡激活,至少有一个月的时间段不能借阅图书;在读者教育系统投入使用后,读者可以随时接受培训,随时进行测试,只要通过测试系统可即时开通图书借阅权限,读者可以随时借阅图书,大大减少了新生的借阅等待时间。

### 3.2 参与度明显提高

以院系为单位进行统计,截至 2016 年 10 月 31 日,本校的 16 个院系全部参加了入馆教育,与前 4 年的对比情况如表 1 所示;以学生为单位进行统计,2016 年共招收本科新生 5 784 人,参加入馆测试人数达 5 768 人,占新生总人数的 99.72%,通过人数为 5 767 人,通过率为 99.98%,如表 2 所示。

表 1 近 5 年各院系参加入馆教育情况(以院系为单位的统计)

| 年 份 | 2012 | 2013 | 2014 | 2015 | 2016 |
| --- | --- | --- | --- | --- | --- |
| 参加院系(个) | 12 | 11 | 13 | 14 | 16 |
| 参与率 | 75% | 68.75% | 81.25% | 87.5% | 100% |

表 2 2016 年入馆测试情况统计表(以学生人数为单位的统计)

| 总 人 数 | 考试人数 | 未考试人数 | 参与率 |
| --- | --- | --- | --- |
| 5 784 | 5 768 | 16 | 99.72% |
| 考试人数 | 通过人数 | 未通过人数 | 通过率 |
| 5 768 | 5 767 | 1 | 99.98% |

## 4 经验启示

读者教育系统的使用取得了良好的效果,同时也给图书馆的资源推广和读者服务工作提供了一些启示。

### 4.1 入学前在家完成入馆教育

入馆教育通知随入学通知书寄达,学生可以利用录取后至入学前的空闲期完成学习及测试,开学报到后便可开通权限,这样新生便可以尽早利用图书馆的资源,享受图书馆的服务。

### 4.2 开展与时俱进、多样化的资源推广和服务方式

根据现代大学生的心理行为特点及信息需求特征,切实从读者角度出发设计资源推广和服务方式,如通过微信实时推送资源和服务、实施游戏闯关测试项目等,提高图书馆服务的水平和效率,真正发挥图书馆"第二课堂"和良师益友的作用。

### 4.3 丰富入馆教育的学习资料

设计趣味性强、知识面广,迎合现代大学生需求的入馆教育学习资料,如编写故事性强、漫画形式的读者手册,制作图书馆宣传视频,自助设备使用视频、图书馆文明视频以及图书馆资源与服务 DV 剧等创新型学习资料。

# 合肥幼儿师范高等专科学校图书馆管理模式创新实践

陈云光　方雅琴

（合肥幼儿师范高等专科学校图书馆）

合肥幼儿师范高等专科学校（以下简称"合肥幼专"）始建于 1980 年,前身为合肥幼儿师范学校,1992 年获省教育厅批准成为"安徽省幼儿师资培训中心",2011 年获教育部批准升格,成为安徽省第一所独立设置的幼儿师专,学校位于合肥市磨店高教基地,占地 426 亩,已建成建筑面积 15.5 万平方米,现有在校生 5000 余人。

2015 年学校以优秀成绩通过教育部人才培养工作评估以及安徽省首批高等职业院校人才培养工作个性评估,成功立项建设"安徽省地方技能型高水平大学",2016 年学校获批"国家优质高等职业专科院校"建设单位,被教育部誉为"为基础教育培养合格师资方向明确、成绩显著"的师范学校。

2010 年,在国家大力重视学前教育的背景下,合肥幼儿师范高等专科学校经历了从中等专科学校向高等专科学校的升格,全体幼专人迈向了一个新的台阶,肩负了更大的发展压力,学校图书馆也从一个仅 200 多平方米的图书室迁入一个有 4 层馆舍,面积 16 000 多平方米的现代化图书馆。现代信息技术的发展和移动及社交网络融入生活,给图书馆工作带来了巨大的挑战。高水平大学的建设,特色化办学的要求,使幼专图书馆亟待提升内涵,与真正高水平大学的精神相契合。鉴于此,在学校领导创新思维的指引下,合肥幼专图书馆开创了国内高校图书馆全流程服务外包的先河,取得了令人满意的成效。

## 1　管理模式创新背景

### 1.1　政策支持

政府购买公共服务是指将原来由政府直接提供的、为社会公众服务的事项交给有资质的社会组织或市场机构来完成,并根据社会组织或市场机构提供的服务数量和质量,按照一定标准进行评估后支付服务费用,即"政府承担、定向委托、合同管理、评估兑现",是一种新型的政府提供公共服务的方式。随着服务型政府建设的加快和公共财政体系的不断健全,政府购买公共服务将成为政府提供公共服务的重要方式。

2013年5月13日,李克强总理在国务院电视电话会议上,强调"政府该管的事必须管住管好,创新行政管理方式,提高政府治理能力",指出"凡适合市场、社会组织承担的,(政府)都可以通过委托、承包、采购等方式交给市场和社会组织承担,政府办事不养人、不养机构。形成公共服务发展新机制,对企业、老百姓和政府,都是'惠而不费'的好事"。这可以看成是对公共服务领域计划经济、政府包办的体制的反思,且提出了多元发展新机制的构想。对于学校来说,短时间内可用"惠而不费"的方式满足新图书馆的开放,何不尝试着将专业的事情交给专业的人做?

## 1.2 现状概况

2014年6月,合肥幼专图书馆落成交付使用。作为升格不久后新建成的图书馆,存在着不少管理困难:一是学校原来为中专学校,原来的图书馆实际上仅是一个图书室。新馆建成后使用面积达16 000多平方米,其内部功能区如何划分、环境如何设计、采购什么样的设备、原图书室如何搬迁等工作非常急迫,但学校却缺乏相关经验;同时也缺乏足够的工作人员,按照普通高校图书馆常规,像合肥幼专这样藏书40多万册,读者5 000多人的高职院校图书馆,一般需要30名左右的工作人员才能保障基本运行,但是学校当时只有4名兼职工作人员。因现行事业单位人员聘用制度的限制,按照有关部门要求,学校短时间内不能大量招聘行政人员,在这种情况下,学校想建设有特色的、高质量的图书馆必须在管理上另谋出路。于是学校决定借鉴服务外包的思路,采取政府购买专业服务的管理体制。

# 2 管理模式创新实践

经历了层层专家论证,长时间的市场考察,系统严谨的数据评估之后,学校上报了图书馆服务外包的需求,得到了市财政的大力支持和合理的预算分配。招标是落实图书馆外包的必要程序,学校聘请业内专家将招标说明书设计完善,进行广泛的公告,消除信息发布和获知的不公平环节,为各类投标人提供了公平的竞标机会,保证整个程序的公开、公正和公平,确保让优质的承包者竞标成功。同时,招标书经过了充分的科学论证,各项指标符合客观实际,相关指标在合同中尽量细化并具有可操作性,以便在项目执行过程中进行监督检查。最终,2014年9月,经过招标,决定由安徽儒林图书馆服务咨询管理有限公司来管理运营新图书馆。同时,学校组织校内外专家组成监管团队,定期考核,形成"学校投入,企业运营,多方监管"的新方式。

学校同公司签订了《委托运营管理合同》。合同明确：合肥幼专拥有图书馆及其设备、图书信息资源的所有权、署名权和管理考核、监督权，负责设备、图书资源的采购、投入，并每年支付180万人民币管理费用。儒林公司取得图书馆全流程外包运营管理权，负责图书馆内部功能和环境的规划设计、图书编目上架、搬迁、人员配备、日常运行和特色馆藏资源建设。由于是国内第一家整体外包的高校图书馆，没有可供借鉴的经验，学校在签订合同时明确：合同原则上签订的是三年服务期，但是合同一年一签，有问题随时可以停止合作。按照《委托运营管理合同》的具体运作规范及目标要求，儒林公司组织的管理队伍从2014年9月初进入合肥幼专新建的图书馆，有条不紊地开展了搬迁、交接、人员配备与岗位培训工作，相继完成了各功能室的开放服务、开展了促读活动等方面的工作。经过预备期、试运行、正式开馆运行等阶段的不断调整，使得原本仅有借阅功能的图书馆，在特色馆藏建设、文化环境建设、对外交流、规章制度完善、特色网站建设、日常开放等方面，都呈现出前所未有的新局面和良好的发展态势，从而使合肥幼专图书馆成为首个成功实现外包运作的高校图书馆。

经历了前期的适应与磨合，合肥幼专图书馆很快走上了正轨，在各个方面迅速发展起来，中标公司不辱使命，对新图书馆进行了合理的图书馆空间划分、功能定位和环境构建，在此基础上，不仅高效率完成原图书室搬迁和新馆投入使用，而且引进了先进的自助借还设备，应广大师生要求，延长图书馆开放时间，每天各功能室完全开放时间长达11小时。在这两年时间里，图书馆纸质资源达到42万余册，电子图书50多万册，自购数据库8个，特色资源建设也已初具规模。活泼的企业管理理念打破了传统高校严肃的管理方式，丰富多彩的阅读活动拉近了学生和图书馆之间的距离，深层次的校企合作更促进了2015年我校图书档案管理专科专业申办的成功。该专业于2016年9月开始正式招生，首批学生56人，学生各项素质颇高，得到学校各方面好评。在接下来的专业教育方面，期待更深更广的校企合作。

合肥幼专图书馆目前的主要功能布局包括多个主题借阅室、3D视听室、校史馆、电子阅览室等等。目前所有主题借阅室都已使用自助借还设备，深受学生们欢迎，流通人次由之前的年均3万多达到2015年的12.2万，截至2016年已达15.5万，这样的流通人次使学校十分满意。图书馆的3D试听室会定期由学生团队为大家播放主题影片。图书馆2016年新引进电子书工坊，鼓励学生自己制作属于自己的电子书，打造属于每个人的真人图书馆。在信息化建设方面，图书馆网页现已搭建好，三个特色库项目正在执行中。在读者活动方面，企业管理的新模式更是为组织活动注入了崭新的力量，多角度、全方位的新生入馆培训，使新生们一进校园，就对图书馆产生了浓厚的兴趣。名师进校园讲座系列深受学校各部门欢迎，外包企业充分发挥其社会资源，将各行各业专家请进校园，同时通过举办书展、各类读书写作比赛并充分通过新媒体推广，建设学习氛围浓郁的书香校园。外包企业也十分重视馆员培训，不仅对专业理论与操作技能两手并抓，也重视校外交流，积极学习其他高校图书馆先进的办馆理念和技术。

幼专图书馆创新的管理模式也得到了政府领导、业内专家和兄弟院校的一致好评,安徽省政府、合肥市政府各级领导多次来我馆检查指导工作,韩国顺天乡大学、海南省图书馆界领导、湖北省图书馆界领导、山东省威海文广新局、山东青岛幼儿师范、湖南幼儿师范、江西宜春学院、安徽职业技术学院、皖西职业技术学院等等图书馆界领导同仁均给予过幼专图书馆大量指导和帮助。2014年、2015年年底,幼专图书馆连续两年组织合肥相关高校图书馆馆长座谈会,商讨图书馆发展事宜。

## 3 管理模式创新成效

经过三年的运行,合肥幼专图书馆的服务外包管理模式呈现出很多优势,主要体现在以下几点。

### 3.1 降低了人员管理负担

按照常规管理,像合肥幼专图书馆这样规模的图书馆一般需要 30 名左右的工作人员,而实施服务外包以后,仅用了 20 人左右就实现了全方位服务:有 5 个书库和期刊阅览区,实现了"借、阅、藏一体化",每天开放时间达 11 小时。电子阅览室、多媒体视听室和学术报告厅等其他功能室能充分满足读者需求,日常设备系统维护及人员管理有序进行。按高校图书馆的通行管理模式,建图书馆需要一批事业编制的人员和政府拨款,机构设置的困难、编制的紧张、人才的匮乏,都使得上述目标难以实现。而外包服务则可使学校不用面对此类问题,特别是降低了图书馆运营成本,能缓解政府对图书馆的财政支出压力。外包管理成本与效能的性价比具有鲜明的优势,更重要的是学校养事不养人,减少了聘用人员,减轻了人员管理的负担,可以把有限的编制用到学校专业建设和教学工作中。

### 3.2 提高了管理效益

和传统的高校图书馆自行管理模式相比,外包服务模式不仅淡化乃至避免了行政层级、部门关系、人员纷杂、新旧矛盾等因素的制约或干扰,而且在岗位确定、人员聘用、管理职责、绩效考核等方面,都显示出企业运作独特的优越性。这一模式减少了学校用人的繁琐的申报招考程序,解决了学校想要的人进不来,不想要的人出不去,干多干少、干好干坏一个样的管理困境,大大提高了图书馆的管理效益。

## 3.3 提高了智能化服务水平

儒林公司本着以人为本的服务理念,依托自身的科技资源优势,在借、还设备以及安全设备的购置中为学校建议引进、运用了最新的高技术设备,比如合肥幼专图书馆在省内高职院校图书馆中,是较早引入 RFID 自助借还设备的,这极大方便了读者借还图书及进行借阅数据分析。儒林公司借助高新技术、智能化服务,大大提高了学校图书馆的技术装备水平。

## 3.4 拓宽了文化视野

在学校与公司的密切合作下,合肥幼专图书馆的运行在较短的时段内就已经有效地展现出高校文化与企业文化融会互补所形成的扬长避短的崭新局面,从而彰显出外包服务模式的明显优势。这种优势,首先彰显在它在运行状态中,如开馆仅两月,日常运行管理制度就已全部建立;开馆两年来文化环境建设已经初具成效;颇具创意的关于外包服务的联合科研项目已经成功申报立项;校企深度合作开办的全省第一个专科层次图书档案管理专业已经招生,并积极加入合肥市图书馆联盟享受馆际互借、向社会开放等等。其次,从深层说,这种优势更蕴含在管理的理念和思路中,如高校与企业的不同文化交汇,形成高效率而有品位的管理新理念;企业管理模式与高校运行范式结合,形成低成本而可持续发展的管理新方法;软、硬实力建设并重,开创了文化产业与教育事业和谐共进的新局面;弘扬传统校园文化精华的同时,注重与先进企业管理理念接轨,开创教育发展理念和企业建设理念的新思维等等。

## 3.5 加强了特色馆藏建设

特色馆藏建设循序渐进,大有可为。目前合肥幼专图书馆馆藏资源体系结构科学完整,儿童教育和艺术教育相关图书内容体系完整,尤其是中国历代传统蒙学图书藏量丰富,符合幼儿师专的办学定位和特点,可充分满足学生专业学习需求。此外馆藏有 5 万余册国内外儿童绘本,在国内高校图书馆中应位居前列。

# 4 结　　语

正如俗话所说"万事开头难",高校图书馆服务外包在国内尚属于"新生事物",合肥幼专图书馆的运行与管理,目前仍有诸多不足,双方的合作也有待进一步磨合。但短短两年时间,幼专图书馆已接待 16 批次省内外单位参观学习,足以表明外包服务这一崭新的管理模式具有巨大的发展潜能,预示着合肥幼专图书馆未来将有更快、更高的发展。

# RFID 智能管理系统在高校图书馆的应用研究
## ——以安徽水利水电职业技术学院图书馆为例

琚文文　房敏　张利娟

（安徽水利水电职业技术学院图书馆）

图书馆不仅是广大师生日常学习的场所，更是一个熏陶心灵、与人交流的场所。高校图书馆的特点决定其要充分利用现代科技的最新成果，成为拥有高科技、高效率、高品位、高质量的图书馆。

安徽水利水电职业技术学院历年来都非常重视图书馆馆舍和配套硬件设备的更新，更重视图书馆信息化技术应用。随着学院学生人数的不断增加，图书馆工作人员较少的问题凸显出来。为提高图书馆的工作效率，降低人力成本，缓和读者越来越多与馆员较少的矛盾，我们积极引进了 RFID 智能化管理技术，以提高员工的工作效率，增加图书馆盘点、分类、书库管理能力，方便用户自助借还，提高读者满意度。

## 1 建设背景

安徽水利水电职业技术学院图书馆新馆于 2015 年 3 月正式投入使用，馆舍面积约 3 万平方米，布局新颖，功能完备，设施先进。新图书馆拥有多种智能化、数字化服务手段，拥有独立的网络中心，全楼覆盖无线 WIFI，为来访者提供数字文献信息服务。目前，新馆现有开放书库、期刊阅览室、综合资料室等，每天自 8:00 至 22:00 面向读者开放，每周开放时间达 90 小时，在馆工作人员仅有 13 人。在使用 RFID 技术之前，每借还一本图书，都需要馆员进行读取校园卡、图书条码扫描等重复操作，耗费了大量工时，同时也影响了读者的借阅速度。我馆于 2014 年 10 月起闭馆，着手进行新馆迁入工作，前后历经半年时间。利用图书打包、搬迁的过程，将在馆图书全部植入了 RFID 芯片，进行了图书条码的标签信息写入工作，并对新馆书库书架位号进行规划和架位号写入等。

自我馆使用 RFID 技术以来，读者可以自助进行图书借还操作，不仅加快了图书借还处理速度，也将馆员从重复繁琐的借还工作中解脱出来，从而能够有时间、有精力更好地开展工作。使图书馆工作转型为以读者为中心的服务工作，开始向智能图书馆迈出坚实的一步。

## 2　实现功能

我馆 RFID 项目实现了智能馆藏管理并建立了分布式的自助借还书网络。RFID 智能管理系统包含智能安全监测系统、读者自助借阅系统、馆员工作站、24 小时自助还书系统、盘点系统、标签转换系统等子系统。这一系统的各设备间既能紧密联系，又能独立使用，具体实现功能如下：

### 2.1　自助图书借还站

自助图书借还站向读者提供借阅、归还、续借、借阅查询和密码修改等功能。读者只需将校园一卡通放入读者证件扫描区域，将图书放入蓝色的框内，系统就会自动检测到读者信息和图书信息。系统发出伴随有语音的文字提示，引导读者进行借阅。在触摸屏位置配有摄像头，可对每位借阅成功的读者进行拍照记录，这可有效解决读者使用非本人校园一卡通借阅图书或读者置疑借阅记录等问题（图1）。

图1　自助图书借还站

## 2.2 馆员工作站

馆员工作站是馆员集中处理日常事务的设备,其中集成了 RFID 读写器、一卡通读卡器等设备,可实现对 RFID 图书芯片进行图书信息写入、借还状态修改等工作,还可进行借还图书、信息查询、自助设备流通数据统计等工作(图 2)。我馆在馆员工作站设备上还安装了妙思文献管理系统,同时对接了新中新一卡通读卡器,这样可实现两个系统的同时运行,方便馆员操作。

图 2　馆员工作站

## 2.3 标签转换台

标签转换台是对粘贴有 RFID 芯片的图书进行信息写入的设备(图 3)。这项工作需要连接电脑 USB 接口,配合使用标签转换软件,将粘有芯片的图书放置在平台上,利用手持式扫描枪,读取图书条形码,将信息写入芯片。我馆通常在新书编目加工、进馆藏后,按图书批次逐一写入芯片信息,使用的 RFID 芯片为超高频芯片,对图书粘贴部位要求为书籍的最后 20 页左右。

图 3　标签转换台

## 2.4　RFID 安全门

RFID 安全门是对贴有 RFID 芯片的图书进行安全识别的系统,主要是对书库门禁入口处进行监控,用于流通部门对流通资料进行安全控制。书库安全门摄像头接入图书馆视频监控设备,对书库进行视频监控,若有未经借阅带出书库的图书,安全门监控会自动抓拍即时照片,同时报警提示,以达到防盗的目的,保证图书安全。本馆使用的监控设备是海康威视频监控系统,监控视频保存半年。

图 4　RFID 安全门

## 2.5 24小时还书系统

24小时还书系统提供全天24小时的自助还书服务(图5)。读者只需要将图书放入还书口,系统自动扫描归还的图书,获取、显示相关信息,连接图书馆管理系统,记录读者归还信息,并将图书传送至还书车中,即可完成图书归还操作。另外,系统还拥有纠错、溢满报警等人性化的功能。在使用本馆的24小时还书机归还图书时,需要将书脊向下放入,设备设定一次只可归还一本图书,以防止错误操作。

图5　24小时还书系统

## 2.6 推车式盘点车

推车式盘点车可实现顺架、上架、定位、盘点等功能(图6)。根据我馆后期的规划,预计可实现盘点车导航上架、顺架等。运用地标芯片和盘点车的联动来实现在使用盘点车进行上架、顺架等操作时,只需正常扫描书籍便可用盘点车程序显示所扫描书籍应在的书架位置并同时规划最优路径,让馆员使用盘点车更加方便,也提升了工作效率。

图 6 推车式盘点车

## 3 实施效果

随着 RFID 的投入使用,逐步形成了藏、借、阅、检"四合一"的现代化高校图书馆格局,不仅简化了图书借还手续,减轻了流通劳动强度,而且降低了劳动成本,提高了工作效率。师生们纷纷表示:走进图书馆,一下子感觉"高大上"了,越来越喜欢"宅"在图书馆了。

为了全面了解我院图书馆资源利用和读者满意度的情况,以期进一步提升图书馆的服务与管理水平,在"书香校园"读书月活动期间,我馆特别组织了关于图书馆满意度的问卷调查。调查问卷结合学校图书馆的实际情况,提出了相应的问题,力求全面反映图书馆服务的各个方面。问题内容包括读者利用图书馆的情况、读者满意度测试等部分。

本次调查以我院广大学生读者为调查取样对象,采取随机发放问卷的方式,并当场回收。共发放问卷 1 000 份,回收有效问卷 850 份,调查时间为 2016 年 5 月 16~20 日。通过对问卷中相关问题的分析得出以下数据:80%的读者会通过自助检索机查询图书信息,95%读者愿意通过自助模式进行图书借阅与归还,82%读者认为自助模式简化了图书借还流程,78%读者认为自助模式保护了个人隐私,84%读者认为自助还书机的设置很有必要(图 7)。

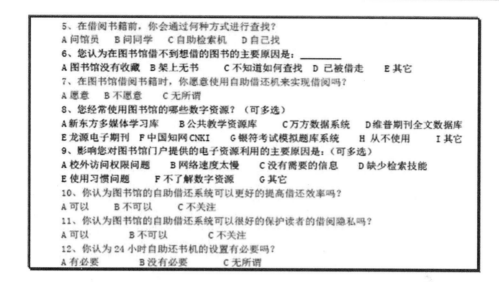

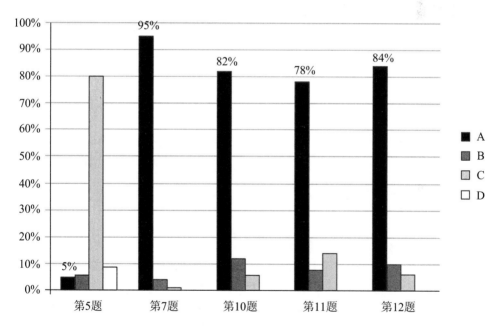

**图 7　图书馆读者满意度调查**

这一调查结果无疑是对 RFID 智能管理系统在我馆成功应用的有力肯定,此外我们还可以从以下两个方面来对 RFID 智能管理系统在我馆的实施效果进行分析。

## 3.1　管理服务

从管理者角度来看:RFID 智能管理系统的应用,从整体上提升了图书馆的管理水平。借助 RFID 设备,促进了流通业务整合,提高了图书借阅率,从整体上缩短了图书馆流通周期,在不增加人员的情况下,延长了图书馆服务时间,提升了图书馆人性化服务水平。

从读者角度来看:自助借还系统简化了读者的借还手续,减少了排队等待时间,培养了读者的动手能力和信息素养,同时还保护了读者的隐私,为读者创造出一个轻松愉悦的借阅环境,有利于融洽读者和工作人员之间的关系。

## 3.2 行业交流

自新馆建成运行以来,我们组织召开了全省高职高专院校图书馆智能化建设现场研讨会,先后接待了安徽大学、亳州学院、安徽警官职业学院等多所高校来访参观、考察和交流。各高校来宾参观了我馆的整体布局与馆藏、电子阅览室、学术报告厅等场所,并对我馆"图书自助借还系统""24 小时自动还书系统"等先进设备进行了观摩和考察。我馆的智能化建设有效推进高校图书馆的发展,实现了服务模式的改革与转型,为高校图书馆智能化建设起到了一定的引领、示范作用。

# 4 创 新 点

RFID 技术的应用是构建智慧型图书馆的基石,RFID 智能管理系统在我馆的成功应用,为图书馆的各项工作提供了便利,其创新点主要有以下几个方面。

## 4.1 优化服务环境

我馆自引入 RFID 智能管理系统以来,对馆藏环境进行了重新打造,结合新馆布局,实现图书馆从"书的空间"到"人的空间"的功能转换,实现了"藏、借、阅、检"一体化的管理技术。

采用以读者为主体的服务模式,图书馆将整体景观、室内设计、技术设备等融为一体,营造了宽敞舒适的个性化阅读空间,为师生营造良好的学习环境。

从空间视觉效果来看,智能化管理系统的使用,让图书馆整体构造更加简明。从实际效果来看,实现了图书馆服务的个性化和智能化(图 8)。

图 8　馆藏布局优化

## 4.2　提高工作效率

RFID 智能管理系统成功应用后，实现了图书的自助借还功能，使图书馆借还工作更加方便快捷。将近三年来图书流通量数据作对比（图 9），可见自 2015 年新馆建成，RFID 智能管理系统开放使用以来，图书的借还量有了巨大的提升，同时也提升了馆藏盘点效率和准确性，大幅降低了排架工作量；解决了错架、乱架问题，让读者能快速、准确地找到所需的文献；改善了流通部门的安全性能和防盗性能。

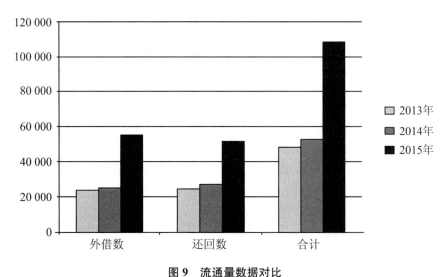

图 9　流通量数据对比

## 4.3 实现服务模式转型

在现代信息技术的推动下,图书馆传统的管理体系和服务方式也在发生巨大的变革,正在向电子化、数字化、虚拟化方向迈进。我们必须解放思想,积极接受和利用现代信息技术,不断提高业务工作质量和工作水平,更好地为读者服务。

现代图书馆需要做到图书自动盘点、图书自助借还、图书区域定位、图书自动分拣,以适应当前的发展需求。利用计算机及网络技术的应用,将 RFID 无线射频识别技术和计算机技术紧密结合,许多重复性的工作可交由计算机来处理和控制。

通过这一转型将馆员从重复的劳动中解脱出来,可提升馆员专业素养,从而进行更深层次的读者服务工作。根据不同类型的用户需求,采取不同的形式,将图书馆的丰富资源以及检索技能主动推送给读者。

# 5 体会与启示

我馆的 RFID 系统运行一年以来,提升了总体服务水平,将馆员从传统流通业务中解放了出来,有更多的精力投入到开展学科服务与咨询服务中,可为读者提供更优质的服务,使读者入馆率、流通率显著提高。按照我馆后期规划,将在图书馆手机 APP 中加入图书导航功能,读者只需打开手机端的软件,便可以显示自己的实时位置,输入想要借阅的书籍,软件将告知此书所在的书库和详细位置并规划路径,让读者借阅更加方便、快捷。另外,我馆微信公众服务平台也进入测试阶段,读者只需扫描二维码,即可获取最新的馆藏信息,显示定制的主题和有关这个主题的图书在书库中的位置;结合远程访问系统,方便读者校外使用图书馆电子资源。通过这些举措逐步形成图书馆资源服务一体化、时效化,扩大读者使用范围,以便更有效率地做好服务工作。

目前我馆对 RFID 技术的应用还处在起步阶段,已经基本实现图书自助借还功能,但在新媒体服务方面还有许多课题尚待开展。我馆 RFID 管理也将不断完善和提升,以先进的文献服务理念和馆藏管理模式为先导,结合高职类院校图书馆自身实际,找到一条适合自身的发展道路,随着对 RFID 技术应用的不断深入,逐步迈进智慧图书馆的大门。

# "心影相随,共赏经典"悦读活动

王丽珍　王文娟　张正莲
(安徽师范大学图书馆)

## 1　前　　言

随着全民阅读被多次写入政府工作报告,鼓励阅读、宣传推广阅读已成为大学图书馆的一项重要职能。为满足当代大学生的需求、丰富校园文化生活,营造积极向上、健康文明的校园文化氛围,打造一种新的阅读空间,探索一种新的阅读方式,安徽师范大学图书馆于2015年9月开办了"心影相随,共赏经典"悦读活动,为读者播放国内外经典影片,推荐与电影主题相关的各种纸质、电子、多媒体资源。

## 2　案例背景

"心影相随,共赏经典"悦读活动,是在响应国家政策,顺应时代需求,充分调研读者阅读需求和兴趣喜好的基础上,依靠安徽师范大学敬文图书馆现有条件和资源,策划并开展的一项阅读推广活动。

### 2.1　全民阅读的时代号召

在政府工作报告中,全民阅读连续四年被提及,从2014年的倡导全民阅读,到2015年的建设书香社会,2016年的构建书香社会,再到2017年的大力推动全民阅读,政府对于全民阅读的重视程度不断提高,并对阅读条件的创设提出了更多、更高的要求。

### 2.2　大学生群体的阅读需求

在活动方案确立前,安徽师范大学图书馆多次召集读者代表,开展座谈会,倾听读者心声,了解读者需求。通过座谈会,我们了解到传统的纸质阅读已经不再是读者的唯一选择,许多读者更倾向于电子阅读、影视阅读等多样化的方式。尤其是许多优秀影视剧作品的热播,常常会引发读者对原著以及相关题材作品的阅读兴趣,希望了解相关知识(图1～图3)。

图1

图2

图 3

## 2.3 馆藏资源的价值深化

安徽师范大学图书馆拥有丰富的磁带、光盘等馆藏资源,但由于传统的管理模式等诸多原因,这些资源未得到很好的利用。那么,如何进一步挖掘这些资源的音影价值,如何更好地提高其利用率,如何为读者提供深层次、多样化的服务,成为我们创新工作方式的努力方向(图4、图5)。

图 4

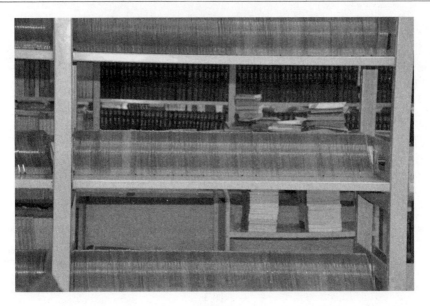

图 5

## 2.4 馆舍空间的合理再造

当前国内外图书馆发展、转型新趋势在于空间服务,敬文图书馆结合适用性、互动性,将会议室升级打造成多功能立体阅读区域,为"心影相随,共赏经典"悦读活动提供了优质的活动场地和观影空间(图6~图8)。

图 6

图 7

图 8

## 3 案例实施

活动实施开展的过程中,为了让活动更加精准地体现主题思想,图书馆进行了精心的筹备工作。

### 3.1 组建团队

学校方面由专门的科室——公共事业部负责,学生方面由学生志愿服务团队——读者协会协助开展。另外,从 2017 年 3 月起,我馆还与文学院戏剧影视文学专业合作,组建了一支由该专业部分老师和学生组成的志愿服务团队,进一步提升服务质量(图 9、图 10)。

图 9

**图 10**

## 3.2 精心策划

活动之初,图书馆在全校范围内走访、调研,举办学生座谈会的基础上,广泛征集不同专题荐"读"的电影,同时,召开部门协调会,探讨观影悦读活动的宣传、策划、开展等事宜。经多次讨论和研究,最终确定活动于 2015 年下半年启动,采取以定期预告、定期举办的方式开展,有"爱国教育""励志追梦""感悟人生""传统文化""青春记忆"五个专题,同时设计制作活动 LOGO、海报、PPT 背景等,力争将该活动做得更专业、更细致(图 11、图 12)。

**图 11**

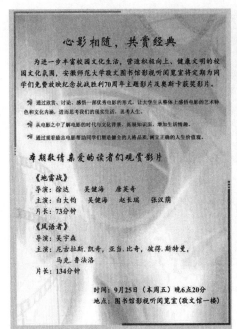 

图 12

## 3.3 组织实施

在做好前期策划与挑选影片的基础上,我们通过 Myouth、海报、QQ 群、蓝天 BBS、微博、微信等方式加大宣传力度,营造浓厚的阅读文化氛围,吸引更多的学生积极参与到活动之中。为确保播放的影片质量上乘、主题正确,公共事业部的老师对学生所推荐的电影进行严格把关与筛选,经常改易片源,根据播放专题,现已举办 22 期、23 场。在爱国教育专题,我们播放了《地雷战》《开国大典》《我的长征》等影片;在励志追梦专题,我们播放了《贫民窟的百万富翁》《阿甘正传》《美丽心灵》等;同时也播放了《为奴十二年》《鸟人》《入殓师》等感悟人生专题和《霸王别姬》《傲慢与偏见》《百鸟朝凤》等传统文化专题。2016 年下半年,该活动进行改版,在播放影片的基础上,增加了专家学者导读、观影互动和影视作品沙龙交流活动,开展时间由每 3 周放映一次改为每 2 周放映一次。以电影展播为初始点,向读者推出主题推荐、电影荐"读"等活动,营造多方位、立体化阅读环境,深化阅读。

## 4 案例成效

活动开展至今,取得了可喜的成效。

### 4.1 在活动与读者方面

其一,搭建沟通平台。这一活动通过全新的阅读空间和视听欣赏的阅读模式,与读者零距离接触与互动,进一步了解读者需求和读者心声,并通过专家的导读、点评与荐书,拉动了阅读,畅通了读者与专家、与图书馆的沟通渠道。

其二,提升阅读体验。悦读活动较之传统课堂教学,具有灵活性、针对性、时代性,更能激发学习兴趣,可使读者自主、自发、自觉地感悟著作的艺术特色和文化内涵,研习与电影相关的系列知识。

其三,拓展阅读群体。悦读活动不仅吸引了学生读者的参与,还吸引到众多社会读者、退休教师以及青年教师带着自己的子女前来观影,悦读群体从学生到教师,从校内到校外不断拓展。其四,增强动手能力。这一活动为读者提供了良好的学习氛围和开拓创新的机会,引导并激发其创作潜能,增强了动手能力,使他们积极撰写一些简单剧本,拍摄相关微视频。

### 4.2 在活动与资源方面

其一,挖掘整合资源。活动将纸质资源、有声资源和视频资源加以整合利用,挖掘出资源的多重价值,并使其价值最大化。

其二,有效推介资源。在活动中,与电影相关的纸本藏书、期刊、磁带、光盘、相关数据库等资源得到有效推介。

其三,提高资源利用率。活动使专家荐读书目借阅量呈明显上升趋势,尤其是相关经典书目的借阅量直线上升,提高了资源的利用率。

### 4.3 在活动与服务方面

其一,增强创新服务意识。通过活动,馆员创新服务意识增强,服务的水平与层次逐步提高。

其二,推动服务类型转变。随着信息技术不断发展,读者服务部门不再只是图书借还,正在向全面支持学生学习、交流的支持中心转型。

其三，拓展空间服务范围。活动使阅览空间不再局限于传统的大开间阅览室，正在向多元化、全方位的新型阅览室转变。

### 4.4 在活动与影响方面

活动受到各大媒体和我校师生的广泛关注与好评，成为我馆进行爱国主义教育和宣传推广阅读的又一个校园文化建设精品活动。

## 5 案例创新点

### 5.1 以读者为中心

以读者为中心，从影响读者的阅读因素入手，多维度激发读者的阅读兴趣，培养其良好的阅读行为和习惯。

### 5.2 将教育融入观影当中

邀请专家学者和影视界名人与广大读者共同分享和交流并将传统文化和爱国主义教育融入观影，使教育的效果更加明显。

### 5.3 营造立体化阅读

以电影展播为出发点，在向读者推出主题推荐、电影荐"读"等活动的同时也营造了多方位、立体化的阅读环境，从而达到深化阅读的目的。

## 6 案例启示

### 6.1 一种常态化工作

悦读活动作为推广阅读的一项重要活动，应该由相对固定的专业团队进行策划、实施与评估，以期将活动持续推进。

## 6.2 一种全新模式

悦读活动是转换阅读理念、方式、空间的一次尝试,是一种全新的推广阅读的模式。

## 6.3 服务协同深化

活动实施过程中,每个部门都发挥各自优势,推出不同的特色服务,实现了图书馆纵向管理和横向协同服务的全新模式的建立。

阅读推广是一项长期性工作,需要日积月累,对读者产生潜移默化的影响,让阅读习惯深入人心。"心影相随,共赏经典"悦读活动作为安徽师范大学图书馆阅读推广的一项重要活动,将不断创新服务手段,以"立德树人"为根本目的,持续推进活动开展,力争成为安徽师范大学图书馆的又一重要文化活动精品。

# 书香漂流书库
## ——创新服务新途径

黄兴燕　许馨　陶立明
（淮南师范学院图书馆）

## 1 前　言

图书漂流始于 20 世纪 60 年代的欧洲，指书籍在素不相识的人之间传递阅览的过程。书友将自己不再阅读的书贴上特定的标签，投放到公共场所，提供给拾获者阅读，读完后再以相同的方式将书投放到公共环境中去，让下一位书友阅览。

我院书香漂流书库是图书馆与读者间共建共享书库，图书来源于社会人士赠予、本校师生捐赠、出版社新书推广交流及毕业生散落在校园内的教材、参考资料、学习笔记等；本库图书流通无人监督、随意取阅、循环漂流、无需借阅证、无需押金、无阅读期限，提倡读者自主取还、自愿登记；本库图书放漂对象为本馆有效读者，图书放漂形式分为定期和不定期两种，接受捐赠后，第一时间放漂。

书香漂流书库的建立，集中了校内闲置图书资源，有效提高了资源的利用率，在发挥文化传承、提供文化服务方面起到了积极作用；共建共享的管理模式促进了大学生自尊自爱、恪守诚信品格的养成，塑造了高尚的人格；自由开放的服务方式增加了读者的数量，扩大了图书流通的范围，提升了我院全民阅读示范基地的影响力，增进同学之间的友爱与信任，有利于高校转型期大学生综合素质的培养。

## 2 现　象

现象一：每天图书馆自习室到点关门，总会有学生落下的一些图书资料，尤其到了学期末，遗留的图书就更多，这些图书被图书馆管理员清理后放在图书馆固定的一个角落，久而久之，便无人问津了。

现象二：每当到了毕业季，毕业生会将一些图书资料捐赠给图书馆，图书馆将这些捐赠的图书存放在图书馆固定的地方。图 1 所示是我馆之前存放这些图书的一角。

**图1 图书馆各角落里积存的图书**

思考：我馆回收的图书中的一些对某些读者而言还是有用的，为何我们不循环利用这些图书资源，做到真正的物尽其用呢？阮冈纳赞说"书是为了用的，每本书有其读者"，基于这样的思考，我们积极构思，要让图书馆的资源真正做到"图书资料循环利用、流通阅览开放自由、阅读推广创新浪漫、服务读者走向社会。"我们利用图书馆积存的图书创建书香漂流书库，建库的宗旨是"绿色、分享、友爱、诚信、传承。"

## 3 筹备阶段

为了成立书香漂流书，库我们以文件形式下发通知，从制度上给予支持和保障。漂流书库的筹建工作，也得到了校领导和馆领导的高度重视与支持，这使书库的筹备工作更加顺利（图2、图3）。

**图2 为漂流书库的成立下发的一系列文件**

王正明副院长　　　杨正清副书记　　　陶立明馆长　　　曹德斌副馆长

图 3　领导高度重视

书库布置、漂书整理上架等工作，都是由学生来完成的。我们还为每一本漂书制作了精美标签，让漂友们留言交流(图 4)。

图 4　图书漂流标签

# 4　亮　　点

漂流书库由图书馆监管，读者协会、图书馆读者志愿者、勤工俭学学生以及漂友们负责日常管理。这种管理方式不仅使同学们参与到图书馆的日常管理与运作中，增强了学生对图书馆的体验感，同时也改变了同学们对图书馆只有借还书功能等陈旧的认识(图 5)。

图 5 学生整理漂书，布置书库

## 5 成立阶段

2015年9月28日，书香漂流书库首漂仪式在图书馆隆重举行，这标志着书香漂流书库正式成立。校党委副书记杨正清、副院长王正明参加了首漂仪式，并为漂流书库揭牌(图6)。书香漂流书库成立暨首漂仪式与我校首个校庆同日，在举校同庆的欢乐的日子里，我们成功的推出了漂流书库(图7)！

图 6 校党委副书记杨正清、副院长王正明为书香漂流书库揭牌

图 7　首漂日剪影

## 6　发展阶段

为了保障漂流书库有充足的漂书供给上架,让书香漂流书库能够生机蓬勃的发展,我们开动脑筋,积极组织学生、校友及社会人士捐赠。每到毕业季,都会有同学们给书库提供大量的捐书。在接收捐书的同时,我们会给捐赠者颁发一个精美的捐赠证书留作纪念(图 8)。

图 8　捐赠证书

学校领导、教师、校友听闻我们成立了书库,积极地给书库捐书,并在书库签名或留下寄语(图 9、图 10)。

图 9　捐书——学生个人

图 10　捐书——领导、教师、校友

丁名海老师作为个人大量捐书的代表,我们为其举办了隆重的捐书仪式。他将其个人藏书 600 余册捐赠给漂流书库,这不仅丰富了书库的漂书资源,更以实际行动倡导了良好的校园文化风尚。丁老师书法造诣深厚,在捐书仪式现场泼墨挥毫,为漂流书库题字(图 11)。

图 11　捐书——退休教师

除了个人捐书,还有经济与管理学院、外国语学院都组织学生集体给漂流书库捐书(图 12)。

经济与管理学院

外国语学院

图 12　捐书——学院集体

我们还有一部分漂书来源于社会企业的捐赠。安徽万品图书经营有限公司向我馆友情捐赠了 3000 余册精美图书(图 13)。这也是我馆书香漂流书库目前收到的最大一批社会企业捐赠图书,这有力支撑了漂流书库的运作。

图 13　捐书——社会企业

2016 年 9 月 28 日,书香漂流书库迎来了一周岁生日！一年来,在校领导、馆领导的关怀下,在全校师生及社会各界人士的支持下,漂流书库顺利成长。书库自建成后,进行了 7 次大规模放漂活动,漂书 10 000 余册,受益人数 5 000 余人,漂友们纷纷在漂书上留下自己的足迹。这些照片是书库在日常管理中留下来的,漂友们有序地挑选适合自己的漂书,自觉登记,根据数据统计,有 80% 的漂书最终会回归到书架。图 14 所示的是漂友们的登记册和留言照片。漂书可以随意取阅,没有借阅期限,自愿进行简单登记,这充分体现了对漂友的信任与尊重。

**图 14　漂友自愿登记、留言**

支撑书香漂流书库发展的重要举措,是以书库为主题开展形式多样的宣传活动。例如,向全校师生有奖征集书库装饰方案,通过专家评选出最具创意、最实用的装饰方案(图 15)。从设计、购买材料、装饰等都由学生负责,图 16 所示为学生正在装饰书库中。

**图 15　漂流书库征集装饰方案活动**

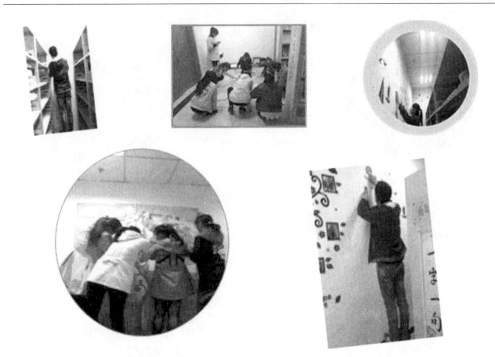

**图 16 学生装饰漂流书库**

图 17 所示是装饰完成焕然一新的漂流书库,别样的装饰风格,吸引了更多的读者加入到漂书的行列中。

**图 17 装饰后的漂流书库**

我们还开展了征集漂流书库印章活动,图 18 为征集的部分印章。

征集书库装饰设计方案、书库印章设计方案等活动,包括隆重且影响广泛的成立仪式,都是我们在宣传书库方面的创新,这让读者时刻感觉到漂流书库是一个充满生机的"活书库"。

图 18　漂流书库征集活动—印章

书香漂流书库从成立到发展已经接近两年的时间,我们希望、也在积极努力地使漂书帮助到更多有阅读需要的人。每次收到捐书,我们都会精心挑选出适合中、小学生阅读的书目,依托于学校"扶贫支教走进炎刘模式"的平台,让我们的书漂到中、小学,帮助孩子们阅读,也使图书馆在丰富、创新精准扶贫炎刘模式中做出贡献(图19)。我们相信:只要是漂书漂过的地方,总会留下浓浓的书香。

图 19　走出校园,服务社区

## 7 总　　结

历经两年的发展,书香漂流书库的规模越做越大,参与漂书的人数越来越多,影响力越来越强,引起社会广泛关注。书香漂流书库充分体现了对读者的尊重、友爱与信任。走出校园服务社区,给予那些需要帮助的读书人,更是一项暖心的工作。依托于我校大学生读书活动月品牌活动,两年来我们对书库做出贡献的突出个人和集体进行了表彰并颁发证书(图20),这是一种鼓励,更是一种认可,我们也相信书香漂流书库会越做越好。

图20　一周年表彰

# 亳州学院图书馆助推亳文化"三进"

江毅　孙长智　张文禄　邹晓峰
（亳州学院图书馆）

## 1　案例实施的背景与意义

在国家的文化强国战略的大背景下，如何充分发挥高校文化服务地方的功能，是每一所地方院校所应思考和必须付诸行动的重点问题。亳州是一个有着悠久历史文化传统和深厚文化积淀的地区，如何深入挖掘亳州地方文化，并将其注入当前亳州经济社会发展的大潮中，为亳州地方建设提供动力支撑，提供精神内核，是年轻的亳州学院要思考的重点问题。经过多方调研，亳州学院（原亳州师专）决定成立"亳文化研究中心"，由其负责对亳州历史文化进行整理研究。但势单力薄的亳文化研究中心无法完成对浩瀚的资料的整理工作，研究之路困难重重。随后，学校又提出亳文化进校园、进教材、进课堂的"三进"活动，以期加快亳文化服务地方经济建设的步伐。

面对困境中的亳文化研究，年轻的亳州学院图书馆主动请缨，利用自身拥有的丰富的文献资源和广泛的文献资源线索源，承担了"三进"活动平台搭建任务，并与亳州学院亳文化研究中心、教育系、中文系、美术系相关老师组成"三进"活动小组，领导实施亳文化"三进"。

亳文化"三进"活动平台搭建的成功与否，直接决定着学校"三进"活动的方案能否落实到位。在认清了这个任务的重要性后，图书馆众员工群策群力，积极开展工作，成立了以图书馆馆长为组长的领导小组，在积极进行文献资料建设的同时，率领相关老师走出校园进行实地调研，请专家学者进校开展讲座，全力推进"三进"。

## 2　创新案例的思路

在承担了学校"三进"活动的领导任务后，图书馆积极开展工作，在馆内成立了以馆长为组长的领导小组，从亳文化研究中心、中文系、美术系、体育系等系部抽调了部分专业老师为成员，组建了"三进"活动领导小组。在组织人员进行前期调研的基础上,决定从以下五个方面开展工作:一是通过"亳文化大讲堂"营造"三进"氛围;二是邀请亳州非遗传人走进校园,丰富"三进"内容;三是加强文献资源建设,夯实"三进"基础;四是建立亳文化馆,奠定"三进"实践教学基础;五是在前四项工作的基础上,尝试走出校园,探索服务地方的经验,为今后进一步为地方经济建设服务积累经验。

## 3 创新案例的实施现状

该计划自 2012 年提出后,到 2016 年已经有 4 年时间。在这 4 年中,我们按既定的方案有步骤地推进计划,重点从氛围营造、内容创新、文献建设、实习基地建设和服务社会五个方面展开工作。由于计划周密,落实到位,该案例在实施的过程中取得了丰硕的成果。

### 3.1 举办"亳文化大讲堂",营造"三进"氛围

打造书香校园是我校长期坚持的一项工作,因其多样的形式、丰富的内容,吸引了全校师生的广泛参与。我们充分重视这一活动的社会影响力,在 2013 年的书香校园活动中加入了"亳文化大讲堂"。目前邀请校内外专家学者,围绕亳文化举办讲座,营造氛围,为亳文化"三进"铺平道路。到目前为止已经连续开展了 4 届"亳文化大讲堂",共举办讲座 12 场,直接受众人数达 6 000 多人次,将近我校 4 年学生总数的四分之一(图 1~图 3)。这些讲座涉及了亳州道家的养生文化、亳州历史名人的文学创作、亳州的酒文化、亳州的三国文化等,涵盖了亳州古代文化的重要部分,对于参加讲座的师生而言不啻为一场场文化盛宴。也正是这些讲座的推动作用,激起了师生读者了解亳文化、畅谈亳文化的激情,从而为亳文化"三进"铺平了道路。

### 3.2 非遗传人进课堂,丰富"三进"内容

非物质文化遗产是指各种以非物质形态存在的与群众生活密切相关、世代相承的传统文化表现形式,包括口头传统文学、传统表演艺术、民俗活动和礼仪与节庆、自然和宇宙的民间传统知识和实践、传统手工艺技能等以及与上述传统文化表现形式相关的文化空间。非物质文化遗产是人民在长期的生产、生活中经验的积累。为丰富课堂内容,我们邀请亳州非物质文化遗产传人走进校园、走进课堂(图 4)。

图 1　原亳州师专校长王正明教授为学生做题为《大学之道》的讲座

图 2　合肥工业大学副教授,博士,中国近现代国情研究所所长,硕士生导师钱斌为我校师生做题为《国学的智慧与精神》的讲座

图 3 亳州学院特聘教授,亳文化研究中心主任魏宏灿教授做题为《建安名士的学习理念》的报告

图 4 安徽省亳州市谯城区文化馆高级工艺美术师王炳华在给美术系学生授课

我们连同亳州学院美术系教师多次与现任职于安徽省亳州市谯城区文化馆的高级工艺美术师、中华文化促进会剪纸艺术委员会理事、省美术家协会会员、亳州市剪纸学会会长王炳华先生沟通，邀请其为我校美术系学生和校内剪纸爱好者开设剪纸选修课。王炳华先生的剪纸既继承了中国民间传统剪纸的精华，又勇于开拓创新，在继承与创新的不懈探索中，形成了自己鲜明的艺术风格，因而在教学中深受师生好评，到目前为止，全系500多人中已有200多人选修了剪纸课。

付红伟女士是亳州二夹弦传人，国家一级演员，其唱腔细腻，扮相俊秀，她在小戏、折子戏比赛中以《刎以堂》《寻妻》分别荣获一等奖，于2002年获得全国和平大赛金奖；在2003年全国国花杯中，她的参赛剧目《春催杜鹃》获得金奖。付红伟女士勤奋好学，借鉴其他剧种流派的神韵和实质，兼顾梆剧和二夹弦两个剧种，尝试把二夹弦的细腻缠绵和梆剧的高腔激昂结合起来，在行腔及表演上相互融纳，以丰富自身，增强表现力。她的好学精神和深厚的唱功深深感染了学生，美术系全系近500人中有一半学生选修了二夹弦（图5、图6）。

周金钟是华佗五禽戏第58代传承人及掌门人，对华佗五禽戏有独到研究，著述颇丰，在省内外多家高校的体育学院进行讲学。他将五禽戏与养生有机地融为一体，是将传统体育与现代体育及健康结合的成功典范。我们邀请他为体育系学生开设了五禽戏选修课，目前全系学生都选修了五禽戏（图7、图8）。

图5　亳州二夹弦传人，国家一级演员付红伟女士为亳州学院学生授课

图 6　付红伟女士到亳州学院慰问演出,现场教授二夹弦爱好者

图 7　华佗五禽戏第 58 代传承人掌门人周金钟为学生授课

图8 周金钟及弟子到亳州学院指导五禽戏汇演排练

除此之外,三位非遗传人还不定期为全校师生举办剪纸、二夹弦和五禽戏展示课,受到了师生的广泛好评。

## 3.3 加强文献资源建设,夯实"三进"基础

"三进"活动的核心是挖掘、整理亳文化,只有将内涵丰富、寓意深刻的亳文化整理出来,并将其转化为浅显易懂、易于传授、易于接受的内容才能入脑、入心,才能真正为地方经济社会服务。亳州尽管历史文化深厚,但由于长期战乱,留存的文献资料稀少,许多文献资料都散见于各种资料之中。为了将这些零散的资料整理出来,我们借助现代多媒体技术的先进手段,打造建设了亳文化特色数据库,收集与亳文化直接相关的电子资源2万余种(图9);此外,我们专门设立了"亳文化资料室",收藏与亳文化直接相关图书、期刊2 000余册,为教材的编写、教学和学生自学提供了丰富的文献资源,基本满足了目前亳文化"三进"活动对文献资料的需求(图10)。在这个平台基础上,我校已经出版了《亳文化十讲》和《亳文化概论》两部教材以及《亳州方言研究》《亳文化研究》《曹魏文化研究》《亳州文献丛考》等6部专著及70余篇论文(图11)。

图9 新建亳文化特色数据库,分五大板块,收集了与亳州文化直接相关的电子资源2万余种

图10 新建亳文化资料室,收藏与亳州历史文化相关的期刊、资料2千余册

图 11　出版的部分亳文化论著

## 3.4　新建亳文化馆，奠定"三进"实践教学基础

学以致用，在实践中教学是我校一直坚持的教育理念之一。为将抽象的理论知识形象化、具体化，同时为了给我校旅游专业的学生提供一个导游实习的平台，我馆在馆内二楼新建亳文化馆，整个展馆按照史前文化、老庄道家文化、曹魏文化、方言民俗文化、养生文化、商贸文化、民间艺术以及现代亳州等 8 个部分布局，采用声光电结合的形式，将厚重的亳文化集中展现出来（图 12、图 13）。目前，该馆已经成为我校师生了解亳文化的重要场所，为我校旅游专业学生导游解说提供了实习平台。该馆受到了时任安徽省代省长、现任安徽省省委书记李锦斌、安徽省文史馆馆长黄德宽先生等省市多位领导和专家学者的肯定（图 14～图 19）。

图 12 亳文化走进课堂

图 13 新建的亳文化馆,不仅是亳州历史文化的浓缩地,更是学生导游实习的基地

图 14　安徽省省委书记李锦斌来亳文化馆参观

图 15　安徽省文史馆馆长黄德宽教授来亳文化馆参观

图 16　校外国学员到亳文化馆参观学习

图 17　美术系教师到亳文化馆参观学习

图 18 亳州学院学生到亳文化馆参观学习

图 19 亳州学院旅游专业学生导游实习

## 3.5 推广"三进"经验,服务地方社会

亳文化"三进"活动只是我们服务地方经济社会的一个出发点,我们的最终目标是在挖掘、整理亳文化的基础上,响应国家、省、市的文化强国、文化强省和文化强市战略号召,能将亳文化运用到地方经济建设中,为地方经济建设注入新鲜活力。因而在积极推进校内"三进"活动的同时,我们也尝试着走出校园,服务地方(图20~图24)。

本着上述思想主旨,为充分发挥我院教育特长的优势,我们积极与地方文化教育部门沟通,为他们解决实际问题。在接到亳州市教育局关于编写亳州市地方教材《国学经典》的要求后,我们组织国学基础扎实、对亳州历史文化熟悉的中文系与亳文化研究中心教师为亳州市中、小学生编写了国学经典教材;应亳州市文旅局邀请,我们选派了具有扎实文字考究功底和民俗研究特长的教师,先后为花戏楼、曹操运兵道、道德宫等历史文化古迹的文字考证、展馆布置、展品讲解进行解读、提出建议、进行修改,为亳州市文旅局旅游景点建设提供咨询服务;应亳州市部分小学邀请,我们选调了部分美术系的老师和学生,为这些小学的部分班级开设了雕塑、剪纸兴趣课;应亳州市部分中学邀请,为其校园文化建设提供参考意见。通过这些服务活动,为我校更广泛地服务亳州地方经济社会铺平了道路。

图20 应亳州市教育局请求,我们派出相关教师,为亳州市中小学生编写了教材《国学经典》

图 21  应亳州市文旅局邀请,我们参与了亳州市部分旅游景点的文字考证、导游讲解、展馆布置建设

图 22

图 22(续)

图 23 主动走出校园,为亳州市部分小学生开设剪纸、雕塑等手工课

图 24　我们还参与了亳州市部分中学的校园文化建设

# 4　项目创新点的分析

本案例是一个规模比较庞大、时间跨度较长的案例,许多工作涉及了多个部门,但在学校的统一部署下,在我馆的精心部署下,工作取得显著的成果,也凸显出了自己的鲜明特点,概括起来主要有以下两点:

一是服务形式多样化。服务读者是图书馆工作的第一要务。在这次活动中图书馆紧扣服务主题,采取多种服务方式,紧紧围绕地方文化这个中心,纸质资源、电子资源与展馆并举,不仅提供了丰富的学习平台,更为学生提供了实习场地。

二是服务内容实在化。本次活动需要的是真实效果,一切活动的过程都要求做到"开花结果"。因此,本次活动的所有内容都是围绕文化强国战略展开,利用地方文化充实和丰富课堂内容，培养学以致用的人才；同时，利用高校优势资源，走出校园，服务地方。

## 5 创新案例的几点反思

地方文化融入高校教育，高校教育传承地方文化，这将成为一种社会常态。实现的关键在于如何改变思路，找到二者的结合点，助推双方快速成长。亳州作为历史文化名城，有着悠久灿烂的历史文化成就，如何将这些文明成就唤醒，让其服务于地方经济社会，是一条极富挑战而又意义深远的道路。我馆利用亳文化"三进"活动，成功地将学校的要求落实到位，同时大胆走出校园，探索高校教育与地方文化结合的最佳方式。经过一段时间的摸索，我们找到了二者的结合点，但如何利用双方优势，实现二者共赢的道路还很长。

# 以书会友,开卷有益
## ——皖南医学院朝荷读书社

刘浏　朱玲　储俊杰
(皖南医学院图书馆)

皖南医学院图书馆建于1972年,图书馆大楼建于2006年,馆舍面积2.1万平方米,阅览座位1 646个。

近几年来,图书馆不断挖掘潜力,在阅读推广、校园文化建设方面开展了一些创新工作,树立了"读书活动月"(4～5)月和"读者服务月"(9月)两个品牌活动。

下面介绍的"朝荷读书社"是我馆在阅读推广、营造书香校园一个重要组成部分。

朝荷读书社成立于2006年10月20日,由校团委社团联合会主管。图书馆于2014年正式接管读书社,担任指导教师,以"以书会友,开卷有益"为口号,为同学们提供一个有书读、读好书的平台。

自图书馆接管读书社以后,朝荷读书社就有了一间独立的活动教室,举办了多项深受广大师生喜爱的活动,如原创诗歌朗诵大赛、图书漂流、晨读、好书分享、找书比赛等(图1、图2)。

**图1　招新活动剪影**

图书馆接管朝荷读书社以来短短的3年多的时间,社员的数量从30多人增长至

80多人,活动形式也越来越多样化,如读书沙龙、好书分享、建立微信平台和微信群、朗诵比赛、找书比赛、征文比赛、图书漂流、志愿者服务等,组建了一支志愿服务队伍,开通了QQ群、腾讯微博和微信公众号,定期推送活动通知和进行好书分享,增加了社员的凝聚力,扩大了社团的影响力。这激发了在校大学生多读书、读好书、多交流、多分享的读书热情,使阅读真正进入他们的大学生活,逐渐使阅读成为一种习惯,让同学们获益终身。

图 2　朝荷读书社标和独立的活动室

# 1　活动开展情况

## 1.1　读书社常规活动

### 1.1.1　新老社员交流会

每年9月份新生入校,朝荷读书社都会组织社员举办一系列的招新活动和新老社员交流活动,不断吸收新鲜的血液进入读书社,找到志同道合爱阅读的小伙伴(图3～图5)。

图3 招新动员会

图4 招新现场

图5 新、老社员交流会

### 1.1.2 晨读、图书漂流

晨读和图书漂流是朝荷读书社自开办以来就坚持进行的活动。晨读是为了培养大学生们早睡早起，充分利用早上黄金时间来读书的好习惯(图6)。图书漂流则增加了同学们阅读的乐趣，提高了同学们的参与度(图7)。

图 6 晨读活动

图 7 图书漂流活动剪影

图7　图书漂流活动剪影(续)

### 1.1.3　好书分享、原创诗歌朗诵

好书分享和原创诗歌朗诵比赛是朝荷读书社近年来开展的创新活动。一千个读者眼中有一千个哈姆雷特,好书分享是为了促进同学们与志同道合的书友畅谈人生、分享感悟(图8)。每期读书分享会面向全校师生征集一个主题,一个主讲人。分享地点由同学们自行选择,或是幽静的校园一角,抑或是鸟语花香的草地或芦花飘荡的公园。原创诗歌朗诵比赛是为了激发同学们对文学的热爱,培养同学们爱阅读的好习惯(图9、图10)。

图8　好书分享活动剪影

图 9 原创诗歌朗诵比赛剪影(一)

图 10 原创诗歌朗诵比赛剪影(二)

## 1.2 读书社特色活动

### 1.2.1 "书香江淮"征文比赛

2015年4月,在首届"书香江淮——品读经典·对话信仰·弘扬社会主义核心价值观"互联网读书征文活动(图11)中,朝荷读书社王巧云、李卫两位同学分别荣获二、三等奖。图书馆馆长储俊杰带队参会并颁奖。

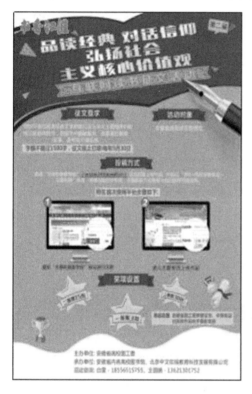 

图11　书香江淮的宣传推广

在2016年第二届互联网读书征文活动中,朝荷读书社的同学们积极宣传、参加。在校园网上发布通知后,又推送到校团委的微信平台上,同学们踊跃参加,参赛人数达到了35人。最终,朝荷读书社的王巧云同学获得了二等奖。副馆长李用菊带队参加活动并亲自颁奖(图12)。

图 12　获奖证书

### 1.2.2　迎春杯爱心同行朗诵比赛

"迎春杯"爱心同行朗诵比赛是由皖南医学院、安徽工程大学、安徽师范大学三校联合承办的大型活动。

2015年、2016年的"迎春杯"活动均在我校举办,朝荷读书社的同学们从前期的活动策划准备、布置会场、邀请评委、比赛的彩排组织等方面付出了很多的努力和心血。(图13)

图 13　"迎春杯"爱心同行朗诵比赛活动

2016年,同学们在组织比赛,进行赛程设计的时候,利用微信现场与观众互动抽取奖品,现场气氛空前热烈,取得了很好的效果。

### 1.2.3 素质拓展训练

我们积极组织社员开展素质拓展训练活动(图14)。

**图 14 社员素质拓展训练活动**

今年的社团文化艺术节上,朝荷读书社荣获"四星级社团"的光荣称号。

## 1.3 参与图书馆的读书月活动

### 1.3.1 "书林快客"找书比赛

今年读书活动月期间,图书馆联合朝荷读书社举办了"书林快客"找书比赛。来自各学院的9支队伍共45名同学参加了比赛,两位馆长全程参加并为获奖选手颁奖。

每队根据抽签选定的书单,通过书目检索系统查询到馆藏地址,然后到相应的借阅室查找图书。比赛以找书准确率和时间为依据,以最快速度找对书单上10本书者为优胜(图15)。

图 15 "书林快客"找书比赛活动

### 1.3.2 征文、微书评比赛

在读书月征文和微书评活动中,共收集了全校 105 篇征文和 67 篇微书评,其中朝荷读书社的同学投稿征文 26 篇,微书评 35 篇,一、二、三等奖均有读书社同学获奖(图16),说明读书社的同学文化素养略高一筹。

图 16 读书月征文活动获奖证书

## 2 志愿服务情况

朝荷读书社在大力开展各项活动的同时,还建立了一支志愿者队伍。当图书馆中有人需要帮助的时候,他们总是能第一时间伸出援手。如新生入馆第一周引导,帮助图书上架,打扫卫生,整理过刊报纸等,既丰富了社员们的实践经验,又帮助图书馆解决了实际困难(图17)。

图 17　志愿服务剪影

## 3　宣传影响方面

朝荷读书社不仅开通了 QQ 群、腾讯微博，还开通了微信公众号（图 18），促进了社员们的有效沟通，提高了宣传和影响力。通过 QQ 空间和微信公众号发布好书分享以及校园新闻，得到了同学们的喜爱和广泛关注（图 19、图 20）。

 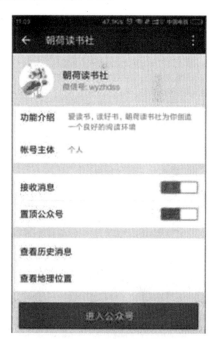

图 18　朝荷读书社 QQ 群、微信公众号和腾讯微博

图 18　朝荷读书社 QQ 群、微信公众号和腾讯微博(续)

图 19　通过微信等发布通知、推送好书分享

图 20　朝荷读书社在校园网上的新闻

## 4　未来展望

朝荷读书社的成立,延伸了图书馆的服务,充分显示了图书馆在高校校园文化建设中扮演的重要角色,搭建了图书馆与学生读者交流沟通的新桥梁,使得图书馆现有的馆藏资源能够更加充分的为师生所用。

朝荷读书社让图书馆与学生之间的交流更密切,也大大加强了作为大学第二课堂的图书馆对学生的吸引力,促进了图书馆在服务理念、内容、方法、手段等方向的创新。

对未来的几点设想:

① 创立品牌活动(迎春杯朗诵比赛、周末读书分享会);

② 充分发挥志愿者的作用(特别是在读书月活动期间);

③ 充分参与图书馆的活动(读书活动月、读者服务月);

④ 多开展户外活动(拓展训练、参观学习)。

# 桐乡论语读书会
## ——基于大学生社会主义核心价值观培育的经典诵读实践

陈桐利　雷小丽

（桐城师范高等专科学校）

在推行"文化强国"政策和倡导"全民阅读"理念的大背景下，作为全民阅读重要组成部分的经典阅读，渐渐成为图书馆界阅读推广的新亮点。著名学者王余光教授指出，经典阅读是对传统的继承，呼吁图书馆设立经典阅览室。国内一些公共图书馆在经典阅读推广方面进行了有益的尝试，取得了良好的效果，体现了图书馆传承文明的社会职能。如2013年11月，深圳图书馆创设了"南书房"服务区，倡导经典阅读，弘扬优秀文化；深圳市南山区图书馆建有经典阅览室；河北省图书馆设有经典空间，还有一些图书馆专门设置了经典书架。经典阅读不仅是"对民族精神的弘扬，民族文化的传承"，而且是"应对全球化挑战"所必需的选择之一，因为"在人文精神急遽失落的全球化时代，我们更为迫切地需要回归经典阅读的传统，从而唤醒我们的人性，振奋我们的民族精神，重建我们的当代文化"。

## 1　项目实施背景

中华优秀传统文化是中华文明发展的根基，是社会主义核心价值观的文化根脉。中国共产党的十八大以来，党中央高度重视弘扬中华优秀传统文化，为加强大学生社会主义核心价值观教育提供了一系列新论断和新思路。第二十个世界读书日前夕，中共中央政治局常委、中央书记处书记刘云山强调：开卷有益、读书增智，阅读是一个国家精神发育的基本途径，是建设学习大国的重要内容。要大兴读书学习之风，引导人们爱读书、读好书、善读书，传承优秀传统文化，弘扬社会主义核心价值观，增强全社会向上向善的力量。要引导人们多读文化经典，增强对中华文化的自豪感，以文化自信支撑道路自信、理论自信、制度自信。

每一个民族、每一个时代精神的精华，人类最美好的创造都汇集于"名著"之中，其中的一部分经过历史的筛选，就成了本民族与全人类的"经典"。人类精神文明的成果,就是通过各类学科的名著、经典的阅读而代代相传的。经典名著中对人类精神的终极关怀,无疑是对我们心灵最好的洗礼,其潜移默化的影响,可以沉淀在我们个体的行为举止中,成为我们思想中最深沉的基质。阅读经典不仅会让我们的心理变得辽阔而宽广、坚韧而顽强,使我们获得一个平和的内心世界,更是一种对民族传统文化的敬仰和传承方式,本案例提出通过"桐乡论语读书会"活动的开展,将经典阅读推广融入到优秀传统文化的弘扬和社会主义核心价值观的培育中去,以期为传统优秀文化的传承和弘扬以及社会主义核心价值观的教育提供新的思路,为高校图书馆经典阅读推广创新提供理论和实践上的有益探讨和尝试。

## 2 项目实施团队

桐乡论语读书会由桐城师范高等专科学校图书馆和小学教育系联合主办,并聘请具有丰富教育经验和热爱阅读的小学教育系专业教师担任指导老师,与"桐乡学堂""桐乡论语一百读书会"合作定期开展活动,具体实施由校级学生社团"国学社"和"惜抱轩·阅读推广协会"负责。

## 3 项目实施思路及创新点

以校级学生社团"国学社"和"惜抱轩·阅读推广协会"为契机,与桐城当地民间公益组织"桐乡学堂"和"桐乡论语一百"读书会合作,定期开展活动,保持经典阅读的持续性,同时以传统节假日、寒暑假为契机,开展特色的经典诵读推广,使图书馆的经典阅读活动形成品牌特色,成为"经典的"阅读推广活动,激发大学生对经典的阅读兴趣,形成轻松而愉快的阅读氛围。

① 环境氛围是实行一项工作的外在条件,也是实现社会主义核心价值观培育目标的重要因素。

通过桐乡论语读书会活动的开展,为大学生传承优秀传统文化和培养社会主义核心价值观营造氛围,陶冶大学生情操,触动大学生的心弦。在浓厚的文化氛围中,大学生内心澄澈、崇德向善、积极向上,使社会主义核心价值观入脑入心,为践行社会主义核心价值观打下基础。将经典阅读融入传统文化弘扬,融入社会主义核心价值观,不断汲取优秀传统文化的精神滋养,才会有深厚的民族根基,才能得到大学生的广泛认同。

② 积极与民间公益组织、民间读书会等社会力量合作,扩大活动的影响力和成

效,是我校图书馆对社会开放服务的一种尝试。

## 4 项目实践内容

### 4.1 国学社成立

2015年9月底,校级社团组织国学社正式成立(图1、图2)。国学社旨在促进和正确引导同学们在国学方面的学习,为广大同学创造"学国学、思国学、品国学"的浓郁氛围,为大家提供思维交流与魅力展示的平台。国学是中华传统文化的精华,它沉淀于历史的长河,又升华于现代的社会;它既是延续传统的纽带,又是开创未来的阶梯;诵读国学经典,将让华夏精神在我们的血脉中流淌;诵读国学经典,将让民族文化支撑我们人格的脊梁。国学社以"诵读经典,传承国学"为己任,学习经典为同学们将来成为优秀的小学教师、幼儿园教师或适应其他工作岗位提供了契机和平台。国学社要求每位成员要"吾日三省吾身",要用圣贤所推崇的"仁、义、礼、智、信"来约束和规范自己的言行,争做一名"不忧,不惑,不惧"和"志存高远,德艺双馨"的师范生。

图1 国学社成立大会

图 2　国学社招新现场

## 4.2　桐乡论语读书会成立

2015年11月7日,桐乡论语读书会正式成立,来自桐乡论语读书会志愿者及桐城市热爱传统文化的老师、家长及其子弟和桐城师专国学社、惜抱轩·阅读推广协会、孔城桐乡学堂学生及其家长计160余人参加了桐乡论语读书会成立大会。我们在桐城师专开办桐乡论语读书会,期待在这容易浮躁而难能清净的时代,让青少年远离种种诱惑、喧嚣,远离电脑、电视、游戏……收敛身心,潜心读经,与经典为伴,与圣贤为友,以智慧之光温润心灵。桐乡论语读书会旨在营造诵读经典、感受经典智慧的书香社会和书香家庭的良好氛围,共同为大学生和儿童能接受更符合人性更为理想的教育而努力!倡导大学生以及家长能够每天抽一些时间陪伴自己的家人一起诵读经典,一起感受圣贤的"君子"人格,一起聆听圣贤对我们待人接物、为人处事的谆谆教诲(图3~图9)。

图 3　桐乡论语读书会会员合影留恋

图 4　桐城师专国学社同学吟唱《呦呦鹿鸣》

图5　桐乡学堂小学生背诵《大学》

图6　桐乡学堂学前班学生背诵《论语·述而第七》

图 7 桐城师专国学社同学表演歌曲《诵》

图 8 拜孔仪式

**图9 全体参会人员共读《论语·学而第一》**

桐乡论语读书会鼓励师生共读、亲子共读,塑造书香社会和书香家庭,以推广成人经典诵读和儿童读经教育为宗旨的民间自发组织的公益群体。经典是智慧之结晶,文化之源头,所载为常理常道、教导人生的常则常行,是人类最有价值、最具哲理的书。像《论语》《大学》《中庸》《孟子》《易经》《黄帝内经》《诗经》《道德经》等经典中的经典,凝聚了我国数千年的文明史和传统文化,体现了中华民族博大精深的文化精髓,包含有诸如天文、地理、历史、治国、修身、养德、伦理等方面的丰富知识,自古流传,为所有知识分子所必读。作为当代大学生、当代青少年,诵读这些具有价值的书,就如同师从贤哲,站在文化巨人的肩膀上,以高起点展开人生。相信一个长期浸润在经典里的大学生、少年儿童一定会知书达理、好思能学、品学兼优,他们会让家长骄傲、老师满意、邻里称赞。

## 4.3 每周经典诵读

"桐乡论语读书"自2015年11月成立以来,至2017年4月底,计举办经典诵读活动30场,累计参与活动人数1 600余人次。论语读书会每周六上午举办,参与者以在校大学生为主,也有少量校外中小学生和家长不定期参与。目前已诵读了《论语·学而第一》《论语·述而第七》《论语·颜渊第十二》《论语·先进第十一》《大学》《诗经·小雅》等(图10~图17)。

希望以"诵读经典·提高修养"为主题的每周经典诵读活动,供大学生了解国学经典。通过对国学经典的诵读,感受祖国传统文化的魅力,体味语言文字的妙不可言。

通过这一活动,同学们可借古人智慧充实丰富自己,提升修养,领略文字的韵律之美,感叹历史文化的厚重。通过这一活动,可使同学们在日常生活中自觉践行温、良、恭、俭、让的传统美德;不断充实和丰富自己的学习生活。心灯传蕴,温良恭俭;读书孝贤,志在高远。晨读经典,同学们认真诵读国学经典作品,感受国学经典的魅力,不仅是在传承国学的智慧,也是在陶冶自身的情操。

图 10　副社长带读《大学》

图 11　社员带读《论语·学而第一》

图 12　孔子诞辰日指导老师在学校扬帆广场带读《论语·学而第一》

图 13 诵读《论语·述而第七》

图 14 指导老师带读《论语·颜渊第十二》

图 15　诵读《诗经·小雅》

图 16　桐城文庙诵读《论语》

图 17　桐城孔城老街"桐乡学堂"诵读《大学》

## 4.4 经典诵读推广

### 4.4.1 暑假推广

暑期大学生社会实践,国学社走进桐乡学堂,开展了为期10天的经典诵读推广活动。

2016年7月底,国学社成员在桐乡学堂徐累文老师的教导下,与14名桐乡学堂的3~12岁的孩子每天共读经典。通过实践,团队成员不仅掌握了经典诵读的技巧、方法,还在和孩子们的相处中,身体力行地践行了社会主义核心价值观。

我们开展了与经典会面,跟圣人谈话——三大主题活动。

#### 4.4.1.1 赛读会

围绕"留守儿童和小学生走进真人图书馆"这一主题,团队成员以及志愿者们为准备本次活动辛苦劳动了两个月。2016年7月4~9日,团队成员以及志愿者们和留守儿童、小学生一起诵读经典,比谁读的准、读的好、声音大、有感情(图18~图20)。

图18 和孩子们在一起阅读经典,品味经典的智慧

图 19　桐乡学堂内的课桌椅　　图 20　徐老师在教导孩子们读书时应该保持良好姿态的习惯

#### 4.4.1.2　走访、调研

每天诵读之余,团队成员走访了桐乡书院、孔城镇文娱活动中心,访谈了张震国老先生(图 21～图 23)。

图 21　桐乡书院所存的国学经典

图 22　走访孔城镇文娱活动中心

图 23　走访张震国先生时先生赠送桐城师专一首藏头诗

### 4.4.1.3　真人读书会

读书会是一项志在开阔视野、扩展思维、交流知识、提升生活的活动,目的在于创造良好的读书氛围,引导健康的阅读取向,促进孩子们的智力开发,提升孩子们的文化修养。7 月 11 日上午,我们借助桐乡学堂的读书会举办了我们的真人读书交流会。其间,队长吴春同学以及队员李永港同学讲述了他们眼中的中国经典文化,徐累文老师与大家分享了经典阅读(图 24～图 26)。

图 24　队长吴春的演讲《经典伴我成长》

图 25　徐累文老师分享经典阅读

**图 26　暑期社会实践小组及孩子们在桐郷学堂门口一起合影留念**

### 4.4.2 "世界读书日"主题推广

"世界读书日"主题推广活动：2016～2017年连续举办了两场"礼敬桐城诗文吟诵大赛"

吟诵大赛以桐城古诗文与现代桐城作家诗文为内容，向公众呈现古老的桐城派吟诵技艺（图27、图28）。为了保存与恢复桐城吟诵文化，大赛组委会邀请了盛平安等精通桐城派吟诵技艺的老专家来校现场吟诵，并摄录成视频光盘，再安排老师指导参赛选手，精心选择桐城派经典古诗文，如戴名世、方苞、姚鼐、刘开等的古文名篇。桐城文学源远流长，除了古诗文，大赛还安排有桐城现代著名作家陈所巨、洪放等的诗文名篇的吟诵。

**图 27　2016年"新华杯"礼敬桐城诗文吟诵大赛**

图 28　2017 年聆听春天·礼敬桐城诗文吟诵大赛

## 5　案例成效及展望

① 深入贯彻落实党中央《关于培育和践行社会主义核心价值观的意见》和习总书记关于弘扬中华优秀传统文化的有关重要讲话精神，积极推动实施教育部《完善中华优秀传统文化教育指导纲要》，加强中华优秀传统文化教育，引导高校学生自觉传承和弘扬中华优秀传统文化，努力培育和践行社会主义核心价值观。

② 深入参与到学校的人才培养和校园文化建设中，充分发挥第二课堂的作用。

③ 与更多的社会组织进行深入合作，扩大经典诵读的人群，特别是中小学生，发挥大学生在经典诵读中的主人翁意识，在经典诵读的推广中践行社会主义核心价值观，提高自身素养和道德品行。

中华民族是一个伟大的民族，中华民族的伟大复兴不仅仅要实现经济上的繁荣昌盛，更要实现思想和文化上的"一脉相承""去伪存真""欣欣向荣"，正如马一浮先生曾断言："吾敢断言：'天地一日不毁，人心一日不灭，则六艺之道炳然长存。世界人类一切文化最后之归宿必归于六艺，而有资格为此文化之领导者，则中国也。'"让我们追随先贤的足迹，倾听古人的教诲，吟诵圣人的篇章，培养"君子"人格和雅量，为中华民族的书香家庭、书香社会、文明之邦、礼仪之邦贡献自己的力量。

# 借力 MOOC 提升大学生学习能力
## ——图书馆嵌入学习过程、服务读者的新探索

杨焕昌　李群　夏红　杨琼

（合肥师范学院图书馆）

## 1　案例实施的背景：MOOC 的出现及迅速发展

### 1.1　MOOC 简介

"MOOC"（Massive Open Online Courses）即大规模在线开放课程的缩写。在 MOOC 的四个关键词中，Massive（大规模）是影响力，因其学习者众多，一门课程的学习人数动辄上万；Open（开放）是核心，即教育资源免费获取；Online（在线）是学习形式，利用互联网完成学习过程；Courses（课程）是内容，是具有学科属性和体系的学习资源。MOOC 的无门槛、无国界，促使了它的大规模传播。无人数限制、无时空限制，给了学习者最大的自由。MOOC 以其"在线"和"开放"的特点，改变着教育的理念，促进着教育资源共享，使自主学习和终身学习变得触手可及。

### 1.2　MOOC 的发展

MOOC 可以说是计算机技术和网络技术在教育领域应用的产物，其理论最早可追溯至 20 世纪 60 年代，1962 年美国发明家道格拉斯·恩格尔巴特提出的使用电脑辅助学习的可能性。2012 年以来，大规模在线开放课程在世界各高校开始流行，以美国高校为首，先后推出 Coursera、edX 和 Udicity 三大 MOOC 平台，吸引世界众多知名大学纷纷加盟。2014 年 5 月，Coursera 最新统计显示，世界 109 所知名大学在该平台开放 679 门课程，有 769.6 万学生在该平台注册学习。MOOC 有名校名师牵头，加上免费获取，形式创新，理念伟大，获得了大范围关注和认同，不论是教育者还是学习者，不论是国内还是国外，都对 MOOC 青睐有加，有的正跃跃欲试，有的已经参与其中。

在我国，也掀起了一股 MOOC 在线学习热潮，正可谓"忽如一夜春风来，千树万树梨花开"。国内多所知名高校加盟到三大 MOOC 平台，与哈佛、斯坦福、耶鲁、麻省理工等世界一流大学共建全球在线课程网络。有的高校联盟自己创办了 MOOC 平台，

并发布了大量课程。2015年4月份我国教育部出台了《关于加强高等学校在线开放课程建设应用与管理的意见》,对MOOC的发展给予了政策上的支持。我国在线学习者众多,仅在校大学生就是非常庞大的群体,可以预见中国将成为MOOC发展的一片沃土。

### 1.3 MOOC与图书馆可以结成共同发展的关系

MOOC的理念是传播知识,开放获取,追求教育资源最大限度地共享,与图书馆存在很多契合点。图书馆作为公益机构,在诞生之初就具有开放的特性,并且是收集、存储、传播知识的场所,追求用知识服务社会。而围绕大学教学、科研服务的高校图书馆与MOOC在教育领域存在更多内在联系。它们均为重要的教育基础平台,均有广泛的公益性,均以用户为中心,均注重应用。共同的理念与共同的服务对象,为高校图书馆在MOOC的建设应用与管理中发挥更大的作用奠定了基础,并有望建立长期合作、共同发展的关系。

## 2 案例的意义:MOOC带给图书馆的机遇和挑战

### 2.1 MOOC带来的机遇

MOOC作为在线教育,不仅仅是把教学视频搬到网上,而且是把教与学的过程都搬到了网上,相对于传统的教学,多了课程设计、制作、发布、推广、版权清理等多个方面内容。因此教学的参与者将不仅是老师和学生,还需要教辅人员、技术人员等教学团队的支持,然而一般高校受师资力量等方面的影响,课程设置很难做到面面俱到。MOOC丰富的课程资源可以作为课堂教学的有益补充,调和高校在教学上存在的师资不足的难题。所以MOOC客观上为图书馆提供了从后台走向前台的机会,可以直接或间接参与到教学中,成为学习的支持者,提供更深层的服务。

### 2.2 高校图书馆面临的挑战

MOOC借助互联网发展迅速,其巨大的变革力量给传统教育带来很大冲击,可能会带来教育领域的重新洗牌。网上甚至出现MOOC将导致大学消亡的言论,其担心亦不无道理。作为高校图书馆应具有一定危机意识,因"皮之不存毛将焉附?"另外教育变革也涉及图书馆的切身利益,如果出版商、教育信息化企业直接跟MOOC平台供应商甚至教师形成战略联盟,越过图书馆,直接向公众提供资源将会弱化图书馆的功能,给图书馆带来生存危机。一些图书馆人表达了一定程度的紧迫感,美国宾州州立大学图书馆馆员John Shank表示"最担心的不是图书馆将消失,而是如不谨慎,图书馆对于高校的意义可能会消失。如果关联性大幅下降,图书馆对于学习过程的影响力将缩减。"所以图书馆需要尽早融入到MOOC中,才能争取日后更多的话语权。

## 3 案例目的:助力大学生MOOC学习,促进大学生学习能力建设

### 3.1 MOOC有助于大学生学习能力的提高

MOOC以其自主的学习方式受到越来越多大学生欢迎。传统教育是被动的,以学校和老师为主导。而MOOC是主动的,以学生为主导,学生可以按照自己的意愿选择课程和老师。而且MOOC学习方式自由,学习时间可以自己掌握,非常适合碎片化学习,可以完善大学生的知识结构,充实大学生的学习生活,是课堂学习之外的重要补充。当前大学生的学习需求和学习动机变得多样化,一方面他们的学习更多是从个人兴趣出发,希望提升自身能力,实现自我的个性化发展;另一方面,随着就业压力的增大,大学生对于所学知识有了更高要求,他们希望能够学到更专业的知识和更实用的技能,为今后的就业做好准备。传统的学校教学和课程安排已不能满足大学生多样化的学习需求,课程资源丰富的MOOC无疑成为其最佳的选择。

### 3.2 MOOC迎合了大学生自主学习需要

在美国,在线学习已经逐步被大学生接受,并成为主流的学习方式。2013年巴布森调查研究集团、培生教育集团和斯隆联盟联合发布《改变课程:美国在线教育的10年跟踪》报告,对2002年秋到2011年秋的美国大学选修在线课程的人数进行了统计。2002年秋季美国参与在线课程学习的人数不到10%,到2010年秋季已经变为32%,这10年来选择在线学习课程的美国大学生人数呈平稳增长的趋势。在我国,MOOC学习者也日益增多,仅果壳网MOOC学院在2015年11月前的注册学习用户已超过120万。

### 3.3 大学生学习MOOC存在的问题

虽然MOOC学习者众多,但仍存在课程完成率低,学习效果不理想等诸多问题。根据果壳网"MOOC中文用户大摸底"的调查,只有约6%的MOOC学习者最终完成了课程学习,远远低于学校传统课程的完成比例。一些知名MOOC平台也存在类似

情况,Udaeity平台中的程序入门课程有6万学生注册学习,通过率仅为14%;Coursera平台中软件工程课程的参与学生达50万名,然而仅7%的学生完成该课程;麻省理工学院的电路和电子学课程有15.5万名学习者注册,却仅有4.6%的学习者获得合格证书。可见,课程完成率低是困扰学习者的通病。究其原因,有如下几个方面。

### 3.3.1 学习意志薄弱

MOOC学习是一个开放的过程,学习没有监控,完全依赖学习者的自主性。在学习过程中若是没有内部动机和外部动机的刺激,学习很难坚持下来。在学习过程中,学习意志也会面临考验,身心的疲惫、精神的懈怠、外界的干扰,都会让学习者难以坚持。在最初的学习兴趣消退后,很快会进入学习倦怠期,如果学生意志力不强,加上自身惰性,就会在不断推进的课程面前望而止步。

### 3.3.2 对MOOC了解不足,学习目标不清晰

目前还有很多大学生对对MOOC的认识还不够,没有分清MOOC学习和课堂学习之间的联系与区别,没有认识到MOOC对自己的专业学习和兴趣拓展上的帮助。此外,很多学习者目标不明确,是辅助专业学习还是满足兴趣爱好,自己也没有弄清楚。学习目标不明确也会使学习动力不足,学习过程容易受到干扰,本身课业又繁忙,最终导致MOOC学习中途放弃。

### 3.3.3 学习MOOC缺少学习规划,选课有一定盲目性

在MOOC学习中,很多大学生缺乏自我规划意识和规划能力,对所学MOOC课程未做深入了解,如需要的专业资料,投入的时间等却不清楚。这样很容易出现意想不到的困难甚至会出现和正常课程时间冲突的情况。很多同学就是因为在对课程不了解的情况下选课学习,结果学到一半中途放弃,导致浪费了很多时间,还没学到什么东西。所以对于很多MOOC初学者来说,适当的课程引导和推荐是非常必要的。

### 3.3.4 缺乏在线学习的经验和交流渠道

还有些大学生并未适应在线学习的方式,缺乏在线学习的经验,仍在用传统课堂的方式学习MOOC,不能有效利用互联网与其他学习者进行协作、交流,使他们的MOOC学习很吃力。调查发现,遇到问题时只有少数人会利用课程平台向他人求助,虽然有MOOC学习论坛,但学习者参与论坛的比例低于10%。因为一些疑难问题不好用文字表述,也不能获得及时准确的解答。而且受多年课堂教育影响,大学生在遇到问题时,更倾向于面对面的交流。但遗憾的是,线下交流在大部分MOOC学习中还是缺乏的。

## 4 案例基本思路：嵌入MOOC学习学习过程，解决大学生遇到的困难

### 4.1 MOOC学习嵌入路径

针对大学生在MOOC学习中的课程选择不够科学、在线学习经验匮乏、缺乏交流沟通渠道等情况，图书馆可以助他们一臂之力，在MOOC使用意愿上施加影响，在MOOC使用条件上提供帮助。研究显示，社群影响对大学生使用MOOC的意愿有正向作用。当MOOC在社会上受欢迎程度越高或者周围的环境和氛围对使用MOOC越有利时，大学生就越愿意使用MOOC。另外，当大学生觉得MOOC很有用，使用MOOC很容易，周围有很多人使用MOOC，使用MOOC的氛围很好，MOOC内容很有趣时，他们就会更愿意去使用MOOC。大学生使用意愿越强，他们实际生活中使用MOOC的频率、时间等也会增加。图书馆帮助大学生更好地学习MOOC，需要加强社群影响作用，这可以从以下几方面入手。

第一，增加对MOOC的宣传，使更多的大学生了解正确学习MOOC的方法。MOOC给了大学生更大的学习自由，但也需要大学生有较强的自主学习能力，否则在上网学习的过程中很容易受到干扰。所以图书馆应在MOOC学习上进行引导，对学习能力加以培养。

第二，对MOOC课程进行分类整理，将优质的MOOC资源推荐给大学生。目前MOOC平台众多，不算国外的MOOC平台，仅国内就有中国大学MOOC、学堂在线、好大学在线等诸多平台，每个平台都有大量课程，而且不断有新的课程加入。此外，因MOOC课程资源相对散乱，课程之间不成体系，用户很难及时准确地找到自己需要的课程。所以最好对这些门类繁多的课程进行梳理，并根据大学生的需要进行推荐，他人推荐也是MOOC学习者了解MOOC的主要途径。作为知识管理中心的图书馆可以按学科和专业分类梳理众多的MOOC资源，遴选出其中的优质课程推荐给相关专业的同学，同时告知MOOC课程的开课时间，帮助大学生快速定位适合自己的MOOC课程，提高学习效率。

第三，在MOOC的学习中，一门MOOC课程往往需要很多相关资源，比如课程教材、参考资料等，如果没有准备好这些学习资料，在MOOC的学习过程中就会很吃力。对此，图书馆可以提供有针对性的服务，提前帮他们准备好一门MOOC课程需要的学习资料，如果图书馆有纸质教材，就直接推荐给读者；如果没有纸质教材，也可以将电子书提供给读者，并将相关电子资源提供给他们，为大学生的MOOC学习提供有力的学习支持和资源保障，扫清学习上的障碍。在课程完成后，图书馆可以采集学生的学习数据，包括学习时间、作业完成情况、考试成绩等，对其学习效果进行评价，促进其学

习改善。

第四,为大学生创造一个交流平台,帮助他们找到志同道合的人,定期进行课程讨论,分享彼此的经验和心得。2014 年 MOOC 学习者调查报告显示,在参加 MOOC 学习群体意愿上,愿意参加学校的 MOOC 协会和学习小组占 51%(占榜首),可见 MOOC 小组还是很受大学生欢迎的。目前,很多大学生在 MOOC 的学习中还是孤军奋战,遇到困难时容易半途而废。如果大家一起学习,形成学习小组,发挥团队的智慧和力量共同应对困难,情况则会大为改观。实际上,MOOC 很注重学习的互动,不止是老师和学生的互动,学生之间的互动也很重要。结成学习小组后,就可以共同学习,互通有无,积极发挥正向的影响力,共同进步。

图书馆给予大学生 MOOC 学习的支持,重点在于对 MOOC 线下活动平台的搭建。组织大学生线下交流,一方面可以促进学习者进一步的沟通,另一方面可以促进对 MOOC 的宣传,让更多大学生参与到 MOOC 的学习中。图书馆作为主持者,则可以指导大学生如何有效地学习 MOOC 课程,将 MOOC 和书本上所学的知识应用到解决实际问题中去,同时把和 MOOC 课程相关的馆藏资源推荐给他们,让图书馆成为 MOOC 学习的好帮手,嵌入到大学生学习过程中去,为他们提供全方位帮助。

### 4.2 案例实施条件分析:图书馆的优势

图书馆作为全校共享的公共空间,组织活动有其自身的优势。如果是某个学院组织 MOOC 学习活动,可能更多会侧重自己院系的学生和专业。而图书馆是面向学校所有院系的,在专业上具有包容性,在服务内容上有更广泛的视野。图书馆作为公共的学习空间,一般是大学生上自习的首选,其丰富的资源也吸引着各专业的学生,而且图书馆的开放时间长,能满足大部分学生的学习需要。同时,图书馆还有优雅的环境和浓厚的学习氛围,是组织 MOOC 活动的理想场所。所以图书馆所要做的就是利用自身优势,将喜欢 MOOC 的同学集结起来,为 MOOC 学习者创造交流的机会。

## 5 案例介绍

### 5.1 子案例一:MOOC 文化沙龙

#### 5.1.1 案例的组织介绍

MOOC 沙龙活动以"你所了解的 MOOC 课程"为开始,以"大学生的心理健康"为主要讨论话题,在开放舒适的氛围中,让同学们敞开心扉,畅谈 MOOC 课程。活动分以下几个阶段进行:

第一阶段,活动筹划。

首先图书馆在全校范围内进行 MOOC 宣传,招募一些热爱 MOOC、熟悉 MOOC 的大学生组成 MOOC 学习小组。通过图书馆的面试选拔,共选取了 6 名不同年级、不同专业的学生,由图书馆馆员担任他们的指导老师。

小组以推广 MOOC 为主要目的。作为面向大学生的 MOOC 推广活动不但要有创意而且要可行,能和 MOOC 和图书馆相关联,既要有意义也要有趣味,让大学生愿意参与。为了兼顾以上各种要求,小组经过多次集体讨论,集思广益,最后确定了 MOOC 文化沙龙的活动形式,并且选定图书馆内的一个书吧作为活动场地。书吧轻松的环境,惬意的氛围,能让人放松下来,非常适合倾心交流,分享彼此的 MOOC 学习心得。

沙龙讨论话题围绕 MOOC 学习分享展开,但仅讨论 MOOC 又比较乏味,所以穿插了一些子话题,能够贴近校园生活又能迎合大学生实际需求。后来我们确定讨论话题为心理健康,因为心理健康是很多大学生的隐性需求,或多或少会遇到,但羞于对他人表达,也不敢咨询心理医生,久而久之造成严重的心理问题。实际上,MOOC 课程里有很多是关于心理学方面的,可以让大学生通过学习这些 MOOC 课程,正确地面对心理健康问题。在帮助大学生解决问题的同时,也能让他们进一步认识到 MOOC 的作用,激发起 MOOC 学习的兴趣。交流将围绕这一主题层层展开,在讨论 MOOC 的过程中,提出心理健康的话题,再回到 MOOC 课程的推荐。这样既探讨了 MOOC,又避免了直接探讨心理健康问题的尴尬。

第二阶段,活动宣传。

为了更好的宣传此次活动,我们采用线上和线下宣传相结合的形式。以线下宣传为主,线上宣传为辅。为此,我们制作了海报(图 1)、传单;设计了"合师 MOOC"的 LOGO,并制作了徽章(图 2)。传单分两种,一种是宣传 MOOC 知识的传单(图 3、图 4),另一种是宣传 MOOC 活动的传单(图 5、图 6)。此外还制作了一些创意小礼品、小册子、校园手绘明信片等(图 7),成本不高,但小巧精致,很受大学生喜欢,在现场报名的时候分发给学生,增加他们参与的积极性。

图 1  MOOC 沙龙活动海报

图 2 MOOC 徽章

图 3 介绍 MOOC 的传单(一)

图 4 介绍 MOOC 的传单(二)

借力 MOOC 提升大学生学习能力——图书馆嵌入学习过程、服务读者的新探索

图5　传单正面

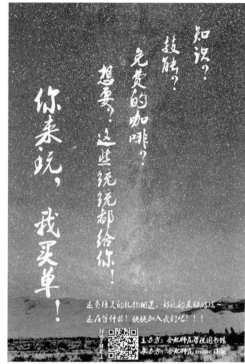

图6　传单背面

图7　MOOC 活动小礼品

线上宣传主要利用秀米制作在线宣传海报,通过嵌入音乐、文字、图片、动画效果,制作出生动有趣的电子海报(图8、图9)。可以利用 QQ、微信等网络平台进行转发,并且能直接打开,不需要专门的浏览器,推广起来比较方便。

图 8　MOOC 电子海报截图一

图 9　MOOC 电子海报截图二

准备好以上材料之后,我们先利用 QQ 群、微信平台、百度贴吧等进行网上宣传,让尽可能多的学生了解到活动的内容,并对这个活动产生兴趣。经过几天在线宣传预热后,我们开始摆展台进行线下宣传和现场报名(图 10～图 14)。展台设在学校人流量最大的竹园广场,活动从早上 8 点持续到下午 6 点。每位组员都积极参与到活动宣传中,轮流到展台值班,中午人流量大的时候都会自觉过来帮忙,分发传单。活动持续了三天,吸引了很多同学的关注,取得了很好的效果。因为这个活动是第一次举办,很多学生对这个活动或 MOOC 不了解,我们都会给他们耐心地解释,并鼓励他们参与到活动中。在摆展台结束的时候,报名人数已经有几十名。

图 10　MOOC 沙龙活动报名现场一

图 11　MOOC 沙龙活动报名现场二

图12　MOOC沙龙活动报名现场三　　　　图13　MOOC沙龙活动报名现场四

图14　MOOC沙龙活动报名现场五

第三阶段,活动举办。

活动举办时间选在周六晚上。小组成员提前进入书吧进行现场布置,张贴MOOC海报(图15),书写黑板报(图16、图17),让整个现场更具有MOOC氛围。虽然当晚下着雨,但并没有影响同学们的热情,报名的同学陆陆续续到场。晚上7点活动准时开始。首先由图书馆老师致开场白,介绍此次活动的主题,解答同学们的一些疑问(图18)。然后由小组成员提出话题,大家开始纷纷发言。话题以你所了解的MOOC课程为开始,以大学生的心理健康为主要讨论话题,引发大家积极踊跃的讨论。其间穿插一些互动小游戏,让大家放松身心,活跃现场气氛。在开放舒适的氛围中,同学们敞开心扉,畅谈MOOC课程。有的同学通过社会热点事件分析大学生的心理健康问题;有的同学分享了自己与MOOC课程之间的故事;有的同学探讨了大学生的旅游安全问题。每个话题中都有深层次的对话与思考,内容精彩纷呈。活动最后在愉快的氛围中落下帷幕,图书馆也号召大家更多的参与到MOOC学习中来(图19~图24)。

图 15　MOOC 沙龙场地海报

图 16　MOOC 沙龙书写黑板报一

图 17　MOOC 沙龙书写黑板报二

图 18　MOOC 沙龙活动现场(一)

图 19　MOOC 沙龙活动现场(二)

图 20　MOOC 沙龙活动现场(三)

图 21　MOOC 沙龙活动现场(四)

图 22　MOOC 沙龙活动现场(五)

图 23　MOOC 沙龙活动现场(六)　　　　图 24　MOOC 沙龙活动现场(七)

### 5.1.2　活动感悟

在活动中我们发现,很多学生对 MOOC 的认识都比较深刻,提出了独到的见解,在互相的讨论交流中,同学们对 MOOC 的认识都获得了很大提升。在心理健康问题上,同学们也有了进一步的认识,特别是一位同学以自己的亲身经历告诉大家,有心理问题不可怕,可怕的是不能正确面对心理问题(图 25)。同时我们也发现,还有很多同学对 MOOC 的认识还比较模糊,在报名的过程中不少同学还不知道 MOOC 是什么。因此 MOOC 仍需要进一步推广,让更多的同学参与进来。

图 25　MOOC 沙龙活动现场

对 MOOC 小组来讲,我们发现当活动能以学生为主导的时候,他们就会为这个活动倾注最大的热情。在活动组织上我们给予每个成员最大的自由,每人都可以提出自己的意见,在任务的分配上也让他们自己选择,充分发挥他们的能动性和创造性。因为他们本身就是学生,能从大学生的视角去思考问题,提出的活动策划也很有创意。这也是学生的优势所在,图书馆就是要把这些优势激发出来。

## 5.2 子案例二:企业竞争模拟大赛

### 5.2.1 企模大赛介绍

企业竞争模拟大赛利用"企业竞争模拟"系统模拟现实企业面临的市场经济环境以及经营过程中包括生产、运输、市场营销、财务管理、人力资源管理、研究开发、战略发展等方面在内的各种决策变量。参加者需要全面灵活地运用生产管理、市场营销、财务会计、战略管理等管理学知识和方法,正确决策,实现企业的战略目标。参赛小组由2~3人组成,选一人为队长(CEO)。每个小组代表一个虚拟的企业,与其他小组同时进行在线模拟,系统根据各公司提交的决策给出其经营结果。然后各公司再根据上期经营状况,做出下一期的决策,直到模拟结束。比赛一般需要模拟7~8期。在整个模拟结束后,系统按照多项指标加权平均评出优胜者。

第八届安徽省企业竞争模拟大赛由中国管理现代化研究会决策模拟专业委员会和安徽省高校数字图书馆主办,合肥工业大学承办。安徽省20余所高校,近300支队伍参加了此次比赛,我校积极组织学生参与比赛并收获了较好的成绩。

### 5.2.2 案例组织介绍

我校通过MOOC平台了解到大赛的信息,得知比赛消息时,距离比赛开始只剩一周的时间,时间紧、任务重。图书馆对此给予了高度重视,首先在全校范围内进行了广泛宣传,对经济管理学院的同学进行了重点推介。除了经管学院很多同学参加外,还有很多其他专业的同学积极报名,最终组织了21支队伍参加比赛。

因为是首次参加这种比赛,大家对系统都不熟悉,故由图书馆老师先对比赛系统进行了细致的学习和研究,掌握基本规则之后开始给参赛选手进行培训(图26)。组织参赛学生一起观看安徽省E会学平台的企业竞争模拟相关课程(图27),一方面让他们学习比赛知识,另一方面推广MOOC学习理念;同时建立QQ群把相关的学习资料推荐给他们,指导学生一起进行在线学习(图28、图29)。在图书馆的帮助下,同学们逐渐掌握了iBizSim系统的操作方法。随后图书馆组织学生进行比赛演练(图30),强化实践操作技能。经过一周时间的紧张备赛,同学们已经可以熟练地使用系统参赛了。在比赛前一天,图书馆给学生进行了最后培训,讲解了一些比赛技巧,并给他们加油打气,让他们充满信心地参与到比赛中。

图 26　企模大赛培训照片

图 27　一起观看 MOOC 课程

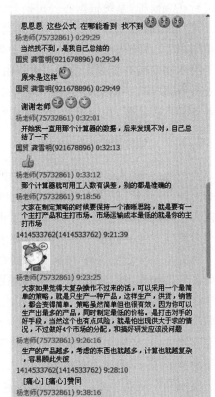

图 28　利用 QQ 群分享企模资料　　　图 29　利用 QQ 群在线解答疑问

图 30　组织企模校内比赛

经过几天激烈的角逐,我校王磊、张嘉嘉、葛琦敏三位同学组成的"刀锋队"发挥团队精神,在比赛中脱颖而出,顺利进入复赛。在图书馆老师的帮助下,最终获得安徽省企业模拟大赛三等奖(图31~图33),同时获得了参加第七届全国企业模拟大赛的资格。他们在全国大赛中与国内众多高校选手一起角逐,又获得佳绩,取得了三等奖的好成绩(图34)。此外,第八届安徽省企业竞争模拟大赛还设立了"MOOC学习奖",我校杨蒙和张乐明两位同学积极学习徽省"E会学"平台的 MOOC 课程,获得了此项殊荣(图35、图36)。我校图书馆因出色地组织学生参加和完成比赛,获得了"积极参与奖"的荣誉(图37)。

图 31　第八届安徽省企业模拟大赛获奖证书(一)

图 32　第八届安徽省企业模拟大赛获奖证书(二)

图 33　第八届安徽省企业模拟大赛获奖证书(三)

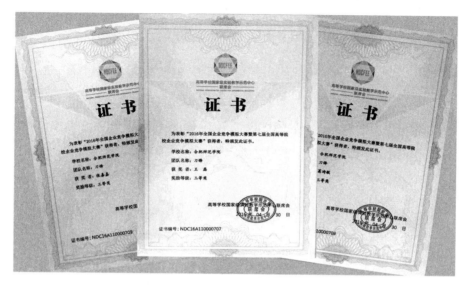

图34 第七届全国企业模拟大赛获奖证书

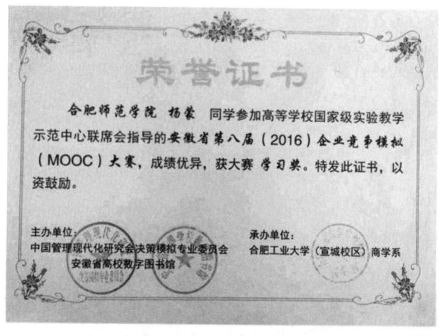

图35 第八届安徽省企业竞争模拟大赛"MOOC学习奖"(一)

图 36　第八届安徽省企业竞争模拟大赛"MOOC 学习奖"(二)

图 37　第八届安徽省企业竞争模拟大赛"积极参与奖"

### 5.2.3 活动感悟

此次比赛为我校学生提供了一个熟悉企业实际运营的平台,使他们将理论与实践结合起来,增加了企业管理的经验,培养了企业竞争和团队合作意识,对大学生创新和创业能力的提高大有裨益。并且在几天时间内熟悉一个复杂的比赛系统并上手操作,也是对学习能力极好地锻炼。此次比赛我校收获了很多荣誉,但更大的收获是通过比赛推广了 MOOC 学习理念,促进了大学生自主学习能力的提升。

## 6 案例分析总结

### 6.1 案例创新点

#### 6.1.1 创新点1:图书馆角色新定位

高校图书馆不只是知识中心、信息中心,还可以成为学习支持中心。MOOC 的开放性和多样性,改变了传统的学习方式和学习过程。MOOC 给了大学生更大的学习自由,但需学生有较强的自主学习能力;MOOC 有丰富的知识,但需要有正确的获取渠道。这为图书馆嵌入到大学生的学习过程中提供了更多的切入点,图书馆可以成为连接大学生与 MOOC 之间的桥梁。

首先,图书馆可以对 MOOC 进行广泛的宣传,提高大学生对 MOOC 的认知度。其次,图书馆可在大学生的 MOOC 学习中,给予引导和帮助,降低 MOOC 学习的门槛;在大学生的课程完成后,给予学习反馈,帮助他们找到学习中存在的不足,并积极改善。最后,将热爱学习积极向上的同学集结起来,并带动身边的人一起学习 MOOC,让良好的学习氛围逐渐蔓延开来。通过有效组织,将众多的学习者联结起来,为他们创造互相学习交流的机会。在开放、交流、互助的环境中,激发他们的学习热情,培养终身学习理念。

#### 6.1.2 创新点2:活动形式

沙龙不同于课堂讨论的严肃认真,也不同于比赛的激烈竞争,它能满足大学生交流的需要,形式也比较灵活,不会让参与者太拘谨,切合当代大学生开放自主的个性。沙龙以开放和灵活的方式赋予学生很大的自由,充分调动他们的主观能动性,在一起尽情学习交流。在活动中穿插一些互动小游戏,使现场氛围轻松愉悦,很受大学生欢迎。通过组织此类活动也改变了同学们对图书馆的认识,不再是严肃和刻板,而是轻松和活泼,这也是图书馆营销和塑造自身品牌的积极尝试。

### 6.1.3 创新点3:宣传渠道

进行多渠道宣传推广,线上线下结合,充分发挥各种宣传渠道的优势,其中利用秀米制作的电子宣传海报形式多样,效果生动,具有很强的场景代入感。而且这一制作方式有很多在线模板可以使用,制作方便,海报在电脑和手机上都可以打开,不需要专门的播放工具,可以借助网络平台广泛传播,是很好的网络宣传工具。秀米不仅可以用做活动的宣传,同样可以用于资源的推广,其在图书馆的利用方面仍有很多潜力可挖。

## 6.2 案例与读者、资源和服务的相关度

很多MOOC课程具有OA资源的特性,可以作为图书馆资源的有益补充。一些热门的MOOC课程反映了学习者的关注度,对资源的采购和建设具有借鉴作用。图书馆可以根据MOOC课程将相关的图书或资源推荐给他们,在为大学生MOOC学习提供资源保障的同时,促进馆藏利用率的提高。此外,图书馆组织读者进行MOOC学习和讨论,不止满足他们对知识的需求,而且满足了他们交流和表达的需要。通过组织活动,与读者深入互动,可以充分地了解读者的需要,为今后更好地提供读者服务奠定基础,并且可以进一步发挥知识的力量,扩大自身影响力,营造和谐的文化氛围,对大学生的学习生活产生积极的影响。

## 6.3 经验启示

图书馆组织读者进行MOOC学习交流活动,顺应了未来在线学习的新趋势,满足了读者个性化的知识需求,是对自身服务能力的深度挖掘和拓展服务空间的有益尝试。通过举办这些活动,让读者充分认识到图书馆的作用和价值,增加了对图书馆的认同,提升了图书馆的影响力。老子曾说"授人以鱼,不如授之以渔",读者服务不应只停留在提供知识的层面上,培养大学生自主学习能力,比直接提供给知识更重要。养成良好的学习能力和信息素养,能帮助大学生毕业之后依然可以有效地获取自己所需的知识,这也是终身学习的必备技能。图书馆应该为读者创造更多学习和交流的机会,在大学生学习能力建设上发挥更积极的作用。

# 自主研发考试系统　提升读者信息素养

周礼胜　金传萍　陈颖
（安徽建筑大学图书馆）

信息素养，也被称为信息能力、信息素质，是一种涵盖面较广的以获取、评估、利用信息为特征的传统与现代文化素养相结合的科学文化素养，是思想意识、文化积淀和心智能力、信息技术有机结合的一种综合能力。当今时代，信息大爆炸，信息素养的高低，直接关系到能否快速、有效、准确地从纷繁复杂的海量信息中获取有用的信息。对担负国家未来建设重任的大学生来说，信息素养更是必备素质之一。因此，信息素养教育至关重要，信息素养教育关系到大学生创新能力的提高，关系到自主学习能力的培养，关系到高校素质教育的成败。图书馆作为大学的心脏，是读者学习研究的一个重要空间载体和资源载体，培养好信息素养，学会利用图书馆是第一步。为了让学生尤其是新生更好地利用图书馆的各种资源，进而提升自己的信息素养，我馆（安徽建筑大学图书馆）每年都进行各种数据库培训，并在培训之后进行测试，培训测试一体化。现在我们使用自主研发的考试系统进行在线测试，测试之后馆员评阅给出成绩和创新学分，成效显著。

## 1　在线考试背景

随着计算机和移动信息技术的高速发展，信息的传播突破了时间和空间的限制，信息技术在各个领域得到普及，人们的生活、工作、学习的方式无不潜移默化地改变着，人们获取知识的方法和途径也在不断进步，教育的模式和方法也随之而改变。在网络技术逐渐普及的大环境下，在线教学平台开始得到推广，并且在各层次学校及各行各业中得到认可，在线测试及考试系统作为在线教学平台的一部分也得到了长足的发展。高校学生数量庞大，在作业、测试、考试等方面都面临巨大压力，教师也同时面临着艰巨的任务。传统纸质试卷从组织教师命题到印刷试卷，从考场监考到试卷批改誊分，投入的试卷印刷纸质成本、监考批改人力成本、命题监考评测的时间成本等消耗巨大，效率也相对较低。因此，在网络教学平台上开发测试及考试系统是非常有必要和有价值的，可将教师的时间、精力从繁重的作业批改工作中解放出来；同时，这样的系统可将做过的试题、试卷保存下来,方便分析和查阅;这一系统可在测试和考试时使不同的学生做不同的题目,避免作弊和抄袭;经济上可省去试卷打印的成本;最后还可使教师随时随地将题目和解题过程保存下来录入题库,方便教师的教学工作。目前,在线测试及考试系统在各行各业中都得到了广泛应用,学校也不例外,我们使用自主研发的考试系统进行测试,也是与时俱进,紧跟时代发展。

## 2　考试系统介绍

我们开发考试系统是在基于开源平台研发的 PHPEMS 无纸化考试系统的基础上进行了大量的修改,使其适合我们的命题和测试需要而成的。下面简单地介绍下该系统:

### 2.1　对 PHPEMS 考试系统的修改

PHPEMS(PHP Exam Management System)在线模拟考试系统是基于 PHP＋Mysql 开发的,主要用于搭建模拟考试平台,支持多种题型和展现方式,是国内首款支持题冒题和自动评分与教师评分相结合的 PHP 开源在线模拟考试系统。该系统可以快速搭建用于模拟考试的网站平台,实现无纸化考试、真实考场模拟、知识强化练习等功能,可满足培训机构、学校、公司等机构各种考试需求。

图书馆无纸化考试系统是在 PHPEMS 在线模拟考试系统的基础上,在 PHP 语言环境下对该系统做了针对性的修改而成的。

(1) 对系统的数据库进行了修改和优化:
① 修改关键表的结构,删除多余字段,使之符合文献检索培训考试要求。
② 采用建立索引等手段对常用的查询操作进行优化,提高数据库的运行效率。
③ 对表进行按需定制,去除不需要的表,调整表之间的逻辑关系。

(2) 对系统的事务处理逻辑进行了修改和优化:
① 按需修改和定制事务处理逻辑,使之符合文献检索培训考试需求。
② 对原有的事务处理逻辑进行优化,提高了系统运行效率。
③ 对事务处理逻辑进行临界测试,保证在任何情况下都可以稳定运行。

(3) 修复了系统的一些 BUG:
① 调整了系统的试题解析功能,在正式考试时,可以关闭这项功能,避免学生依据答案进行二次答卷从而提高自己的得分。
② 删除重做试题按钮,去除测试重复的功能。
③ 设置上次考试时间范围为过期时间,避免学生误入。
④ 删除与本次考试无关的其他信息。

(4) 针对课程测试需要,修改了选择题备选答案的上限。
(5) 设置了学生可以答题的次数上限。
(6) 修复了一些可能会产生的脏数据并隐藏了学生无须知道的细节以免引起误解。
(7) 对系统界面进行了完善和规范化。
(8) 对系统进行了全响应改造,使系统可以在不同的设备中完美的展示和使用。学生不仅可以通过电脑完成上机考试,还可以通过手机和平板设备完成考试。

## 2.2 修改后的考试系统介绍

一般的在线考试系统应该具备试题管理、试卷管理、模拟考试和成绩查询四个主要功能:① 试题管理功能主要是增加、修改、删除试题等对试题库的管理操作;② 试卷管理主要负责生成考试试卷,既可以自动组卷也可以手动进行;③ 模拟考试功能,也就是学生选择并参加考试的功能;④ 考生通过成绩查询功能可以查询自己的考试成绩。我们的在线考试系统对这些功能一部分进行了集中和归并,一部分进行了分解,主要由学生子系统、教师子系统和管理员子系统三个子系统组成。

### 2.2.1 学生子系统

学生用户的主要需求为:在系统开放的时间段内,可以凭有效账号密码登录系统,查看测试列表及考试列表。测试列表列出教师布置的测试,包含测试名称、起止时间、相关操作(如开始做题、查看作业等)、分数等内容。当学生在正确的时间段内开始做题后,试题库将按照老师定制的试卷生成测试内容,包括单选题、多选题(单选题和多选题选项随机顺序)、判断题、填空题、问答题,学生做完提交之后,则跳转至分数页面,学生可选择跳转至查看答案及解析页面。学生用户的功能需求示意图如图1所示。

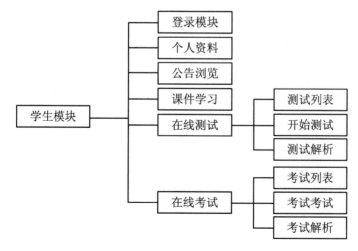

**图 1 学生需求示意图**

以下是对各功能进行的解释：
(1) 登录模块
以学生用户身份登录并跳转至学生页面。
(2) 个人资料
学生在登录系统后可以对自己的资料进行添加或更改，例如可添加联系方式以方便教师联系。
(3) 公告浏览
在公告栏浏览近期教师发布的公告。
(4) 课件学习
进入该模块后可以看到教师上传的课堂课件及课外补充课件。
(5) 在线测试
教师布置测试后，系统将该测试加入测试列表，学生可以查看到测试列表，点击开始某一测试后，由组卷函数，按照教师指定的章、节、知识点生成试卷加入到对应试卷库中并同时展现给该学生。试卷中的题目按照教师指定范围及每种题目类型指定的数量随机不重复抽取，其中的单选题和多选题的选项随机排列，这样可保证每个学生抽取的题目尽可能的不同，且相同题目的选项顺序不同。此外，学生在提交作业后可以看到本次作业的分数及解析，包括作业中的题目、学生所选答案、正确答案和题目解析。由于我们主要是针对数据库培训进行测试，故测试一般在培训后进行，所以我们关闭了这一功能，准备以后在文检课教学中使用。
(6) 在线考试
类似于测试功能，考生进入该模块可以查看考试列表，试卷的生成与测试的生成原理相同，只不过考试时增加了时间限制。针对于每一个学生生成的试卷都带有时间戳，考试开始后将有倒计时表展现在学生答题界面上。计时表会对考试进行计时，并在时间剩余十分钟时给予提醒，时间结束时将自动提交答题页面并通知学生"已超时且试卷已自动提交"。考试解析与测试解析不同，考试解析需在教师允许成绩公布后进行公布。我们在系统中也关闭了考试解析的功能。

#### 2.2.2 教师子系统

教师子系统包括试题管理、试卷管理、考试管理和成绩管理4个主模块，主要用于完成维护系统中的试题库、生成试卷和批改试卷等工作，各个模块的具体功能如下所示：

**2.2.2.1 试题管理模块**

试题管理模块主要完成对试题库的各种操作，包括添加、管理和删除试题等功能。添加试题功能主要负责对试题的添加操作，其参数包括题目内容、试题范围、难度及答案等。

**2.2.2.2 试卷管理模块**

试卷管理模块主要负责试卷生成、修改、删除等操作，还负责试题的查找工作。当需要增加新试卷时,要输入试卷的基本信息,包括类型、范围及难度等,可以采用自动或人工的方式生成试卷。在人工生成试卷的模式下,可以通过增加或删除试题的方式来对试卷的内容进行修改。只有当试卷没有考生考试调用时才能完成删除试卷的操作。当需要查找某一试题时,可以输入与试题有关的关键字。

**2.2.2.3 考试管理模块**

考试管理模块的主要功能是为某次考试选择一份合适的试卷,并且可以对考试进行添加、删除操作。管理模块还要为选择的试卷设定有效时期,期限过后试卷被判定无效了,而且一份试卷可以被多次考试选中。该模块还负责查看试卷和修改试卷,具体功能如下所示:

(1) 添加考试

输入考试名称、所属科目及难度等考试约束,然后系统根据考试约束组织试卷。

(2) 删除考试

在没有学生参加本次考试的情况下,可以删除指定的考试。

(3) 查看试卷

查看试卷的编号、名称、类型、范围、分数及难度等基本情况。

(4) 修改试卷

对已生成的试卷,可将不合理的试题进行删除,将需要用于考试的试题添加到试卷中。在随机组卷情况下,需要对试题范围进行限定,来选择取舍相应的试题。

### 2.2.3 管理员子系统

管理员子系统主要负责管理系统的账号、权限等,包括修改密码、添加账号、删除账号及查找用户等功能,主要有用户模块、内容模块、考试模块、财务模块。管理员可以修改用户密码,添加或删除学生用户和教师用户,还可以根据输入的关键字查找用户,此外管理员还需要添加科目内容。另外,教师子系统的功能管理员子系统都可以实现。

## 3 案例实施过程

### 3.1 数据库培训

安徽建筑大学作为安徽省唯一一所以土建类学科专业为特色的多学科性大学,为了服务广大师生的需要,购买有大量中外文数据库。为了普及和提高数据库的使用率,我们每年在图书馆的读者服务周和优质服务月期间都会进行各种数据库的培训,比如对中国知网、万方数据库、ACS数据库的培训等等。首先,我们会提前发出海报通知数据库培训的名称、时间和地点,学生根据自己的学习空余时间自主参加。通过公示,我们发现比以前培训硬性规定学生参加时进来的人更多,效果更好。培训时,让学生签到以便统计有哪些学生来现场参与了讲座。培训过程中,老师准备一些小礼品,老师提出问题,学生参与有奖问答,活跃了课堂气氛,学生认真听讲,提高了学习效率。培训场景如图2~图5所示。

图2 数据库培训签到

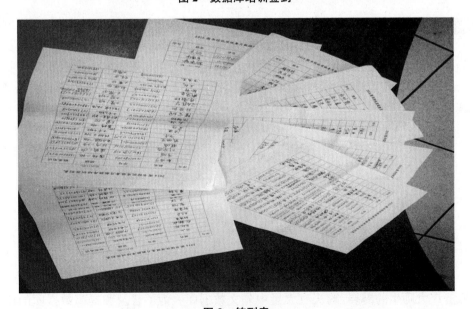

图3 签到表

**图 4 培训老师上课**

**图 5 培训现场**

## 3.2 使用考试系统考试

培训完之后,为了巩固所学的数据库相关知识,学生紧接着进行考试,从 2016 年开始使用 PHPEMS 无纸化考试系统对学生进行测试(图 6)。以前使用纸质试卷测试,培训效果不明显,现在使用无纸化考试系统,统计结果显示培训取得了巨大成功。

与传统的服务方式相比,学生参与考试更便捷,不受时间和空间限制,互动性更强,答题实践同时进行,馆员也节约了出卷和阅卷时间,节省了大量时间和精力。下面简单介绍考试过程。

**图 6　考试现场**

### 3.2.1　教师出卷

由系统管理员从后台或者馆员从前台登录系统出试卷,流程如下:
(1) 设置科目

首先进入考试模块——考试设计栏目,在科目管理栏下添加科目,相当于一门课程,如果有多种类型的培训考试,就可以用不同的科目来设置。然后在科目下设置不同的章节,相当于以每个课程的一段或几段为一个章节,每个数据库测试都作为一个独立的章节。在章节下还可以细分到知识点,比如基础知识、提高知识等等。如图7、图8所示。

| 科目管理 | | | 添加科目 |
|---|---|---|---|
| 科目ID | 科目名称 | 操作 | |
| 4 | 信息检索 | ≡ ✎ ✖ | |

**图 7　设置科目**

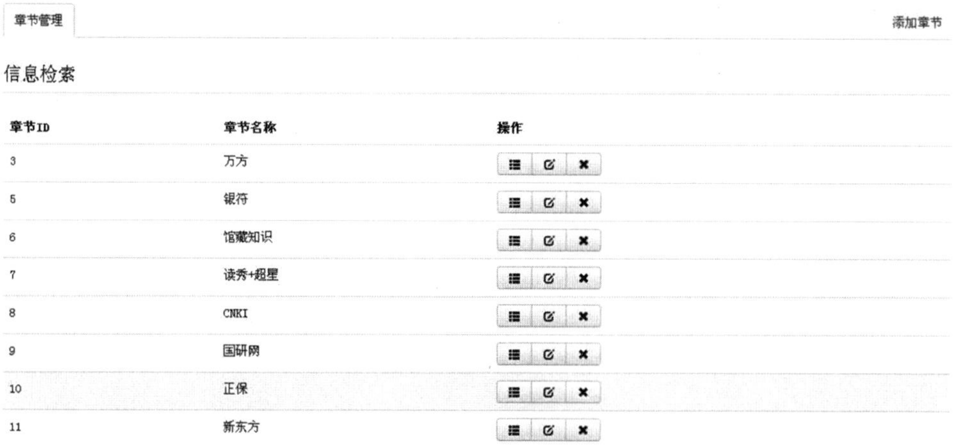

图 8  设置章节

（2）建立题库

首先在考试设计——题型管理中，设置不同的题型，比如可设置单选题、多选题、判断题、问答题、填空题。然后在试题管理——普通试题管理界面中的不同的科目章节下，根据不同的知识点录入相应试题，并设置试题的难易程度，如图 9 所示。另外，很多时候为了组织题库，可能有不止一个试题录入者。在录入试题时，可填入不同的录入者的名字，这样可方便日后的试题维护。而且，利用限制条件，可以通过搜索把需要的题型集中在一起，还可以把试题大规模地批量导入。

图 9  试题

题库的建立至关重要,题库量越大,考生在考试时,随机性就越强,雷同的可能就越小。试题的质量关乎考试的质量。另外,出题时,也要注意不能出答案具有不确定性的试题,比如我馆购买某个人的著作有多少种这样的题目,目前给定了一个答案,过几年又购入了这个人的著作,考生查阅馆藏时得出的答案和最初的"标准"答案相比就有矛盾。

(3)组卷

在试卷管理栏下添加试卷,一般是选择随机组卷,填好考试名称,选好考试科目,定好考试时间、试卷总分和及格线,设置好各种题型的比重和分值,每种题型选择各种难度各多少题,如果有些题型和难度没有数字的话,一定要置零,否则无法提交,如图 10 所示。

图 10 添加试卷

(4)添加考场

首先在考试设计——考场列表下添加考场,写好考场名称,选好考试科目和考试地区,确定是否为免费考场。添加考场只能在一个科目下进行,根据需要选择一个或者几个章节以及章节下的知识点,确定命题范围。绑定试卷 ID,这个试卷 ID 和当初组卷时的试卷 ID 相同,选择考试规则系统随机抽卷,限定考试次数,提交之后组卷完成,如图 11 所示。

图 11　添加考试

### 3.2.2　学生考试

（1）学生注册

学生用电脑或者手机都可以进行考试。在前台注册好账号，一般为便于统计，使用学号姓名作为用户名。另外，也可以由管理员在后台批量导入学生数据。

（2）开始考试

进入系统之后开通新考场，选择科目下相关的课程，选择对应的试卷开通考试，然后进入"我的考场"下的相关试卷进入考试。系统随机组卷，每位考生的试卷都不一样。考试结束提交试卷。另外，有时候在正式考试之前还可以进行模拟考试，可根据需要进行不同的设置。模拟考试结束后有试卷解析，学生可发现自己的错误所在。目前我们关闭了模拟考试的功能，准备以后条件合适再开通，如图 12、图 13 所示。

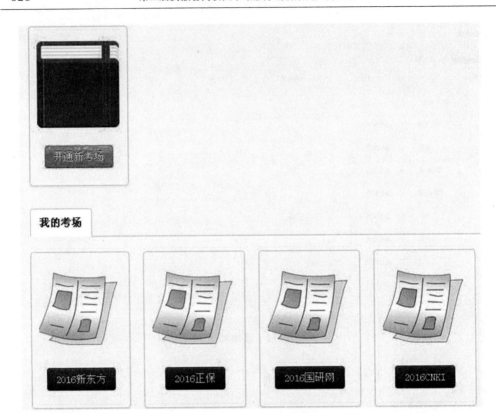

图 12 开通考场

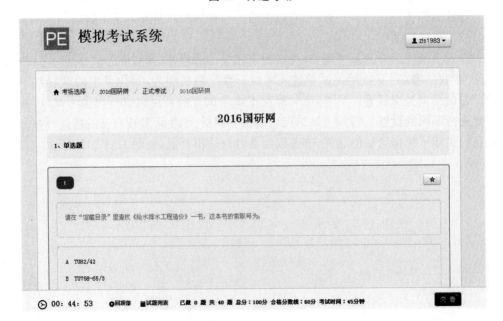

图 13 正式考试

## 3.3 成绩统计

（1）成绩统计

首先进入教师系统教师管理——课程成绩——成绩管理中，选择相应的考试科目成绩统计，如果都是客观题，则当场给出成绩；如果有主观题，则由馆员评阅之后给出成绩，然后导出成绩，如图 14 所示。

考试模块 / 课程成绩 / 成绩统计

成绩统计　　　　导出成绩

| ID | 考生用户名 | 分数 | 考试名称 | 考试时间 | 组卷类型 |
|---|---|---|---|---|---|
| 413 | 16211040121邱家乐 | 82.00 | 2016国研网 | 2016-10-25 | 手工组卷 |
| 412 | 15205150137邹荣伟 | 66.00 | 2016国研网 | 2016-10-25 | 手工组卷 |
| 411 | 16211040218 | 72.00 | 2016国研网 | 2016-10-24 | 手工组卷 |
| 410 | 16211040229xiangzhiwang | 68.00 | 2016国研网 | 2016-10-24 | 手工组卷 |
| 409 | 16211030137zhouliqi | 42.00 | 2016国研网 | 2016-10-24 | 手工组卷 |
| 408 | 16211030237张志豪 | 88.00 | 2016国研网 | 2016-10-24 | 手工组卷 |
| 407 | 16211040221 | 66.00 | 2016国研网 | 2016-10-24 | 手工组卷 |
| 406 | 16211030217 | 64.00 | 2016国研网 | 2016-10-24 | 手工组卷 |
| 405 | 16211030217 | 64.00 | 2016国研网 | 2016-10-24 | 手工组卷 |
| 404 | 16211040203陈宏禹 | 82.00 | 2016国研网 | 2016-10-24 | 手工组卷 |

|‹ 1 2 3 4 5 6 7 8 9 10 >> ›|

**图 14　成绩统计**

（2）创新学分的认定

我校对学生有创新学分的要求，为了鼓励学生的积极性，我们规定：读者参加培训并签到，测试分数在及格线以上，给予 0.5 个创新学分，然后上报教务处学生就可以完成学校规定的学分要求。

# 4　案例实施的效果

以前培训之后都是使用纸质试卷测试，一方面馆员出题排版印刷阅卷，耗用了大量时间，而且有时候不能准确估算学生参与人数，造成资源浪费；另一方面，学生只能在特定的时间和地点参与，参与度有限。自从 2015 年开始使用考试平台以来，我馆共组织了 8 场考试，约有 2 000 人次参与测试，参与人数一场比一场多。馆员事先录入好试题组成题库，历年来的试题根据不同的章节都可以放在系统里，于是可以利用既有资源，题量大，可选性多。学生在看到相关海报之后，无论有没有参加培训，只要感兴趣打开电脑和手机终端,都可参加测试,参与方便。

### 4.1 创新点

(1) 培考一体化

培训之后进行测试,杜绝了听过就忘的弊端,巩固加深了所学的知识;另外,有些试题还需要实践操作才能得出答案,为使用数据库资源建立了良好开端。

(2) 题库的建立

将所有馆员录入的试题集中在一起组成题库,并且每道题给出难、中、易程度,便于控制出卷质量。题量越大,出题时随机性就越强,考生如果有兴趣,可多次参加考试,一般情况下试卷题目都不一样,易于全面掌握知识。

(3) 测试终端多样化

学生使用电脑、IPAD、手机都可以测试,不需要在特定的时间和地点进行,在考试有效时间范围内都可以,参与方便。

(4) 创新学分认定

只要学生参加了数据库的培训签到并考试及格,就给出 0.5 个创新学分。学生不仅能提升信息素养,还能完成学校规定的学分要求,参与的积极性大大提高。

### 4.2 经验启示

第一,PHPEMS 无纸化考试系统出题时以图书馆的资源为基础,把馆藏知识和规章制度的相关内容、对数据库的介绍、数据库具体的使用操作作为命题范围,紧密结合图书馆的资源和服务,使学生在进行测试时对图书馆和数据库有一个大致的了解。这对图书馆来说,达到了培训的目的,而对读者来说,则提升了信息素养,为以后科研时查阅文献资料打下了基础。

第二,要吸引更多的学生参与进来。应扩大宣传力度,让广大读者知道图书馆数据库培训,了解这个平台。

第三,加大考试系统的使用力度。目前本系统只在数据库培训测试方面使用,以后要推广到大学生入馆教育,文献检索大赛等项目。

第四,目前的培训都是线下培训,以后准备试行线下、线上培训相结合,多元化培训相结合的模式。

## 5 考试系统的不足和改进

系统经过测试后投入使用,在使用过程中,学生用户和馆员反馈了一些问题,主要体现在如下几个方面,这些方面也是今后系统改进和升级的主要方向。

① 由于我们仅仅是在数据库培训之后进行测试,而测试的次数有限,测试的内容有限,系统的很多功能没有使用,要探索新功能的使用。

② 学生用户反应本系统功能较为单一,学生之间的互动性和社交性不足,系统下一步将在学生之间的交流和互动方面开发新的模块。

③ 馆员反应系统的统计功能不够完善,面对大量的学生试卷数据,应该加入更强大的统计分析功能,这对教师的教学工作非常有帮助。

④ 该系统现在仍然不能对主观题做出评价,有很多主观题目依然需要教师人工批阅,如果能对主观题做一定的约束,使得系统可以对主观题自行评判,则系统的适用性将大大提高。

⑤ 系统智能化不足,系统的大多数功能是比较机械的,如果能加入一些智能化的功能,系统将变得更加实用。比如对一个学生的测试情况进行统计,可以分析出这个学生对知识点掌握的情况,然后为学生生成适合他的自主练习题。

网络与教育的结合,在教学资源的丰富性、教学环境的开放性、教学管理的方便性、师生交流的交互性、学生学习的个性化、教学工具的多元化、教育行业的社会化等方面发挥了不可替代的作用,具有传统教学课堂所无法相比的优势。一方面,网络和教育的结合给人们带来了无限的可能性;但另一方面,网络辅助教学平台也有自身的局限性,正如教学单位对在线教学平台的主流评价一样,现阶段的在线测试及考试平台只是教学的一个辅助工具,无法完全代替传统的测试和考试模式。我们使用在线考试系统,主要目的是让图书馆的服务紧跟时代的发展,适应当前的移动网络环境的需求,变传统的现场服务方式为在线的服务方式。在未来工作中,我们一方面要不断地改进完善考试系统,以期提高学生在平台和系统中的学习质量,让系统变得更加智能化、人性化,更好地满足学生的需求;另一方面也要创造其他各种条件让读者了解图书馆、使用图书馆、爱上图书馆、提升信息素养,从而为今后的学习研究打下一个良好的信息基础,更好的发挥图书馆在高校教育中的支撑作用。

# 阅读历史，传承文化
## ——黄山学院图书馆徽州文化特色馆藏服务纪实

刘双四

（黄山学院图书馆）

## 1 案例实施背景

### 1.1 特色的地域文化

黄山学院所在的黄山市作为古徽州的所在地，其历史文化十分发达，更以灿烂辉煌的徽州文化著称于世。传统的徽州地区主要包括黄山市所辖的三区四县、宣城地区的绩溪县以及江西的婺源县等。徽州文化是一个极具地方特色的区域文化，是中华民族优秀传统文化百花园中的一朵奇葩，其内容广博、深邃，有整体系列性等特点，深刻涵盖了东方社会与文化之谜，全息包容了中国后期封建社会民间经济、社会、生活与文化的基本内容，被誉为是后期中国封建社会的典型标本。学术界对其的研究，至少经历了大半个世纪，自20世纪80年代以后更趋火热，逐渐形成了一门相对独立的地方学——"徽学"，被誉为是与敦煌学和藏学并列的中国三大走向世界的地方显学之一。徽州文化涉及徽州经济、社会、教育、学术、文学、艺术、工艺、建筑、医学诸学科，凡与徽州社会历史发展有关的内容，都属徽州文化范畴。徽州文化作为中华传统文化体系中的一个具有地方特色的地域文化"标本"，备受海内外专家学者瞩目。

### 1.2 学校的办学特色

作为徽州地域唯一一所高等学校，保存和传承地方特色文化，是学校应有的职责与义务，"打好黄山牌，做好徽文章"也一直是学校秉承的办学方针。围绕黄山市"十三五"发展规划，面向黄山市支柱产业和战略新兴产业，学校重点打造了与旅游、生态、徽文化等相关的应用型学科专业群，支撑黄山市"旅游大市""生态大市""文化大市"建设和周边区域经济社会发展。

## 1.3 图书馆的职责

为保存和传承徽州文化,履行图书馆自身的职责,图书馆设立特藏部和徽州文化资料中心,专门负责收集徽州地方特色文化资料。丰富的特色馆藏资源,搭建充实了服务师生学习、教学与科研的重要平台,一是为学校的教学与科研提供信息服务;二是为师生开展有关徽文化的课题研究提供有力的资料保障;三是传承和弘扬优秀传统文化,对大学生进行传统文化和爱国主义教育;四是成为学校对外展示传统文化和办学特色的重要窗口。

# 2 案例实施要点

## 2.1 徽州文化资料的收集

从 2001 年始,通过民间征集、资料交流等方式,黄山学院图书馆致力于收藏所在地遗存的徽州文书、地方志、谱牒、徽州人著述以及反映古徽州建制沿革、物产资源、风俗人情、名胜古迹、经济生活和文化环境等的资料。其中民间征集是最主要的资料收集方式,其次是与当地的文博单位进行资料交换,还与上海图书馆签订谱牒交换协议。经过多年的努力,目前图书馆收藏的地方特色资料的种类和数量已具有一定的规模,很多为第一手资料,备受国内外学者的关注。现收藏有明清时期徽州文书约 8 万余件(册),徽州及周边地区宗谱 400 余部,徽州地方志 60 多部、400 余册,徽学刊物和徽学论文资料 4 000 余份,有关徽州人、地、事等古籍图书 500 余种、2 000 余册,有关徽州文化的各类图书资料 10 000 余册,这些都成为黄山学院图书馆珍贵的特色馆藏。

## 2.2 徽州文化资料的整理

徽州文化资料内容广泛,时间跨度长,形式多样,我们为了更好地方便师生利用,为教学与科研做好资料服务,特根据资料特点分门别类地对徽州文化资料进行整理。

### 2.2.1 古籍图书
对地方志、地方古籍等资料建立了篇名目录,编制古籍目录,以方便读者查询。

### 2.2.2 徽州谱牒
对馆藏 64 个姓氏、412 部徽州族谱,编制了篇名目录和姓氏目录,对谱主属地、卷册数、堂号、修谱年代、编纂者进行了考证（图1、图2）。近年来，为加强对纸质族谱的保护，同时也为了提高查询的效率，逐渐对馆藏徽州族谱进行了电子化，并重新打印装订，以供读者查阅，原件则收藏保存，以免破坏。现已对244种族谱（包括与上海图书馆交换的谱牒100余种）进行扫描并制作了DVD光盘。

图1　徽州族谱　　　　　　　　图2　徽州族谱

### 2.2.3　徽州文书

徽州文书被称为中国历史文献第五大发现，其以时间跨度长、数量多，文献的真实性、连续性、内容丰富性，而成为中国史学、社会学、经济学等重要的历史资料（图3）。为此，借鉴国内社科院历史所、安徽省档案馆等徽州文书收藏单位的整理方法，结合本馆整理工作经验后，制定了《徽州文书整理细则》，编制了《徽州文书分类表》，整理工作实现了标准化、规范化。

图3　馆藏徽州文书

每一份徽州文书的整理，都有严格的工作规范和流程：工作人员在接触文书时，需佩戴口罩和手套（图4、图5），首先将一份文书打开平放在桌上，对文书的内容进行阅读和分析（图6）；然后将与该文书密切相关的朝代、年号、尺寸、县域、土名、字号、事主、受业人等内容信息，类名、形态、保存状态等外部特征信息，征集时间、整理地点、整理人、整理日期等整理信息登记在特制牛皮纸信封上，并给文书取名，给出分类号，编制包号；再将文书用宣纸包装，以防虫防潮，装入牛皮纸信封内（图7）；同时，清点同批次的已整理文书，包括总数、清代份数、民国份数等，登记在册，将已整理文书打包捆扎并存放。目前我馆已经整理徽州文书74 119份。

图4　徽州文书整理

图5　学生参与整理徽州文书

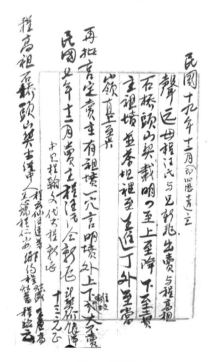

图6　徽州文书

图7　徽州文书专用袋

为了更好地保护和利用珍贵的徽州文书,避免因读者查阅文书对其造成的损坏,图书馆特藏部于2007年申报了省教育厅人文社会科学研究项目《徽州文书整理及管理软件研究(2007sk311)》,自主开发了"徽州文书管理数据库",建立了专门的数据管理系统。这不仅加强了对徽州文书的保护,还使读者检索与利用文书变得更加方便与快捷。我们现已整理、复核、拍照30 000余份徽州文书并将之录入数据库(图8)。

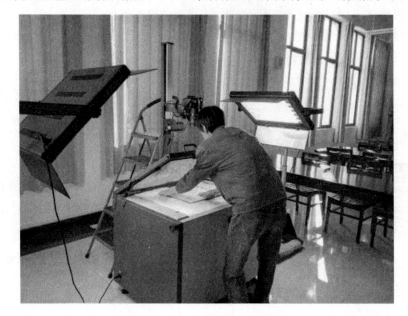

图8　工作人员扫描徽州文书

## 2.3　徽州文书博物馆的建立

2009年底,为彰显学校徽州文化特色,进一步加深徽州文书的影响,又从馆藏文书中挑选出一批历史悠久、价值厚重、品相完好的精品,建立了徽州文书博物馆,被黄山市政府列为"爱国主义教育基地"(图9～图14)。

     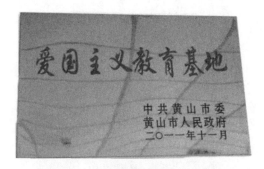

图9　徽州文书博物馆　　　　　　　　图10　黄山市爱国主义教育基地

图11　徽州文书博物馆文书展示(一)　　　　图12　徽州文书博物馆文书展示(二)

图13　徽州文书博物馆内景(一)　　　　　图14　徽州文书博物馆内景(二)

## 3　案例实施成效

### 3.1　徽州文化资料中心

近年来,黄山学院图书馆利用独特的徽州文化资料特色馆藏,服务本校师生,服务当地社会,取得了良好的效果。

### 3.1.1 服务教师

对地方特色资料的整理与研究,一直是我校在哲学社会科学研究方面重点坚持与致力发展的特色项目。徽州文化资料中心主要从教学参考、研究论文和课题研究等三个方面为教师提供资料服务。古徽州素有"东南邹鲁""程朱阙里"之称,人杰地灵,文化底蕴厚重,名人辈出。从朱熹、戴震到胡适、陶行知,对徽州的教育都有着重要的影响,他们的治学思想对现代教育具有重要的借鉴意义。2008年学校以徽州文化资料为素材,组织编辑出版了《徽州文化十二讲》,作为大学生素质教育和传统文化教育方面的创新和尝试。2002~2015年,我校教师发表徽州文化研究论文306篇,其中发表在国家级刊物上的29篇,省级刊物上的231篇。2002~2016年,我校教师申请徽州文化研究项目240个,其中国家社科项目3个,教育部项目8个,文化部项目2个。将民国文书挑选出精品,影印出版《中国徽州文书·民国编》20卷,前10卷由清华大学出版社出版发行,后10卷由合肥工业大学出版社出版发行。目前,我校正在计划出版清代编,并出版了《中国徽州文书·民国编》《徽州古村落文化丛书》等徽州文化研究论著(图15~图18)。

图 15 徽州文化研究成果

图 16 《徽州古村落文化丛书》

图 17 《中国徽州文书·民国编》

图 18 学校徽州文化研究各级项目

### 3.1.2 服务学生

为服务教学,根据我校"十二五"规划确定的发展目标,推进应用型本科建设,注重培养学生的实践能力,出台了旅游、生态、徽州文化等特色建设发展规划。近年来,学生毕业论文及毕业设计中,有不少涉及徽州文化研究领域。

这些论文研究中包括徽州文化旅游形象设计与营销策略研究、徽商文化理念在企业管理中的应用、徽州元素在艺术设计中的应用等研究,对本地区资源调和生态环境的调查以及园林水口研究等,学习与社会经济接轨,提高了学生的实践能力。图书馆利用资料优势,热情为学生提供文献服务,支持教学工作。2002年以来,在校学生申请徽州文化研究校级项目58项,撰写徽州文化研究毕业论文(设计)355篇。

### 3.1.3 服务社会

徽州文化资料中心以其丰富的文献资源,努力为黄山市地方经济社会服务。学校科研人员利用地方文献资料,做了有关徽州古村落环境保护、徽州建筑艺术、非物质文化遗产保护、徽州文化与旅游资源开发、利用等方面的研究,参与地方旅游开发策划,为黄山市的支柱产业——旅游资源的开发、利用和保护提供依据和有效措施。利用收藏的徽州宗谱,近年来为约120批次海内外各方人士寻根问祖提供咨询服务,为地方招商引资起到了纽带和桥梁的作用。我馆珍贵的徽州文化资料还备受海内外专家学者的关注,吸引了众多海内外科研机构和专家学者来我校进行调研和交流。

## 3.2 徽州文书博物馆

2009年建立的徽州文书博物馆,集中展示了具有代表性的,内容涉及政治、历史、经济、文化、教育、民间风俗等社会各领域的十大类明清徽州文书近三百件。目前,博物馆已成为学校对外进行学术交流的一个重要窗口,并被黄山市政府列为爱国主义教育基地。同时,博物馆还成为学校教育教学科研实践基地,中国近代史纲要、思政课等有关课程已将它作为补充课堂教学、培养学生爱国情操、对大学生进行爱国主义和传统文化教育的教学实践基地。在图书馆开展的新生入馆体验、读书月、读者服务宣传月等活动中,博物馆也成为读者参观、体验和进行宣传、教育的重要场所。开馆以来,徽州文书博物馆已累计接待在校大学生参观 10 000 余人次,接待学校各类课程集中参观 2 000 余人次,接待国内外领导、专家、同行参观 900 余人次(图 19~图 22)。

图 19　中宣部领导参观徽州文书博物馆

图 20　中国台湾代表团参观徽州文书博物馆

图 21　在校学生预约参观徽州文书博物馆

图 22　学生社团参观徽州文书博物馆

# 典藏云集,走近图书
## ——民办高校图书馆经典阅览室建设

张欣
(安徽新华学院图书馆)

安徽新华学院图书馆创建于2001年,位于学校中心位置,是学院的标志性建筑,总建筑面积超过2万平方米。我校图书馆坚持"资源是基础、技术是手段、服务是关键"的建设思路,积极创建学习型图书馆,通过改革创新,提高服务质量,使图书馆尽快从"信息中心"向"学习中心"转变,提供文献资源的外借、阅览、在线阅读与下载、信息咨询等服务。现图书馆的馆藏图书总量为268万册,中文报刊1 000余种,外文期刊和繁体中文期刊130余种,拥有20余个中文数据库。

随着校园生活的不断丰富、学生品行修养的不断提高,学生阅读需求层次也在不断地提高。王余光教授提出,要进行素质教育就必须重视传统的经典阅读。因为经典阅读是对传统的继承,可以增长人的情趣,增强人的语言表达能力。经典阅读是成为知识分子精英的条件之一。为此,他郑重建议各地图书馆增设"经典阅览室",为广大读者提供方便。随着全民阅读活动在全国的广泛推进,图书馆界加大了对阅读的推广,对经典阅读推广的关注渐渐成为图书馆界的亮点。根据对学校学生的调查发现,学生普遍认为阅读经典名著很重要,应该花更多的时间去进行经典书籍的阅读。可是,从阅读完成的情况来看,能够阅读完20种名著的学生只占总数非常少的一部分,调查证明大学生对于经典名著的阅读率偏低。而且有大约一半的学生对名著的了解并不是来源于图书馆的名著书籍,而是通过网络电子书、影视等途径,他们对图书馆的名著书籍的兴趣度还有待于提高。还有一部分学生,只读与本专业相关的名著,与专业无关的书籍全部不看,导致了阅读的单一性。

一直以来,读者通过阅读来获得知识,阅读可以培养读者的思维能力、逻辑能力,使读者在阅读的过程中能够得到理性的思维锻炼与运用。但是由于现代人们的生活节奏快,对很多东西都失去了深入研究的耐心,在阅读方面,现代的读者更加倾向于进行浅阅读,而长期的浅阅读会导致学生们思维、语言运用等方面的能力有所下降。这种浅阅读的行为与阅读的本来目的相背离,导致大学生阅读、演讲等方面的能力弱化。浅阅读使得学生对图书馆的经典阅读资源的兴趣淡化,对图书馆开展的读书沙龙、阅读活动等方面活动的参与意愿不高。所以改变浅阅读的习惯是当务之急。

为了给学生营造一个良好的阅读环境,我校图书馆在馆舍条件有限的情况下依然专门设置了一间经典阅览室,以供学生们进行阅读以及定期举办关于阅读经典的读书沙龙活动。其目的是增加读者对图书馆的依赖度,最大限度地使用图书馆资源,通过开放经典阅览室、举办读书沙龙等活动,增加学生的知识储备。

经典阅览室的大体构造为两边分列书架,中间的阅读区有真皮沙发和条桌,师生可以在中间的阅读区进行阅读和交流(图1)。经典阅览室中的图书是从各个书库精心挑选出来的经典名著(图2)。

图1

图2

在经典阅览室成立之初,图书馆为了最大限度地满足全校师生对经典阅览室的书籍数量及质量的要求,特制定了这样一个基本规划:图书馆首先对学生和老师进行问卷调查,挑选出读者感兴趣的经典名著;然后,对经典书籍进行分类、排架并对经典阅览室进行宣传,提高经典阅览室的人气;最后,利用经典阅览室进行以经典阅读为主题的读书沙龙活动,使更多的读者参与到经典阅览室的使用和活动中来,达到为读者提供便利、引导读者阅读经典书籍的目的。图书馆持续稳定增加经典阅览室的书籍量,现在经典阅览室的图书量已达到5 345册。

作为民办高校图书馆,我们在很多方面还是存在很多困难的。民办院校图书馆资金有限,在馆藏数量以及办公场地的面积方面都有一定的局限性。安徽新华学院图书馆在经费以及各种条件约束的情况下,依然坚持为全校师生打造阅读经典书籍的场所——经典阅览室;同时配备了相应的书籍和设备,并安排专门的指导老师负责管理经典阅览室与举行经典阅读沙龙活动,这在安徽省民办高校图书馆中具有首创意义。我馆在建立经典阅览室的基础上,开展了一系列的读者阅读活动,特别是经典阅读读书沙龙。比如:我校读书社团"0梦读书社"的"文学源于生活,交流传递希望"主题文学沙龙活动、"在这里,我们一起读书"主题读书沙龙活动等等。经典阅览室方便读者进行阅读、提供独立的阅读空间、便于学生更快地找到经典书籍、定期举办以经典图书为主题的读书沙龙,增加读者对经典阅览室的兴趣度。

安徽新华学院图书馆经典阅览室的正式启动是以2015年第一期读书沙龙活动的成功举办为标志的,主要用于读者交流、阅读讨论、学术活动、社团活动(图3)。读书沙龙活动面向全院师生提供服务,通常为10~30人,并以有指导老师带领的社团团队为主。经典阅览室的读书沙龙每个月举行一次,从2015年5月至今一共举办了14次,下面就以其中的3期为例,对读书沙龙活动进行简单的介绍。

图3

2015年5月13日14:00,经典阅览室成功举办了第一期"读书沙龙"活动,这次活动的主题是"在这里,我们一起读书",图书馆馆长、"0梦读书社"第一届社长、图书馆几位老师以及四十余位阅读爱好者共同参加了本次活动。活动在馆长的讲话中拉开了序幕,他强调了经典阅读在大学生学习过程中的重要性,介绍了图书馆经典阅览室的资源分布,同时宣布了经典阅览室即日起正式开放。紧接着是每位演讲者的精彩发言,同学们积极参与,畅所欲言,气氛活跃。同学们先后向大家分享了《老人与海》《古炉》《麦克白》《西游记》等经典著作,阐述了自己独特的看法和见解,分享了读书对自己人生观、价值观、世界观的影响以及读书经验。交流中,同学们相互推荐了经典书籍,鼓励彼此更加深入、反复地阅读经典,在经典中获得新的认识,将经典中所悟运用到生活实践中去。最后,"0梦读书社"第一届社长及学校老师做了总结发言,他们在发言中表示:读书分为读有字之书和无字之书,读书方法分为精读与泛读,读书目的是明是非、辨真理,通过广泛阅读增长知识,利用知识武装自己。16:00,读书沙龙在欢快的气氛中结束了,大家一致认为当代大学生更应该重视经典名著的文学魅力,借助经典阅览室的平台,展示个人才华,解决阅读中的困惑,提高自身的理解和鉴赏能力。作为读书月的系列活动之一,图书馆举办读书沙龙的初衷是结识同好、发现智慧,希望通过读书沙龙这种形式,让更多读书爱好者走进图书馆,进入图书馆的经典阅览室,交流读书心得,享用图书盛宴。此次读书沙龙活动达到了预期效果,取得了圆满成功。

2015年11月4日中午12时,由安徽新华学院图书馆主办、安徽新华学院"0梦读书社"承办的以"文学源于生活,交流传递希望"为主题的文学沙龙活动在图书馆三楼的经典阅读室成功举办。本次文学沙龙本着阅读经典的目的,以"网络文学与影视剧改编"为话题,内容从《泡沫之夏》《裸婚时代》《后宫甄嬛传》等热播剧开始,到最近大火的《左耳》《盗墓笔记》《花千骨》《琅琊榜》。大家除了对这些影视剧的改编进行研讨外,也从更深层次讨论了网络文学的影视改编对新文学创作带来的冲击。活动开始,主持人先向在座的同学抛出一些大家喜闻乐见的影视剧,并围绕网络文学的改编提出相应的话题。与会同学一遇到这些"心仪已久"的问题,顿时就打开了话匣子,两个无线话筒也变得"繁忙"起来。活动氛围轻松愉快,大家畅所欲言,文化与思想的交流不断碰撞出智慧的火花。接着是"我来推荐"的环节,大家积极分享了自己在读书过程中的心得体会,并热心推荐自己喜欢的经典书籍和文章。最后,社团指导老师对本次活动做了点评和总结——在交流中产生智慧,在交流中传递希望。此次文学沙龙活动的成功举办,与图书馆的大力支持和"0梦读书社"的共同努力分不开。活动结束后,参加活动的同学们纷纷感谢图书馆不仅为师生提供了大量的经典图书,还为师生的活动提供了场地,在经典阅览室充满书香的氛围中品味经典,让人回味悠长。

为增进社团人员之间的交流,促进团队学术建设,并增强社团成员的集体归属感,2016年10月28日中午,"0梦读书社"全体成员及指导老师在图书馆三楼经典阅览室开展了以"书香溢满校园,心灵徜徉书海"为主题的沙龙活动。本次活动以阅读为目的,以社团与生活为话题,对参加的社团或者团体的生活进行了探讨交流,比如,社团活动与学习之间的时间冲突、社员之间的互帮互助以及如何处理社员之间的矛盾和思想冲突。在活动过程中,同学们张扬个性,踊跃发言,积极交流,不仅对社团归属感进行了自我诠释,而且对网络热词发表了不同的看法。在"我要来推荐"环节,同学们进行好书推荐或好文章推荐,将自己喜欢的书或者文章推荐给大家,系统介绍了书名、简介以及自己推荐的理由。随后让大家谈谈对网络热词,譬如"蓝瘦""香菇""互怼"等的看法。大家的议论之声此起彼伏,纷纷谈论了对现代网络热词的看法。活动结束后,大家纷纷表示此次文学沙龙活动增强了新社员对问题的认识,促进了他们对社团生活的进一步熟悉,有利于社团成员之间的更好交流和社团的进一步发展。

自2015年5月经典阅览室开放以来,接待读者4 064人次,共举办了14次读书沙龙活动。

通过经典阅览室的开设以及读书沙龙活动的不断开展,也从中得到很多的经验并知道需要改进之处。经典阅览室不仅提供了阅读之地,还应该增加其趣味性,以此增强学生对经典阅览室的兴趣。

图书馆每年都会举办一系列活动,其中就有与经典阅览室有关的活动,下面列举几个具体活动。

活动一:每学年结束之时,图书馆都会设一个"读书王"评选活动,统计出今年进经典阅览室的次数以及时间最多的学生,评出"读书王",以此鼓励学生。因我校经典阅览室需要刷卡进入,故可在一学年度结束之时,通过刷卡记录计算每个学生的读书次数、阅读时间、每月阅读频率等,多方面进行比较,最终选取前几名,作为本年度的"读书王"。通过此活动,可以激励学生对经典书籍的阅读以及兴趣,使得学生能够有一个良好的阅读习惯。

活动二:每月选择一个周三下午,图书馆免费播放一部由经典文学改编的电影,如《傲慢与偏见》《安娜·卡列尼娜》《简·爱》《呼啸山庄》《乱世佳人》《雾都孤儿》《基度山伯爵》等。播放影片的老师在播放之前先简单介绍一下相应的影视作品的内容,在播放结束后让学生们谈一下对这部电影的感想,共同了解这部电影的背景,同时老师也会建议大家有时间可以去读一读原著,激发大家阅读经典书籍的兴趣。通过电影的形式可以让学生有更多的兴趣了解经典名著,电影的形式可更加直观也比较快捷地反映出书籍里的大体内容和情节。通过电影的播放,可让学生进一步地对原著有阅读的欲望。

活动三:在新生入馆培训中嵌入对经典阅览室的宣传。很多新生在脱离高中生涯进入大学以后,对自我的要求不断放松,很有可能会随大流地看一些言情小说、武侠小说等书籍,所以在新生入馆培训时,对新生进行读书方向的引导也就成了图书馆的一大重任。图书馆每年在9月份新生入学之时,都会对全校的新生进行一次入馆教育。图书馆下属的两大社团的学生协助指导老师一起为新生进行入馆参观教育,在新生入馆参观的同时,对图书馆的各个书库的位置、注意事项、借还书时间等进行一一介绍,同时也对图书馆的馆藏资源进行大体的介绍以便学生们了解本校的图书馆资源。在参观的过程中,讲解员会对经典阅览室进行详细的介绍,大体阐述阅览室中的书籍种类、举办的读书沙龙活动等,让新生们对图书馆的经典阅览室有大体的了解以及培养其兴趣,使得新生在未来的四年中经常能够到图书馆阅读经典书籍,陶冶自己的情操。

活动四:图书馆定期开展读书征文活动。图书馆利用每年的读书节,开展关于经典阅读的征文活动,号召全校师生共同参与。要求每个二级学院的师生都要写出规定字数的关于经典阅读的文章,由图书馆的相关老师进行评选,从中选出优秀文章,进行评选和奖励,优秀文章还进一步推荐参加省级征文的评选。无论是从精神上还是从物质上,这对师生都是一种很好的激励,通过写文章,让师生切身体会到阅读经典的乐趣。

经典阅览室的设立,有利于提高图书馆建筑物使用功能效应,有利于提高师生的经典阅读需求,有利于主动推介图书馆的各项服务,有利于构建读者交流平台。经典阅览室的设立是全校师生的广泛要求,提高了图书馆建筑物的使用率。通过设立经典阅览室,图书馆的很多活动就可以在经典阅览室中进行。利用经典阅读室里面的书籍,可让学生们在阅读后,一起聚起来讨论读后感,分享经典的内容,让大家了解名著中的大体情节,分享读书的感受,加强沟通与交流。

总的来说,在当前快节奏的生活中,大多数学生比较浮躁,很少能够静下心来进行纸质书籍的阅读。通过设立经典阅览室,图书馆更好地加强了与书籍的联系,缩小了图书馆与读者之间的距离,让读者们好读书、读好书。通过设立经典阅览室,使他们养成了阅读纸质图书的习惯,并使得他们在阅读之中不断提高阅读能力。通过设立经典阅览室,图书馆举办了多次读书沙龙活动,提高了读者对经典阅读的认识。

每一次经典阅览室的读书沙龙活动举办之后,同学们都对活动给予了很高的评价,同时同学们也希望图书馆能够多开展这种类似的活动,以增加读者之间的交流与沟通。我们图书馆也会坚持为师生提供阅读经典书籍的场所,不断地为读者创新服务。通过设立经典阅览室,将书库中经典的书籍分配一部分到经典阅览室,免去读者在分散的书库中寻找经典书籍的麻烦。设立经典阅览室,也可方便馆员更好地为读者服务,也为在经典阅览室多次开展各种主题的经典读者沙龙活动奠定了基础。

# 依托学生社团,开拓图书馆信息素养教育新途径

张家武　杨沉
(滁州学院图书馆)

创新信息素养教育模式,适应新的信息环境和信息技术发展,适应大学生信息需求的变化和高等教育改革发展的需要,为社会培养具有批判性思维、多元素养、终生学习能力的现代大学生。本文简要回顾了信息素养内涵的发展过程,交代了信息素养教育创新的出场语境,介绍了滁州学院图书馆信息素养教育新模式;对其创新模块的构想、组织架构、运作模式进行分析,重点介绍了其四大活动品牌,总结了该创新模式的特点,指出其存在的不足和未来发展的方向。本研究为大学生信息素养教育模式创新提供了经验和借鉴。

## 前　　言

信息时代,无论是学习、生活、工作、研究还是社交、消费、生产、投资都离不开信息、离不开互联网、离不开新媒体和智能软件。新的信息环境拥塞着海量的信息,信息的查询、选择、甄别、评价、管理、输出等都需要信息素养。可以说,阅读素养、信息素养、技术素养是21世纪每个公民均需具备的基本素养,大学生更不例外。在信息海洋中,如果不具备基本的阅读能力、信息能力和技术能力,我们随时会沉浸在信息海洋之中,会被高速发展的社会所抛弃。而当下高校图书馆的信息素养教育,却在教育的理念、目标、内容、方法和手段等方面,与信息技术发展、信息生态环境变化、大学生信息需求、高等教育改革发展的需要之间存在着巨大的差距。信息素养教育创新已成为高校图书馆必须面对和解决的现实课题。

## 1 信息素养的内涵

信息素养（Information Literacy）的内涵随着信息技术的发展、信息媒介载体的变革、信息环境的改变、高等教育改革的发展而不断更新、扩展。

信息素养一词最早由美国信息产业协会主席 Paul Zurkowski 于 1974 年提出。1989 年美国图书馆协会（ALA）在有关信息素养权威报告中将其定义为"个体能够认识到何时需要信息，能够检索、评估和有效地利用信息的综合能力"。这一时期信息素养教育背景是以印刷技术和纸媒为主的印刷环境，针对的是传统的纸媒阅读方式和信息获取方式，信息素养的知识和技能要求具有印刷时代的特点，以馆藏纸质文献检索和获取为主。基于计算机互联网技术、通信技术的快速发展，2000 年美国大学与研究图书馆协会（ACRL）发布《高等教育信息素养能力标准》（以下简称《标准》）。《标准》将学习者利用图书馆和网络资源的技能范畴规定为确定、定位、获取、评价、生产以及有效灵活利用信息的能力。该《标准》不仅界定了信息素养教育的技能范畴，还将信息素养教育推向规范化。英国、澳大利亚、中国等均以《标准》为蓝本，出台了本国的信息素养教育标准。《标准》颁布之后十余年间，随着信息技术的迅猛发展，信息生态环境和高等教育环境都发生了巨大的变化，信息素养概念也面临着新素养概念的挑战。"计算机科学、传播学、教育学等领域都提出了若干新概念，诸如数字素养、媒体素养、信息通晓等以区别、补充甚至取代信息素养概念。信息素养的内涵必须有所拓展和改变。"ACRL 应时而动，2015 年 2 月正式颁布的《高等教育信息素养框架》（Framework for Information Literacy for Higher Education，以下简称《框架》），及时对信息素养内涵进行扩展，将信息素养定义为："信息素养是指包括信息的反思性发现，理解信息如何生产并评价以及利用信息创造新知识、合理参与社区的一组综合能力。"

信息素养概念的演变，反映了美国图书馆学界为应对急剧变化的信息生态环境不断调整信息素养教育的重点，改变信息素养教育偏重教授如何检索图书馆资源的应用技能状态，希望能培育学习者以价值判断为核心的终生学习的能力。由此，《框架》吹响了图书馆信息素养教育变革和创新的号角。

## 2 滁州学院图书馆信息素养教育现状

随着信息载体技术、传播方式的巨大变革，信息素养教育在发展的路径上面临困境和存在边缘化的危险。图书馆员们发现，曾经在几个数据库间浏览的学习者们，开始转向更为便捷的网络量级资源发现系统,传统的信息素养教育内容渐渐失去受众。无论是高校教师还是大学生,都普遍认为,既然网络搜索引擎已如此方便和普及,使用搜索引擎检索也已成为大学生们的日常行为,图书馆已没有专门开设文献检索与利用课程的必要。许多高校的文献检索与利用课逐渐被"边缘化",有的甚至被叫停。

滁州学院图书馆的信息检索课程也已停课数年,但图书馆并没有放弃自身信息素养教育的职能,多次策划、组织相关信息资源、信息素养教育专题讲座,并通过各种途径进行推广,结果却令人失望:学生兴趣不大,关注度和参与度不高,来"捧场"的很少。一方面,大学生对信息素养和培养信息素养的重要性认识不足,缺乏主动学习的意愿;另一方面,大学生信息素养的知识和能力又严重不足:很多大学生不了解本校图书馆馆藏资源,对于如何查找、利用馆藏文献资源和社会网络数字资源进行学习和论文写作更是一头雾水。再者,大学生普遍习惯于使用百度、搜狗等商业搜索引擎来解决学习、生活和论文写作中遇到的问题。如果是解决生活和学习中遇到的简单问题,这类搜索引擎或许会有所帮助,但若用其来帮助深度学习和科研,则很不靠谱。毕竟通过这类途径搜索得来的信息,其关联度、准确度、科学性和专业性都有待商榷,而大量关联性不高的信息又大大增加了学习者信息评估和整理的工作量,导致信息检索效率低下。与此同时,丰富的馆藏资源却被束之高阁,得不到充分利用,造成资源浪费。面对这样的矛盾和困境,信息素养教育模式创新成为图书馆必须面对和解决的现实问题。

## 3 依托学生社团,探索信息素养教育新模式

### 3.1 信息素养教育创新的基础

高校图书馆信息素养教育创新,必须建立在下列基础之上:

(1) 教育者/设计者对当下和未来的信息环境的发展和变化要有所研究和预判,对信息生态环境及其变化要有足够地认识,信息素养教育要适应高等教育改革发展的需要。

(2) 教育者/设计者要科学地把握新信息环境中大学生的信息新需求。明确其信息困惑和信息需求。在此基础上,确定信息素养教育目标框架,具体到要着重培养学生何种或者哪几种信息能力,力求做到信息素养教育要给学生最需要的东西。

(3) 要研究并掌握当代大学生的性格特点及其信息心理,信息素养教育形式要注重时尚性、体验性、趣味性和分享性。

(4) 信息素养教育要采取大学生喜闻乐见的形式,寓教于乐,将信息素养教育贯穿于大学生的学习,生活和科研活动之中。

## 3.2 信息素养教育创新构想

### 3.2.1 创新模式设计

进行信息素养教育创新,必须要实现两个身份的转换:一是学生从参与者转变为建构者,一是图书馆从主导者变身为指导者。换言之,创新就是要改变原有"老师—学生"的信息素养教育模式为"老师—社团—学生"的新模式,创立学生社团,依托学生社团开展形式多样的信息素养教育活动,将信息素养教育贯穿于社团的各项活动中去,并最终形成活动品牌。该模式以学生为主体,面对全校大学生,由社团策划、组织、实施各类旨在提升大学生信息素养的系列活动,实现以活动引诱人,以兴趣留住人,以社团凝聚人,以实践锻炼人,以能力提升人的目标。为此,滁州学院图书馆经过调研、策划、设计、组织、培训,在第一届安徽高校研究生信息素养夏令营骨干营员的基础上,于2015年6月创立了"滁州学院大学生信息素养协会",希望能通过学生社团的志愿行为协作图书馆加大对图书馆文献资源的宣传与推广,促进全校大学生信息素养知识的普及和信息技能的提升。

### 3.2.2 创新的目标依据和理论基础

#### 3.2.2.1 目标依据

作为未来信息素养教育的纲领性文件,面对信息技术的飞速发展和动态变化的信息环境,《框架》提出要从情感、行为、认知、批判性思维等领域来培养学习者的信息能力,即既培养学习者对信息的查找、评估、理解与获取的能力,也培养其信息使用、整合、生产与共享的能力,帮助学习者树立起在信息消费、信息生产、信息共享等活动中的正确态度、责任和行为操守,培养其在各种参与式信息环境中共享信息并开展合作的能力。滁州学院图书馆以《框架》为目标依据,结合本校大学生信息需求和教育模式创新构想,选取《框架》中"信息权威性的构建与情境相关、信息创建是一种过程、信息拥有价值、检索即策略式探索"的内容,将信息素养教育内容设计为"新媒体知识、信息检索知识和技能、信息伦理知识、信息溯源与评价、信息行为反思"等。希望通过社团开展的系列信息素养活动,着力培养大学生泛在环境下有效获取权威信息、质疑权威信息并对信息内容进行溯源、分析、管理以及批判性评价的能力,培育学生理解并遵守信息伦理和道德规范、参与信息共享与协作以及终生学习的能力。力求通过创新教育,培养学生的"真实性学力",使他们成长为具有能动性的主体,成长为能够掌控自己的生活并能对他们的周遭世界发问并寻求答案的人。

#### 3.2.2.2 理论基础

创新模块设计充分运用了建构主义学习理论、情境学习理论、分布式认知理论条理论,并以"元素养"概念模型为理论基础。建构主义学习理论认为,知识不是通过教师传授得到的,而是学生在丰富的社会文化情境中,借助必要的学习资料,通过与教师、学习伙伴的协作互动而主动建构的,情境、协作、会话和意义建构是知识学习的四大要素。情境学习理论则强调情境是一切认知活动的基础,学生只有在有意义的情境中学习,才能真正掌握知识。分布式认知理论认为,认知活动不仅在于认知主体的大脑,也存在于外界环境、媒介、社会、文化和实践等参与认知活动的诸要素中,学习就是在无所不在的学习情境空间中,在自然的生活场景中,通过认知工具与情境相关群体或智能知识主体以自然的方式交互,共享和构建个体认知网络和社会认知网络的过程。"元素养"概念则是由美国纽约州立大学托马斯·麦基和特鲁迪·雅各布森提出的。他们认为,信息技术在快速地演变,信息生态环境也处于动态的快速变化之中,某种特定的(或特定类型的)素养教育已不能满足当今学习者的需求,原有的信息素养内涵须扩容。在此认知基础上,他们提出了"元素养"概念,并构建了"元素养"概念模型。元素养概念即《框架》中信息素养的另一种表述。该概念吸纳融合了当今相关学科新素养概念,使元素养概念模型成为一个包含所有新概念核心要素、面向所有学科、能够适应高等教育改革尤其是信息素养教育改革需要的新范式。"元素养"概念模型如图1所示。

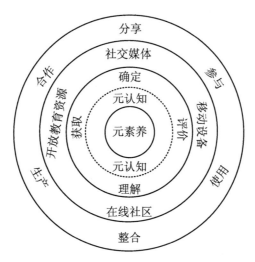

**图1 元素养概念模型**

元素养概念模型融合了建构主义学习理论、情境学习理论和分布式认知理论的相关要素,聚焦于开放的资源和交互的技术,注重体验式、情境化、协作式、交互式学习模式运用,不仅关注认知、技能与态度方面的培养目标,更关注学习者对认知活动的自我意识和调节,包括批判性思维、反思型学习、学会学习,包括懂得合作、生产与分享。以元素养概念模型为理论基础来设计信息素养教育活动,高屋建瓴,针对性、目标性强,易于操作。

## 3.3 信息素养教育创新模块

### 3.3.1 组织架构

基于创新设计和构想,信息素养教育创新模块的组织架构主要有三个层次。顶层为图书馆,主要负责活动设计、主题把关、全程参与、阶段性指导。第二层为大学生信息素养协会,负责面对全校大学生开展各种类型的系列信息素养教育活动。第三层是协会下设的两个分会组织:人文素养拓展专业委员会和MOOC学校专业委员会。两个分会组织是细分出来的专业委员会,主要针对人文素养拓展和MOOC学习推广来开展主题活动。人文素养拓展专业委员会的工作由两个社团合作完成,一是人文素养拓展委员会,二是挂靠图书馆成立的"大学生读书协会",两者共同负责并合作完成各项面向人文素养拓展和阅读的系列活动。两大分会隶属于大学生信息素养协会,分担并执行信息素养教育活动。无论是协会还是分会,其所开展的活动,不仅面向会员自身,更通过活动和会员的辐射和影响,面向全校大学生。一年多来,在图书馆的指导之下,大学生信息素养协会协同两大分会和读书协会,举办了7场信息素养沙龙、第一届信息素养检索大赛、首届最牛培训师大赛以及儒林外史立体阅读活动第一季等。目前,上述活动已常态化,并形成了"信息素养沙龙、信息检索大赛、最牛培训师大赛、经典文本立体阅读"等四大活动品牌,其信息素养教育创新模块如图2所示。

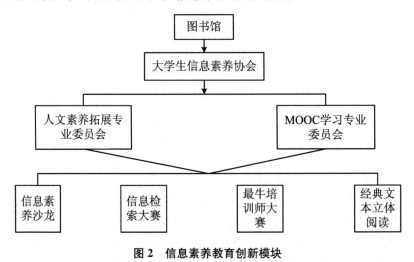

图 2　信息素养教育创新模块

### 3.3.2 信息素养教育运作模式

滁州学院图书馆信息素养教育创新的运作模式是:图书馆指导老师首先为大学生信息素养协会成员开展系列信息素养知识讲座和技能培训,将其培训成"信息小超人",然后由信息素养协会面对全校大学生开展系列信息素养活动。相关活动后,大学生信息素养协会需向图书馆提供相关活动图片、新闻稿件以及总结报告;图书馆对活动中表现突出的协会会员颁发相关奖励证书,其运作模式如图3所示。

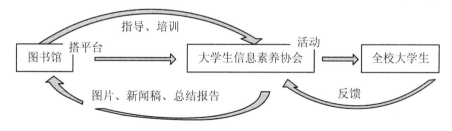

**图3 信息素养教育运作模式**

在创新模式中,老师是活动主题的把关者和阶段性的指导者,社团是信息素养教育理念的体现者、信息素养教育活动的具体执行者,学生是活动的全程参与者和信息素养及其他能力的收获者。在每一项具体活动中,大学生信息素养协会不但要接受针对性的信息素养专题培训,还要设计、策划、组织、宣传、实施活动,活动的场地、经费、横幅和海报以及活动的许可甚至连主持都要由社团自己解决;活动结束后,社团还需要撰写活动新闻稿件、总结报告,并与活动图片一起交给图书馆和相关部门。从社团层面来讲,每场信息素养活动,不仅提升了社团成员的信息素养,还提升了他们协作、分享、生产、表达、营销以及同学之间、社团之间的相互磨合、相互协调能力;从全校大学生来说,探讨式、体验式、分享式、社交式的活动形式和具有针对性的专题内容,更容易使大学生通过活动获得知识,收获情感和行为的成长。

该创新模式有两个发展阶段。初级阶段,大学生信息素养协会在指导老师的指导和引领下完成各专题性活动的首秀,老师给出选题方向或者直接给出活动主题,活动的策划、组织、宣传、实施全部由社团独立完成。高级阶段,在已有活动形式已经比较成熟、社团也取得了一定经验的基础上,相关活动常态化。此后,社团将完全自主开展相关活动,老师只给予必要性的指导和培训。概括而言,"图书馆搭台,学生唱戏;老师扶上马,送一程,学生独闯天涯"是社团活动和教育创新的主要孵化模式。

## 3.4 四大活动品牌介绍

信息素养教育创新活动目前已创立四大活动品牌,在全校师生中有着不错的影响力和美誉度,已成为图书馆和大学生信息素养协会的金字招牌。这四大活动品牌分别是"信息素养沙龙""信息检索大赛""最牛培训师大赛""经典文本立体阅读"。

### 3.4.1 信息素养沙龙

大学生信息素养沙龙由图书馆主办、大学生信息素养协会承办(图4)。信息沙龙活动每两个月举行一次,一年多来成功开展了7次信息素养沙龙活动,分别就"信息素养""网瘾/媒介依赖""MOOC学习""信息鉴别""信息伦理""美国高等教育信息素养框架""安徽高校研究生信息素养夏令营"等主题开展了沙龙活动。沙龙时长要求控制在一个半小时之内,一般由 3 名主题发言者和 50 名对沙龙主题感兴趣的同学参与讨论。沙龙主题的选择,既有在征求协会成员意见的基础上确定的,也有老师指定的。如网瘾/媒介依赖、信息鉴别、MOOC 学习等是学生自己选择的主题,信息素养、信息伦理等则由老师指定的。主题选择的依据是泛信息环境下同学们最需要了解的或者最感困惑的方面。

如同学们对网瘾/媒介依赖非常感兴趣,有的同学甚至深受其害,是名副其实的手机人,离开手机就痛苦。在以此主题开展的沙龙讨论上,同学们畅所欲言,对手机依赖的表现、成因、危害进行了探究,并提出了一些改善的方法和建议。

鉴于各类网络平台、微信朋友圈经常疯传一些以讹传讹的信息,如何鉴别信息真伪成为同学们迫切希望掌握的技能。同学们以此为沙龙主题,并选取近期网络的热点事件开展讨论,老师也参与了讨论。在老师的引领之下,同学们对该信息的来源、形成、信息的价值导向以及信息发布者的目的及其经济利益进行了深入剖析,对信息内容和价值进行了批判性评价,并对个体如何应对进行了探讨。

再比如针对网络攻击、隐私窥探、论文剽窃等行为,同学们亦设专题予以讨论,对知识产权、信息伦理知识进行了学习,通过对生活中具体事例的分享和交流,认识到要坚守公民伦理、传播伦理和信息伦理的底线,在网络交流中要尊重他人隐私、遵守网络"尊重—不伤害"的基本原则,在学习和科研活动中要遵守并保护知识产权。

**图 4　信息素养沙龙活动**

在活动过程中,同学们充分利用现代信息技术,利用图书馆馆藏数字资源和社会网络资源,凡有疑惑即当场讨论、当场查询检索、当场解决。通过沙龙活动,同学们的信息意识和信息知识得到丰富,信息检索能力得到锻炼和提升,协会会员们的组织协调能力和语言表达能力也获得提高。

### 3.4.2　信息检索大赛——成功举办滁州学院第一届信息检索大赛

滁州学院第一届信息检索大赛是由校图书馆、校团委联合主办,大学生信息素养协会承办的校级集信息素养知识普及和能力运用为一体的竞赛类活动(图5)。大赛历时一个多月,分为初赛(网上在线测试)、复赛和决赛。初赛主要是信息素养知识的在线测试,复赛和决赛主要是对选手的结合研究课题进行信息检索、信息分析和信息传递的能力的比拼。决赛由两轮构成:第一轮是选手结合所选主题进行8分钟的PPT展示和陈述。选手讲述自己是如何提取检索词、构建检索式、选择数据库、调整检索策略并获取目标文献,如何对所获取的文献资料进行分析、整理和管理,以充分展示他们在信息检索、信息分析和信息传递方面的技能。第二轮是1分半钟的即兴演讲。获得第一轮比赛前三名的选手,现场抽取一份"信息素养经典名言"进行即兴解读。选手们凭借赛前的培训和苦练所获得的扎实功底,以娴熟的文献检索技巧、精准的文献分析和管理能力、清晰的思维逻辑、敏捷的临场反应和富有感染力的语言表达,赢得了全场400多名同学的阵阵掌声,让观看比赛的同学享受了一道信息素养知识普及和能力提升的"大餐",激发了同学们学习和参与的热情。

**图5 第一届信息素养检索大赛**

大赛期间,图书馆老师为协会会员和参赛选手进行了3场信息资源检索培训,对参加决赛的选手进行了一对一的辅导。除此之外,大赛的相关事宜,如邀请相关部门领导做大赛评委、拉赞助、活动报批、活动实施、相关活动用品采买等事项均由协会同学独立操作完成。此类活动实现了双赢:图书馆达到了推广资源、履行教育职能、拉近图书馆与师生关系、扩大图书馆影响的预期目标,而同学们经过各种形式的学习和历练不但获取了信息知识和技能,综合能力也得到了锻炼。

### 3.4.3 最牛培训师大赛——成功举办滁州学院第一届"谁是最牛数字资源培训师"大赛

馆藏数字资源的宣传与推广,一直是图书馆读者服务的重点工作。各图书馆或多或少都曾采取过多种途径向读者推介本馆的数字资源及其使用方法。如定期的专题数字资源培训、线上视频培训、数字资源培训PPT推介、宣传册页的发放等,但投入多产出少。为解决此困境,拓宽推广渠道,在图书馆的指导之下,信息素养协会策划和组织了"谁是最牛数字资源培训师"大赛,目的是让参赛学生来介绍馆藏数据库及其使用方法和技巧(图6)。希望通过这种角色互换和竞赛式的数字资源推广宣传方式,能开辟出图书馆信息素养教育的新渠道。大赛分为初赛和决赛。初赛胜出的10位同学在学校500人的报告厅进行决赛,决赛内容是每个决赛选手选择图书馆馆藏某一个数据库进行8分钟的讲解,由3位老师评委和9位学生评委对每位选手讲解的内容、PPT的呈现力和现场感染力等方面进行打分,并决出优胜者。与"信息检索大赛"活动流程类似,图书馆老师负责指导和培训,活动其他所有相关事宜均由信息素养协会同学独立完成。

图6 第一届"最牛数字资源培训师"大赛

### 3.4.4 经典文本立体阅读——成功举办第一季《儒林外史》立体式阅读活动

为引领同学们阅读经典、感受名著魅力、提升自身人文素养,在图书馆指导之下,大学生信息协会与读书协会共同组织、策划、举办了《儒林外史》立体式阅读活动(图7)。围绕对《儒林外史》的深入阅读,开展了诸如读书沙龙、专题讲座、游学、读后感征文、知识竞赛、小品表演等活动,全方位感受和理解名著,以深入透彻读懂一本书,提升自己的阅读能力、审美能力和解读能力。

除此四大品牌活动之外,经常开展的活动还有校"百场学术讲座"之信息素养讲座、信息素养协会独立开展的数字资源培训活动。每年,在图书馆的争取和策划之下,都会邀请相关领域专家就信息素养相关主题开展几次"百场学术讲座"。活动中,图书馆作为主办方,负责嘉宾的邀请,其他后勤事务全权交给大学生信息素养协会承办,比如讲座手续的报批、"百场学术讲座"标签的申请、场地的申请、场地的布置、讲座的宣传推广、条幅海报的制作、相关院部和社团的联系、听众的进场组织、会场秩序维持、讲座结束后的卫生打扫、相关图片的拍摄以及新闻稿件的撰写和总结报告的提供等。一年来已经组织开展了两场"百场学术讲座",每场讲座都组织有序,上座率远远超过报告厅的座位数（500座），主讲嘉宾和听众都很满意。

图7 《儒林外史》立体式阅读活动（一）

图8 《儒林外史》立体式阅读活动（二）

## 4　总结与启示

### 4.1　信息素养教育创新模式的特点

#### 4.1.1　以学生为中心,以用户为目标

信息素养教育的出发点和最终目标都是为了大学生多元素养的提升。在数字化语境中,海量信息导致信息选择困难,信息过载、信息垃圾和无效信息又加大信息获取难度,提高了对信息分析、信息管理的能力要求。大学生中普遍存在的"低头族""屏读者",更让图书馆认识到信息素养教育的任重道远。信息素养创新模式不仅以大学生为中心,还以大学生为教育行为的主体。大学生们通过自己教育自己,来解决他们的信息困惑,满足其信息需求,提升其信息能力。通过建构者身份的转换,就从主体能动性上解决了大学生们学习动力不足的问题。在这一模式中,学生自始至终都是活动的主体,是信息教育的中心。

#### 4.1.2　依托学生社团,以活动促学习,以活动提升能力

马克思主义哲学认为,人的主观认知和习得技能需要通过实践来统一和转换。只有通过实践才能实现"认知—技能—智能"的转换,实现知识的吸收、内化与转换,成为可以灵活使用解决实际问题的技能。模式创新正是基于这一想法,依托学生社团,以学生为行为主体,通过社团来开展系列活动。希望通过实践活动,知我所短,学人所长,促进学习。创新模式还注重挖掘学生的潜力,注重多元能力的培养。这些目标通过各大活动获得初步实现。

#### 4.1.3　支持情境式学习

首先,系列信息素养活动本身就是一种情境。在活动的情境中,同学们通过学习、实践以及同学之间的沟通和对话,能更好地发现自身的缺点和不足,从而能够有的放矢地改善和提高。这不仅帮助他们建构有意义的对话也建构有价值的知识体系,提高了他们自我反思和批判的能力。另外,热点新闻、典型案例的信息溯源、剖析和批判性评价,也是一种情境式学习。比如,以自己或者身边同学为例对手机依赖症展开讨论就提供了一个很好的情境。对于手机依赖同学们更能感同身受,学习的热情和主动性更高,学习的效果也更好。再者,立体式的阅读行为,更是一种情境。同学们通过文本阅读和吴敬梓故居、吴敬梓纪念馆、《儒林外史》群雕的走读以及相关系列活动的开展,能更深入了解吴敬梓生平,对吴敬梓的精神境界有更清晰的认知,对《儒林外史》的内容及其艺术价值有更深刻的领悟。

#### 4.1.4 支持协作式学习

所谓协作式学习,即学习过程中相互协作、互通有无、注重分享。信息素养教育既然面向新的信息环境和技术发展,面向活动,就离不开新媒介及其技术的使用,离不开协作式的学习方式。协作式的学习方式不仅体现在线下的社团活动之中,也体现在线上的活动之中。每个社团都成了自己的线上社区。在线上社区中,同学们将他们线下的社群关系发展到线上,实现线上召集、讨论、分享,线下具体执行、开展活动,活动之后在社群之中分享相关图片、资源和学习心得。

#### 4.1.5 重视合作

信息素养教育是高等教育课程的重要组成部分,高校内每个机构都有义务和责任为信息素养教育保驾护航。因此,凡校级活动如信息素养检索大赛、"最牛培训师"大赛、校"百场学术讲座"等,信息素养协会都主动与校相关机构和社团取得联系,展开合作,以获得人力、财力、物质和精神等层面的支持和帮助。而大型活动所需的活动经费之不足,往往还需要社会资金加以必要的补充,这就需要与相关社会组织和机构等展开合作,获取赞助。对此,同学们采取了灵活的方式,不仅从中国知网、中国移动那儿拉到了现金赞助,还从学校周围的各种店铺拉到了礼品形式的赞助。合作的方式,不仅锻炼了大学生信息素养协会和机构与社会组织以及个人打交道的能力,也提升了他们沟通、表达和谈判的能力。

### 4.2 启示

通过总结信息素养教育创新模式,我们得到了以下启示:

(1) 开展系列活动之后,我校读者对馆藏数字资源的关注度、知晓率显著提高,知网、读秀、博看、银符、超星、万方等数据库的使用率有了成倍的提升。这表明,创办并依托学生社团开展信息素养教育活动,是一条行之有效的途径。

(2) 信息素养教育还存在以下问题:学生培训面还比较窄;信息素养协会培训师的能力还有待提高,培训深度不够;相关活动之后图书馆指导老师的评点、总结和反馈不足;社团活动激励机制不足;社团成长和发展问题还需探索。

问题所在即是未来的发展方向所在。图书馆要未雨绸缪,早日谋划,完善创新模式,提升社团能力,保持活动的连续性和生命力,以确保信息素养教育富有活力和成效。

# 附录　第二届安徽省高校图书馆服务创新案例大赛获奖名单

（排名不分先后）

| 学　校 | 领队/成员 | 项目名称 | 类别 |
|---|---|---|---|
| 一　等　奖 ||||
| 安徽农业大学 | 龚健/朱建军、林晖、秦秀、金梅、应新杰 | 搭建图书馆与读者之间的互动之桥——安徽农业大学图书馆实体空间、虚拟空间文化品牌的构建 | 空间修饰类 |
| 中国科学技术大学 | 樊亚芳/张素芳、宋虎 | "4+3+2"：分层次、立体化、全方位入馆教育 | 读者活动类 |
| 安徽农业大学 | 王郁葱/顾浩、章恒、任勇、王晓燕、汪洁 | 将服务创新案例大赛机制引入单一图书馆的探索与实践——安徽农业大学图书馆、现代教育信息中心服务创新案例大赛 | 资源推广类＋基础服务类＋读者活动类 |
| 安徽师范大学 | 朱东妹/周向华、章丽、施才玉 | 数据驱动下的图书馆新生教育新模式 | 基础服务类 |
| 合肥工业大学 | 蔡灶林/倪燕、葛虎 | 服务是根本，创新是未来——合肥工业大学图书馆O2O服务 | 基础服务类 |
| 安徽医科大学 | 周国正/公惠玲、刘娜 | 疯狂图书馆 | 资源推广类 |
| 二　等　奖 ||||
| 合肥工业大学 | 张仁琼/詹婧、王磊、黄苑 | 基于ESI和InCites数据库的高校图书馆知识服务 | 基础服务类 |
| 安徽大学 | 卢传胜/邹启峰、黄丹、钟莘 | 基于企业培训模式的高校新生入馆教育的创新实践 | 基础服务类 |
| 中国科学技术大学 | 丁菁梅/李琦、宫文强 | 信息平台上的阅读推广 | 读者活动类 |
| 安徽工业大学 | 方致君/彭璐、许宏金 | 开放视野下高校图书馆参与社区文化公益事业建设的实践与探索 | 资源推广类 |
| 安徽医科大学 | 周国正/李艳超、王艳 | 构建检索词库，助力科研服务 | 基础服务类 |
| 安徽工程大学 | 李琛/秦丽萍、刘艳玲 | "易读、宜学、亦交流"——多维立体迎新系列活动 | 读者活动类 |
| 阜阳师范学院 | 李冬燕/蒋自奎、印伟 | MOOC宣传推广见成效 | 资源推广类 |

| 学　校 | 领队/成员 | 项目名称 | 类　别 |
|---|---|---|---|
| 二　等　奖 | | | |
| 铜陵学院 | 张寒生/王伟赟、阮飞轮、高菲 | 纽带——图书馆志愿者的嵌入式服务 | 读者活动类 |
| 安庆师范大学 | 汪健/杨毅、魏引娣 | 移动互联、时时掌控、全程无忧——图书馆自动化设备智能管理方案 | 基础服务类 |
| 三　等　奖 | | | |
| 安徽大学 | 张蓓蕾/陈乐雪、杨栎 | 安徽大学图书馆"阅读经典"系列活动网站建设 | 读者活动类 |
| 安徽建筑大学 | 徐华洋/王燕、黄静 | 安徽建筑大学图书馆馆藏纸质图书数字化服务案例 | 基础服务类 |
| 阜阳师范学院 | 王申红/杨素红、郑雪林 | 读者教育系统——一种提升图书馆读者教育质量的有效途径 | 基础服务类 |
| 合肥幼儿师范高等专科学校 | 陈云光/方雅琴 | 合肥幼儿师范高等专科学校图书馆管理模式创新实践 | 基础服务类 |
| 安徽水利水电职业技术学院 | 琚文文/房敏、张利娟 | RFID智能管理系统在高校图书馆的应用研究——以安徽水利水电职业技术学院图书馆为例 | 基础服务类 |
| 安徽师范大学 | 王丽珍/施才玉、张正莲、刘卫东、王文娟 | "心影相随,共赏经典"悦读活动 | 读者活动类 |
| 淮南师范学院 | 陶立明/许馨、陈阿霞 | 书香漂流书库——创新服务新途径 | 基础服务类 |
| 亳州学院 | 江毅/孙长智、张文禄、邹晓峰 | 亳州学院图书馆助推亳文化"三进" | 读者活动类 |
| 皖南医学院 | 储俊杰/刘浏、朱玲 | 以书会友,开卷有益 ——皖南医学院朝荷读书社 | 读者活动类 |
| 桐城师范高等专科学校 | 陈桐利/雷小丽、陈丹 | 桐乡论语读书会——基于大学生社会主义核心价值观培育的经典诵读实践 | |
| 合肥师范学院 | 李群/夏红、杨焕昌、杨琼 | 借力MOOC提升大学生学习能力——图书馆嵌入学习过程、服务读者的新探索 | 读者活动类 |
| 安徽建筑大学 | 金传萍/周礼胜、陈颖 | 自主研发考试系统　提升读者信息修养 | 基础服务类 |
| 黄山学院 | 刘铁红/刘双四、吴秉坤 | 阅读历史,传承文化——黄山学院图书馆徽州文化特色馆藏服务纪实 | 资源推广类 |
| 安徽新华学院 | 汤千君/贺滔、张欣 | 典籍云集,走近图书——民办高校图书馆经典阅览室建设 | 读者活动类 |
| 滁州学院 | 张家武/居春磊、金巧兰 | 依托学生社团,开拓图书馆信息素养教育新途径 | 资源推广类 |

续表

| 学 校 | 领队/成员 | 项目名称 | 类 别 |
|---|---|---|---|
| 优 秀 奖 ||||
| 安庆师范大学 | 董根明/张成林、孙梦微 | 提高职业认同,推动优质服务 | 基础服务类 |
| 合肥学院 | 刘原/刘丽、马林山 | 基于文化资本的读者复合知识空间的实践与思考——以合肥学院图书馆为例 | 空间修饰类 |
| 皖西学院 | 郭培/张丽华、台风 | 创新服务载体,营造读书氛围,着力打造书香校园 | 基础服务类 |
| 淮北师范大学 | 张理华/马利华、肖敏 | 超星学习通:综合性资源与服务平台助力图书馆服务 | 资源推广类 |
| 淮南师范学院 | 陶立明/许馨、刘志杰 | 互联网+环境下淮南师范学院图书馆采访工作创新实践 | 基础服务类 |
| 安徽中医药大学 | 方向明/漆胜兰、王庄 | 阅读推广——提高馆藏资源利用率(暂定) | 基础服务类 |
| 安徽医学高等专科学校 | 罗晓南/杨敏、王燕华 | 安徽医专图书馆"月读书交流系列活动" | 读者活动类 |
| 安徽广播影视职业技术学院 | 郑刘圣/翁畅平、汪冬梅 | 送书籍进班级 | 读者活动类 |
| 安徽三联学院 | 陈景/李晴晴、陈倩倩 | 图书馆"寻宝"活动 | 读者活动类 |
| 安徽三联学院 | 程莉/唐利、刘梦荣 | 阅读——行走的知识之校企文化传播与交流 | 读者活动类 |
| 安徽电气工程职业技术学院 | 朱靖/汪邦银、张晓敏 | 电力电气专业特色资源库建设与电力高职院校读书活动推广 | 资源推广类+读者活动类 |
| 宿州学院 | 王松云/武莉、张慧玲 | 与书相伴,悦读青春——记宿州学院图书馆阅读推广系列活动 | 读者活动类 |
| 安徽商贸职业技术学院 | 王珠强/袁西鹏、邓国家、程振鹏 | 基于多情境交互的新生入馆教育模式——以安徽商贸职业技术学院为例 | 基础服务类 |